Katja Martin

So ernährt man Kinder richtig

Katja Martin

So ernährt man Kinder richtig

Vom Säugling bis zum Schulkind

BLV Verlagsgesellschaft
München Wien Zürich

CIP-Kurztitelaufnahme der Deutschen Bibliothek

Martin, Katja:
So ernährt man Kinder richtig:
vom Säugling bis zum Schulkind /
Katja Martin. [Zeichn.: Waltraud Berger]. –
München; Wien; Zürich:
BLV Verlagsgesellschaft, 1985.
ISBN 3-405-13053-0

Fotos:
Bavaria Verlag, Bildagentur, Gauting, S. 33, 34
Harry Bischof, München, S. 101, 102, 135, 136
Heinrich Geuter KG, Kindermöbel und -geräte, Mitwitz-Steinbach (Der Stuhl ist erhältlich bei Baby- und Kinderfachgeschäften und in den Spezial-Abteilungen der Kaufhäuser), S. 67
Müller's Mühle Schneekoppe AG, Gelsenkirchen, S. 68
Titelfoto: Julius Negele
Zeichnungen: Waltraud Berger

Gesamtherstellung: Pustet, Regensburg

Printed in Germany · ISBN 3-405-13053-0

Abkürzungen

g	Gramm
kg	Kilogramm
EL	Eßlöffel
TL	Teelöffel
Msp	Messerspitze
l	Liter
P	Päckchen

Inhalt

Vorwort

Immer häufiger wurde ich in der letzten Zeit gefragt, was ich für meine kleinen Kinder koche, welche Speisen ich für das Baby zubereite und ab welchem Alter; ob ich Gemüse füttere und zu welchen Mahlzeiten des Tages.
Von vielen Müttern hörte ich die Klage: »Ich weiß nicht, was ich kochen soll, mir fällt nichts ein.« Antwort hierauf und auf alle damit zusammenhängenden Fragen soll dieses Buch geben. Ich habe in ihm Anregungen, Überlegungen, Ratschläge und Rezepte zusammengestellt, die den Bedürfnissen des Säuglings, des Kleinkindes und des Kindergarten- und Schulkindes bis zum 10. Lebensjahr gerecht werden. Das Buch wurde gemacht, um besorgten Müttern und Vätern die Ernährung ihrer Sprößlinge zu erleichtern. Es wurde dabei berücksichtigt, daß zahlreiche Mütter neben der Hausarbeit noch einen Beruf zu bewältigen haben und deshalb in kurzer Zeit die Mahlzeiten zubereiten müssen.
Doch auch wenn es schnell gehen soll, gibt es genügend Möglichkeiten, dem Kind und auch der Familie gesunde Kost anzubieten. In Gesprächen mit Müttern wurde deutlich, daß die Sorge um das Wohlergehen des Kindes sich heute – im Gegensatz zur Generation unserer Großmütter – nicht mehr hauptsächlich an den mit viel Liebe, Mühe und Zeit zubereiteten Speisen orientiert. Obwohl ein guter Teil Liebe, wie eh und je, durch den Magen geht, spielen Eltern heute lieber eine Stunde mit ihrem Kind, anstatt sie beim Kochen zu verbringen. Dadurch haben sich, so gut die zusätzliche Spielzeit für das Kind sein mag, manche Unarten herausgebildet. Es werden dem kleinen Kind häufig Dosengerichte gefüttert, es erhält Mahlzeiten aus Schnellgaststätten oder wird mit Süßigkeiten »abgefüttert«.
Das darf nicht sein! Die Folgen solcher Fehlernährung sind unabsehbar und schädlich für die Entwicklung des Kindes. Gerade beim kleinen Kind bis zum Schuleintritt besteht die wichtigste Aufgabe der Eltern darin, ihrem Kind Gesundheit zu schenken, denn in diesem Lebensabschnitt wird die Grundlage für ein ganzes Leben geschaffen. Die Versäumnisse der ersten Lebensjahre hat der Erwachsene später zu tragen, auch wenn sie vielleicht nicht in solchem Maße sichtbar werden, wie die Rachitis der Kinder in vergangenen Jahrhunderten. Gesunde Ernährung – das ist vielen Eltern klar – schafft gesunde Kinder. Kinder ohne Mangelerscheinungen und Übergewicht. Kinder, die sich wohl fühlen und Spaß am Leben haben.
Dieses Wissen und zugleich die Ratlosigkeit und Unsicherheit, wie das Kind am zuträglichsten und ausgewogensten zu ernähren sei, läßt viele Mütter und Väter nach fertiger Kindernahrung und Gläschenkost greifen, obgleich sie es vorziehen würden, ihr Kind mit Gerichten aus der eigenen Küche zu ernähren.
Natürlich sind Fertigprodukte ungeheuer praktisch, nicht zeitaufwendig und nehmen den Eltern die Verantwortung für ausreichende Vitamin- und Mineralstoffzufuhr ab. Eltern glauben häufig, ihrem Kind nur dann das Beste zu tun, wenn sie ihm die »unschädlichen« und von Umweltbelastungen angeblich verschonten Fertiggerichte füttern. Dabei übersehen sie aber, daß es auf unserer Welt nichts »Verschontes« mehr gibt. Die Bemühungen in der Kinder- und auch Erwachsenenernährung müssen sich deshalb darauf konzentrieren, solche Nahrungsmittel zu bevorzugen, die einer möglichst geringen Umweltbelastung ausgesetzt waren – z. B. ungespritztes Gemüse, Kräuter und Obst aus dem eigenen Garten oder Balkonkasten – und die Nahrungsmittel von möglichen Schadstoffen durch Reinigung zu befreien. Es ist eine Illusion anzunehmen, dem Kind heute eine »heile« Nahrungsmittelwelt anbieten zu können, gleich ob aus Gläschen, Dosen oder dem eigenen Garten.
Trotzdem ist gesunde Ernährung möglich, auch und gerade aus der eigenen Küche. Hier möchte das Buch wirksam helfen, indem es zeigt, wie Obst und Gemüse vorbereitet werden.
Gläschen und Fertigkost belasten nicht zuletzt, und eigentlich unnötigerweise, das Haushaltsbudget. Trotzdem sind sie bei Besuchen oder im Urlaub empfehlenswert, da hier eine den Bedürfnissen des Kindes angepaßte Zubereitung der Mahlzeiten häufig nicht möglich ist. An allen anderen Tagen kann man seinem Kind schmackhafte und gesunde Kost selbst zubereiten – vom Milchbrei bis zur Geburtstagstorte.

Katja Martin

Einführung

Ein Kind, gesund an Leib und Seele, ist der Wunsch aller Mütter und Väter.
Der Weg dahin führt zu einem großen Teil über die Ernährung. Je jünger das Kind ist, um so mehr Raum nimmt die Zeit des Fütterns ein. Bei diesem Vorgang entstehen die ersten Kontakte zwischen dem Neugeborenen und seiner Mutter. Beim Stillen erhält es Nahrung für Leib und Seele. Gleiches gilt auch für das Füttern mit Flasche und Löffel, wenn die Eltern dabei auf eine vertraute, ruhige Stimmung achten, nicht hetzen, ständig schimpfen oder ermahnen. Dies ist besonders im ersten Lebensjahr wichtig. Später kann man sich bemühen, das Kind an Tischsitten zu gewöhnen.
Um die Gesundheit des Kindes zu erhalten, denn von gesunden, in den Körperfunktionen normal veranlagten Kindern gehen alle in diesem Buch zusammengestellten Rezepte und Ratschläge aus, muß man wissen, welche Nahrungsmittel in bestimmten Lebensaltern von dem zarten Organismus verarbeitet und verdaut werden können.
Die organischen Fähigkeiten eines Neugeborenen sind in der Entwicklung begriffen, mit der Geburt ist der Mensch nicht »fertig«. Erst im Laufe des ersten Jahres lernt der Körper bestimmte Funktionen, unter anderem auch das Verdauen der verschiedensten Speisen. Es leuchtet deshalb ein, daß während der ersten sechs Monate Milchnahrung gefüttert wird, denn aus ihnen kann der Säugling die notwendigen Vitamine und Mineralstoffe aufnehmen.
Nach dem ersten Halbjahr setzt langsam ein Wandel in den Bedürfnissen des kindlichen Organismus ein. Es beginnt die Zeit der Gewöhnung an andere Nahrungsmittel, die durch ihre Inhaltsstoffe den erhöhten Ansprüchen gerecht werden. Nach dem ersten Lebensjahr beginnt sich der Geschmacksinn auszuformen. Seine Ausbildung zieht sich über Jahre hin und endet meist erst im Erwachsenenalter. Von daher ist es verständlich, wenn ein Kind einem Nahrungsmittel mit besonderer Antipathie begegnet und später, als Jugendlicher oder Erwachsener, gerade dieses, bislang so verschmähte Lebensmittel, genüßlich verspeist. Der Geschmack bildet sich aus, er unterliegt Wandlungen. Deshalb ist es wichtig, daß ein Mensch viele Erfahrungen sammelt, viele Nahrungsmittel und Zubereitungsarten kennenlernt. Dafür ergeben sich zwischen dem zweiten und zehnten Lebensjahr fast täglich neue Möglichkeiten.
Gesunde, möglichst vollwertige Nahrung sollte das Kind in diesen wichtigen Jahren des Körperaufbaus und des Wachstums erhalten, die phantasievoll zubereitet und abgewandelt, immer neue Geschmacksempfindungen vermittelt. Hinzu kommt ein gefälliges Anrichten der Speisen, das über manche Abneigung hinweg hilft.
Um diesen Veränderungen in der Kinderküche zu entsprechen, beziehen sich die Aussagen und Rezepte eines jeden Kapitels auf eine ganz bestimmte Zeitperiode, in deren Rahmen die Ernährung wichtigen Veränderungen unterliegt. Dabei ergeben sich auf den ersten Blick manche Wiederholungen bei den Zubereitungsempfehlungen. Auf den zweiten Blick ist jedoch zu erkennen, daß sich die Speisen hinsichtlich der Zutaten, der altersgemäßen Zubereitungsart und der Empfehlung für die Konsistenz unterscheiden. Deshalb wurden die Rezepte mit einer Altersangabe versehen, die eine Auswahl ermöglicht, jedoch nur als ungefährer Richtwert dienen kann. Denn nicht alle Kinder haben zur gleichen Zeit gleich viele Zähne, nicht jedes Kind ist körperlich soweit entwickelt, daß es nach dem 12. Monat alle Gerichte vom Familientisch mitessen kann. Nur die Eltern wissen, durch den täglichen Umgang mit ihrem Kind, dessen körperliche Entwicklung genau einzuschätzen und deshalb bleibt es letztlich ihrer Entscheidung überlassen, welche Gerichte sie ihrem Kind anbieten wollen.
Gleiches gilt für die Mengenangaben. Zwar beziehen sie sich auf den Bedarf eines Kindes im entsprechenden Alter, doch ist jede Art von pauschalem Rat hier nicht angebracht. Vielmehr kommt es beim Bemessen der Nahrungsmenge darauf an, zu berücksichtigen, in welchem Maße ein Kind sich bewegt, in der freien Luft herumtollt oder Sport treibt.
Spätestens ab dem dritten Lebensjahr ist ein gesundes Kind in der Lage, eine Vielfalt grob zerteilter Nahrung zu sich zu nehmen. Um die Nahrung in eine altersentsprechende Konsistenz zu bringen, benötigen Sie für alle hier zusammengestellten Rezepte lediglich einen Pürierstab. Er ist in jedem Haushaltswarengeschäft erhältlich. Mit dem Gerät pürieren Sie die zubereitete Speise von breiartig bis grob, entsprechend den Bedürfnissen Ihres Kindes.
Nun möchte ich Sie noch auf ein besonderes Anliegen dieses Buches hinweisen.

Erziehen Sie Ihr Kind nicht zu einem Mäkler!

Kein Neugeborenes ist von Natur aus mäklig. Der Mensch wird zum Mäkler erzogen.
Geben Sie von Anfang an natürliche, wenig gezuckerte, gesalzene oder gewürzte Kost. Jedes Nahrungsmittel hat seinen Eigengeschmack, der zu entdecken ist.
Achten Sie darauf, daß ihr Kind zu den gewohnten Mahlzeiten hungrig ist, überfüttern Sie es nicht, weil sich sonst kein Hungergefühl zur gewünschten Zeit einstellen kann. Es mag dann dies oder jenes nicht, weil es keinen Hunger hat. Doch keinesfalls liegt der Grund in einer strengen Abneigung. Eine solche herauszufinden ist nur möglich, wenn das Kind Hunger hat und trotzdem bei der Nahrungsaufnahme Anzeichen von Ekel zeigt oder gar zu würgen beginnt. Gerichte, auf die Ihr Kind mit derartiger Abneigung reagiert, sollten Sie vom Küchenzettel streichen.
Es ist natürlich, daß ein Kind einmal mehr und einmal weniger Hunger oder Appetit zeigt, daß es vorübergehend verschiedene Speisen mit Widerwillen zu sich nimmt, und daß es Vorlieben für manche Gerichte entwickelt. Kinder haben ein natürliches Gefühl dafür, wann sie Durst oder Hunger haben, sofern es nicht von den Erziehern verbildet wird, indem Mutter oder Vater z. B. darauf bestehen, daß der Teller leer gegessen und die Tasse ausgetrunken wird oder das verabscheute Essen immer wieder aufgewärmt und erneut angeboten wird.
Kein Kind hat zu den Mahlzeiten Hunger, wenn es unentwegt Süßigkeiten bekommt oder jederzeit Getränke zu sich nehmen darf.

Eltern müssen ein Fingerspitzengefühl dafür entwickeln, warum ihr Kind jetzt keinen Hunger hat.

Dabei hilft eine genaue Beobachtung des Kindes und die Beantwortung folgender Fragen:
Wann war die letzte Hauptmahlzeit?
Wann hat mein Kind eine Zwischenmahlzeit erhalten?
Hat mein Kind kurz vor dem Essen viel getrunken?
Hat mein Kind kurz vor dem Essen Kekse oder Süßigkeiten, Nüsse oder ähnlich schwer Verdauliches zu sich genommen?
Zeigt mein Kind schon seit Tagen geringen Appetit?
Erhält mein Kind das Gericht zum ersten Mal?
Läßt mein Kind seit kurzem Abneigung gegen ein Nahrungsmittel erkennen?
Ist die Speise in der Konsistenz nicht altersgemäß, also zu breiartig oder zu grob zerteilt?
Ist die Speise versalzen oder zu scharf/streng gewürzt?
Wirkt mein Kind schlank oder eher pummelig (dick)?
Gebe ich meinem Kind bei den Mahlzeiten zu große Mengen?
Dränge ich das Kind, den Teller leer zu essen, die Tasse auszutrinken?
Kommt während der Mahlzeiten häufig Zank, Streit oder übermäßig strenges Ermahnen auf?
Bewegt sich mein Kind ausreichend in der Wohnung und auch an der frischen Luft?
Neigt mein Kind aus Bequemlichkeit dazu, eher feinpürierte, als grobe oder gekörnte Speisen zu sich zu nehmen?
Leidet mein Kind unter einer vorübergehenden Krankheit (z. B. Infekt der Ohren, der Nase, des Halses o. ä.)?
Zeigt mein Kind bei der Nahrungsaufnahme ein Gefühl des Wohlbehagens und der entspannten Zufriedenheit?
Habe ich mein Kind zur Nahrungsaufnahme aus tiefem Schlaf gerissen?
Habe ich mein Kind zur Nahrungsaufnahme aus einer intensiven Spielsituation gerissen?
Verschmäht mein Kind bestimmte Speisen, weil andere Kinder in der Schule/im Kindergarten diese Nahrungsmittel offensichtlich ablehnen?
Verschmäht mein Kind bestimmte Speisen, weil Vater und Mutter etwas anderes zu sich nehmen oder gar bestimmte Speisen und Gerichte für sich selbst ablehnen und sie ausschließlich dem Kind vorsetzen?
Verschmäht mein Kind die Speise, weil sie zu warm/kalt ist?

Die Beantwortung dieser Fragen erleichtert das Auffinden der Ursache für mangelnden Hunger.
Außer den angesprochenen Situationen gibt es noch unzählige Appetitlosigkeiten, die man nicht überbewerten sollte. Ein gesundes Kind kann einmal eine Mahlzeit überspringen oder sich eine Zeitlang mit der Aufnahme kleiner Nahrungsmengen begnügen.
In allen Fällen, die über die beschriebenen Situationen hinausgehen und an Hand der Fragen keine oder nur eine ungenügende Antwort auf das Verhalten des Kindes zulassen, sollte der Kinderarzt konsultiert werden. Er kann feststellen, ob der Ablehnung von Nahrung allgemein oder spezieller Nahrungsmittel eine Krankheit zugrunde liegt.

Was ist aber zu tun, wenn ein Kind grundsätzlich bestimmte Lebensmittel nicht mag?

Wie kann man ausgleichen?
Wie kann man »mogeln«?
Wenn das Kind:

▷ *Keine Milch will*
Versuchen Sie den Bedarf mit Milchmixgetränken und milchhaltigen Speisen zu decken: z. B. mit Milchshakes, Milchbreien, Quark, Joghurt, Käse, Eis, Pudding (Flammeri), Müsli, Pfannkuchen, Creme- oder Sahnespeisen, Aufläufen.

▷ *Kein Gemüse will*
Die Ablehnung sämtlicher Gemüse ist eine schlechte Angewohnheit, die Sie mit Konsequenz vertreiben sollten. Lassen Sie das Kind unter verschiedenen Gemüsen fürs Mittagessen eine Auswahl treffen. Lassen Sie es beim Vorbereiten und Zubereiten mithelfen. Das wirkt oft Wunder. Zeigen Sie bei Tisch, wie außerordentlich gut es Ihnen schmeckt.
Dem kleinen Kind können Sie etwas püriertes Gemüse unter den Milchbrei mischen. Ältere Kinder mögen Gemüse oft nur nicht in bestimmten Zubereitungsarten. Probieren Sie unterschiedliche Gerichte aus. Fast alle Kinder lieben bunte Gemüsepfannen mit Hackfleisch oder Wurst. Ist ihr Kind ein Nudelliebhaber, so servieren Sie die Nudeln mit einer Sauce aus feinpürierten Gemüsen mit etwas Fleisch oder Wurst. Für Kinder zwischen dem zweiten und dritten Lebensjahr kann man Gemüse auf der Pizza servieren oder als Omelettfüllung oder man bäckt eine Möhrentorte. Versuchen Sie es auch mit Salatzubereitungen.

▷ *Kein Obst will*
Hier gilt es ebenfalls eine umfassende Ablehnung zu vermeiden und mit Hilfe phantasievoller Zubereitung zum Verzehr anzuregen. Statt rohem Obst kann Kompott, Fruchtsülze, Fruchtcreme oder Fruchteis angeboten werden. Sie können Obst in Gemüse- und Fleischgerichten verstecken, wo der Eigengeschmack weniger intensiv ausfällt. Hier eignen sich auch gemischte, kalte Salate. Aufläufe, Pfannkuchen und Milchspeisen lassen sich mit Obst anreichern. Vielleicht nascht ihr Kind gern, dann bieten Sie ihm statt Süßigkeiten Trockenobst in kleinen Mengen an oder eine Sauce aus Backobst. Rohes Obst kann man fein püriert unter gekochten Pudding ziehen oder zu Milchmixgetränken verwenden. Obstkuchen mit etwas Sahne wird so gut wie nie abgelehnt.

▷ *Kein Fleisch / Eier / Fisch will*
Fleisch kann fein püriert in kleinen Mengen Kartoffel-, Reis-, Nudel- und Gemüsegerichten unauffällig untergemischt werden. Garen Sie das Gemüse in Fleisch- oder Knochenbrühe. Oft mögen Kinder Fleisch als Brotbelag, z. B. eine dünne Scheibe Rinder- oder Putenbrustbraten auf einem gebutterten Brot oder Brot mit Wurst- oder Fleischsalat. Begehrt sind häufig Brathähnchen und Nudeln mit Fleischsauce.
Eier können roh (so sind sie auch am verträglichsten) unter Kartoffelbrei, Milch-, Quark- und andere Cremespeisen gemischt werden. Pfannkuchen, Auflauf, süße Hauptgerichte sind ohne Eier kaum denkbar. Saucen und Suppen können mit Eigelb legiert werden. Eier kann man verziert, gefüllt oder als Tischdekoration anbieten. Für die Eltern gilt es herauszufinden, in welchem Zustand das Ei als Speise abgelehnt wird. Manches Kind ekelt sich vor dem glibbrigen Eiweiß eines zu weich gekochten Eies oder eines nicht durchgebackenen Spiegeleies. Ein anderes fühlt das hartgekochte Eigelb wie einen trockenen Klumpen im Mund. Vielleicht mag es nur Eiweiß oder nur Eigelb?
Fisch wird oft abgelehnt, wenn ein Elternteil keinen Fisch ißt. In Gemüsen, Salaten und Kartoffelgerichten kann Fisch in kleinen Mengen untergemischt werden. Ältere Kinder ab dem 2./3. Lebensjahr bevorzugen Bratfisch und vor allen Dingen Fischstäbchen. Fisch eignet sich als Zutat in Gemüsesalaten und auch als Brotbelag. Finden Sie die vom Kind bevorzugte Zubereitungsart heraus.

▷ *Keine Kartoffeln / Reis will*
Beide Nahrungsmittel sind unersetzlich und unentbehrlich. Es ist deshalb unbedingt notwendig, der Abneigung des Kindes hier grundsätzlich nicht nachzugeben. Bemühen Sie sich Zubereitungsformen zu finden, in denen Ihr Kind diese Nahrungsmittel annimmt. Sehr beliebt sind Reibekuchen, Kartoffelplätzchen, Reisbrei mit Zimtzucker oder verschiedene Arten von Gemüsepfannen.

Wichtig ist es, bei allen auftretenden Abneigungen herauszufinden, wie und warum das Kind eine bestimmte Speise nicht mag. Wenn der Grund nicht gleich herauszufinden ist, sollte man sich nicht entmutigen lassen und dem

Verlangen des Kindes nachgeben. Probieren Sie vielmehr das abgelehnte Nahrungsmittel in verschiedenen Zubereitungsformen Ihrem Kind näher zu bringen. Bieten Sie es immer wieder an, denn der Geschmack wandelt sich von Zeit zu Zeit. Und was ebenso wichtig ist: Gehen Sie mit gutem Beispiel voran, denn Nahrungsmittel, die Sie ablehnen, wird auch Ihr Kind nicht mögen.

Wenn wir bedenken, welche Not an Nahrungsmitteln für unzählige Menschen auf der Welt besteht, sollte es nicht schwer fallen, einem Kind das Mäkeln zu verwehren, und es nicht erst dazu kommen zu lassen.

Wir sollten die Kinder lehren, für die Nahrung zu danken. Wir sollten ihnen sagen, daß es bei jedem Menschen einige wenige Dinge gibt, die er nicht essen mag, daß es aber ein unverdientes Schicksal ist, in einem Land zu leben, das Überfluß bietet, nicht nur an Nahrung, sondern an Gaumengenüssen und auch an ungesunder Nahrung. So wird ein Teil der Menschen krank, weil er übersättigt ist und der andere Teil der Menschheit stirbt an Unterernährung.

Kinder freuen sich auf jede Mahlzeit, sofern sie nicht überfüttert oder verwöhnt sind. Sie freuen sich voller Spannung auf jedes Fest, wenn Kekse, Kuchen, Bonbons, Schokolade, Pudding, Aufschnitt und Fleisch nicht alltägliche Genüsse sind.

Gönnen Sie sich als Eltern das Vergnügen der glänzenden Kinderaugen über seltene Leckereien nach dem Motto:

»Soll'n sie was gelten, gebe sie selten!«

Die Ernährung in den ersten zwölf Lebensmonaten

Die Ernährung in den ersten zwölf Lebensmonaten ist in der untenstehenden Übersicht dargestellt. Sie zeigt auf einen Blick, welche Nahrungsmittel, in welchen Zeitperioden, in die Ernährung des Säuglings eingeführt werden können.

In den ersten sechs Monaten wird das Kind ausschließlich mit Muttermilch oder einer der Muttermilch angepaßten flüssigen Milchnahrung gefüttert.

In der zweiten Hälfte des ersten Lebensjahres wird die Milchnahrung eingeschränkt, zugunsten flüssig-breiiger Kost aus Gemüse, Obst, Getreideflokken (Müsli), Fleisch, Ei, Fisch und Brot. Nach dem zwölften Monat ist die Milch nicht länger das Hauptnahrungsmittel. Das Kind sollte dann täglich zumindest je ein Lebensmittel aus den Bereichen Milch / Fleisch, Eier, Fisch / Brot, Mehl, Kartoffeln, Reis, Körner (Getreide) / Gemüse / Obst / Getränke / Butter, Margarine, Öl innerhalb sämtlicher Tagesmahlzeiten erhalten.

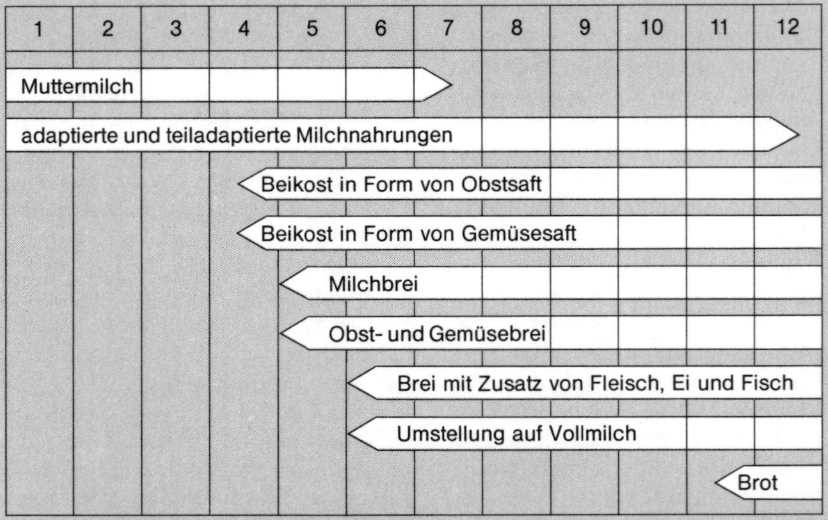

◁ = zunehmend, ▷ = abnehmend

Nach: »Ernährungsprobleme im Kindesalter«. Schriftenreihe »Verbraucherdienst«, Bundesausschuß für volkswirtschaftliche Aufklärung e. V. Köln, 1977. Die Schriftenreihe »Verbraucherdienst« wird jetzt herausgegeben vom AID, Konstantinstr. 124, 5300 Bonn 2

Die ersten drei Monate

Der Säugling

In den ersten drei Monaten wird der Säugling ausschließlich gestillt oder mit fertigen Milchnahrungen ernährt. Ausnahmen ergeben sich nur bei einer ernsthaften Erkrankung des Kindes.
Wenn Sie Ihr Baby stillen, benötigen Sie weder Fläschchen, noch Sauger, noch eine Sterilisationsvorrichtung. Lediglich eine Pipette (erhältlich in der Apotheke) ist zum Einträufeln von Tee empfehlenswert. Für kürzere Zeit kann mit einer solchen Pipette dem Kind auch abgepumpte Muttermilch zugeführt werden, wenn aus besonderen Gründen, z. B. schmerzhaften Schrunden, die Brustwarze ein bis zwei Tage geschont werden muß.
Beim Stillen ist es wichtig, auf eine ruhige, entspannte Atmosphäre zu achten. Stellen Sie die Türklingel ab und legen Sie den Hörer neben das Telefon. Ob Sie sitzen oder liegen, es sollte immer bequem sein. Eine bewährte Körperhaltung ist das Sitzen auf einem Stuhl, wobei die Füße auf einen Fußschemel gestützt werden. Dabei ergibt sich für das Kind eine gemütliche Lage im Schoß der Mutter. Die Brüste werden abwechselnd gereicht. Für die Milchbildung ist es förderlich, wenn die Brüste leer getrunken werden. Auf diese Weise wird auch einer Brustentzündung vorgebeugt. Deshalb reichen Sie dem Kind erst z. B. die rechte Brust, bis diese völlig entleert ist. Dann legen Sie das Baby bis zur Sättigung an die linke Brust. Diese wird nun aber nicht mehr völlig ausgetrunken und darum bei der nächsten Mahlzeit als erste Trinkseite gewählt. Mit der Zeit spürt jede Mutter, in welcher Brust mehr Milch ist. Sollte Ihr Baby die Brüste nicht völlig austrinken, ist es ratsam, die Reste mit einer Pumpe abzupumpen oder die Milch mit den Händen aus der Brust zu streichen.
In den ersten Tagen und Wochen wird sich ein Stillrhythmus einpendeln, sofern Sie keine festen Fütterungszeiten wählen. Die letztere Methode wird häufig abgelehnt, jedoch bringt auch sie für das Kind Vorteile. Wenn Sie das Kind an allen Tagen, zur stets gleichen Zeit, in regelmäßigen Abständen füttern, gewinnt es daraus Sicherheit und Ruhe. Die Abstände sollten zuerst drei bis vier Stunden betragen und sich zunehmend vergrößern. Manche Babys lassen sich problemlos an eine sechs- bis achtstündige Nachtpause gewöhnen, andere bekommen im ersten Halbjahr gegen 2 Uhr nachts Hunger. Es ist weniger mühsam, dem Kind eine nächtliche Mahlzeit zu geben, als es mit Tee oder Hin- und Hertragen beruhigen zu wollen. Nach den ersten sechs bis acht Monaten schläft es meist von sich aus durch.
Der Stillvorgang selbst sollte nach 20 Minuten beendet werden, da sonst die Brustwarze überstrapaziert würde. Außerdem nimmt das Baby die größte Milchmenge in den ersten fünf Minuten zu sich.
Wenn Sie ausreichend Milch haben und das Kind gut gedeiht, reicht eine wöchentliche Gewichtskontrolle aus. Das ständige Wiegen vor und nach den Mahlzeiten führt, nach meiner Erfahrung, nur zu Nervosität der Mutter.
Für die Lebensweise der stillenden Mutter ergeben sich hinsichtlich der Brustpflege und der Ernährung besondere Anforderungen.
Die Brust sollte nur mit sauber gewaschenen Händen berührt werden. Unsauberkeit birgt die Gefahr einer Brustentzündung. Ein stützender Bü-

stenhalter hilft bei der Erhaltung der Figur. Auch empfiehlt er sich aus hygienischen Gründen, denn durch abfließende Milch würde die Kleidung durchnäßt und beschmutzt. In den ersten Wochen und auch später, z. B. bei leicht fließenden und vollen Brüsten, wird die Brustwarze durch sterilen Mull geschützt. Dieser Mull kann bei spröder oder wunder Brustwarze, mit Vaseline bestrichen, aufgelegt werden. Vor dem Stillen muß in diesem Falle die Salbe gründlich abgewischt werden. Während der ersten Zeit sollte die Mutter lieber duschen als baden und auf den Besuch öffentlicher Schwimmbäder verzichten.

Die Ernährung kann, unter Verzicht auf stark blähende und sehr scharf gewürzte Speisen, normal weitergeführt werden. Der Energiebedarf ist, wie in den letzten drei Monaten der Schwangerschaft, erhöht (ca. 11 700 kJ, bzw. 2800 kcal), er ist abhängig von der Stillleistung. Auf eine ausreichende Zufuhr von Eiweiß, Vitaminen und Mineralstoffen sollte geachtet werden.

Wichtig ist die Flüssigkeitsmenge, welche die stillende Mutter täglich zu sich nimmt. Sie darf niemals dursten und sollte viel Kräutertee oder auch Milchbildungstee trinken. Keinesfalls ist es gut, nur nach Milch, Malzbier oder Mineralwasser zu greifen. Auf alkoholhaltige Getränke und Zigaretten sollte die stillende Mutter verzichten, da sie durch die Muttermilch ihrem Kind auch diese Stoffe zuführt. Gleiches gilt für Medikamente.

Wenn die Muttermilch zur Ernährung des Säuglings nicht ausreicht, muß eine fertige Säuglingsmilch zugefüttert werden. In diesem Falle muß das Baby vor und nach dem Stillen gewogen werden, um die Trinkmenge entsprechend ergänzen zu können. Günstig ist, wenn die Mutter es so einrichten kann, daß sie ihr Kind bei zwei bis drei Mahlzeiten (z. B. morgens und abends, evtl. zusätzlich nachts) voll stillt, während die Mahlzeiten am Vormittag und am Abend mit der Flasche gegeben werden. Bei der Zwiemilchernährung besteht die Möglichkeit, dem Säugling weiterhin die unersetzlichen Immunstoffe und Antiallergene zuzuführen. Das erscheint gerade in der heutigen, durch Emissionen stark belasteten Umwelt dringend notwendig.

Den Schutz aus der Muttermilch sollte man während der ersten drei Monate keinem Kind vorenthalten, sei die Ernährung auch noch so mühsam. Zwiemilchernährung ist zeitaufwendig und mühsam: Das Baby wird gewogen, an die Brust angelegt und erneut gewogen. Dann wird die noch fehlende Säuglingsmilch zubereitet und mit der Flasche nachgefüttert. Dieser Vorgang nimmt manchmal gut 60 Minuten in Anspruch und muß fünfmal am Tag wiederholt werden. Trotzdem sollte jede Mutter diese Mühe auf sich nehmen, auch wenn das Kind nicht so recht saugen will, da das Trinken durch den Gummisauger der Flasche bequemer ist, als das Trinken an der Brust. Wenn eine Mutter völlig aufs Stillen verzichten muß, weil sie beispielsweise auf bestimmte Medikamente angewiesen ist, bleibt ihr nur die künstliche Ernährung mit Fertigmilch.

Auf dem Markt befinden sich verschiedene Säuglingsmilchnahrungen. Diese fertigen Nahrungen, die in warmem, abgekochtem Wasser aufgelöst werden, sind der Muttermilch weitestgehend (adaptiert) oder teilweise (teiladaptiert) angeglichen. Die adaptierten Milchpräparate entsprechen in der Nährstoffzusammensetzung weitestgehend der Muttermilch, jedoch enthalten sie nicht die Immunstoffe der Muttermilch. Adaptierte Milch entspricht auch in der Konsistenz der Muttermilch, sie ist dünnflüssig und leicht verdaulich. Sie kann dem Säugling nach Bedarf gefüttert werden.

Die teiladaptierten Milchpräparate sind ebenfalls im Eiweiß- und Mineralstoffgehalt vermindert, jedoch nicht in gleicher Weise der Muttermilch angepaßt wie adaptierte Milchpräparate. Dadurch erhält die Nahrung eine sämige Konsistenz und wirkt länger sättigend. Diese Nahrung muß dem Säugling entsprechend seiner Gewichtskurve gefüttert werden, da er andernfalls übermäßig zunehmen würde. Die Milchnahrung darf keinesfalls als Durstlöscher verwendet werden. Zu diesem Zweck bereitet man Fencheltee aus einem Teebeutel. Adaptierte oder teiladaptierte Nahrungen werden dem Kind bis in den vierten/sechsten Monat gegeben. Danach bietet die Kindernährmittelindustrie Dauer- oder Anschlußnahrungen an, die im Fett- und Eiweißgehalt dem erhöhten Bedarf des Babys angepaßt sind.

Die Zubereitung der Fertigmilchnahrung ist einfach zu handhaben. Sie sollten sich stets nach den Angaben auf der Verpackung richten. Keinesfalls darf Fertigmilchnahrung zusätzlich Zucker, Schleim, Reisflocken, Haferflocken oder ähnliches zugesetzt werden. Dann würde Ihr Baby zu einem überfütterten »Wonneproppen«. Heute weiß man, daß dicke Kinder nicht unbedingt gesunde Kinder sind. Wichtig für die Zubereitung von Säuglingsmilchnahrung ist Sauberkeit. Flasche und Sauger sollten nach jeder Mahlzeit ausgekocht oder sterilisiert werden. Gleiches gilt für andere Geräte, die zur Zubereitung der Kindernahrung benutzt werden. Versäumnisse auf dem Gebiet der Hygiene können leicht zu Erkrankungen des Magen-Darm-Traktes, d. h. Durchfall und Erbrechen, führen, besonders während des ersten Lebensjahres. Später kann sich der kindliche Organismus besser gegen Krankheitskeime zur Wehr setzen.

Nach jeder Mahlzeit, egal ob Brust oder Flasche, wird das Kind zum »Bäuerchen-machen« hochgehalten. Am besten legt man sich dazu ein Tuch auf die Schulter und hält das Baby so, daß sein Gesicht auf dem Tuch liegt. Oft stößt das Kind noch ein wenig Nahrung auf. Solches ist in den ersten Monaten normal.

Handelt es sich bei dem Aufstoßen jedoch eher um ein Speien, werden also größere Nahrungsmengen krampfartig und in hohem Bogen hinausgestoßen, sollten Sie den Arzt befragen.

Nach der Mahlzeit legt man das Baby im Bettchen auf den Bauch oder auf die Seite, damit möglicherweise noch aufstoßende Nahrung aus dem Mund fließen kann.

Über die Gewöhnung an Kuhmilch und Vollmilchbreie können Sie in dem folgenden Kapitel nachlesen. Dort finden Sie auch Informationen über das Abstillen.

Beikost ist in den ersten drei Monaten als Ergänzung der natürlichen oder künstlichen Milchnahrung nicht erforderlich.

Ab dem dritten Monat kann das künstlich ernährte Baby Beikost in Form roher Obst- und Gemüsesäfte erhalten, die der Milchnahrung beigemischt werden. Mit einem Entsafter kann man aus frischen, gut geschälten und gewaschenen Möhren, Äpfeln, Himbeeren, Brombeeren, Roten Beten, Tomaten, Kirschen selbst Saft zubereiten. Hin und wieder kann man dem Baby einen kleinen Teller Brei aus feinpürierter Banane oder feinpüriertem Apfel anbieten. Auf Zucker sollten Sie möglichst verzichten. Die Obst- und Gemüsesorten verfügen über einen natürlichen Fruchtzuckergehalt, der ausreichend ist. Tee für ihr Baby sollten Sie aus dem Teebeutel oder aus losen Kamillenblüten, Pfefferminzblättern und Fenchelsamen (erhältlich in Apotheken und Reformhäusern) zubereiten und, wenn überhaupt, nur ganz schwach mit einer Teelöffelspitze Zukker süßen. Noch besser ist wenig Honig oder Rübensirup geeignet. Fencheltee können Sie ihrem Baby völlig ohne Zucker anbieten, da er von Natur einen mild-süßen Geschmack hat. Grundsätzlich sei hier noch einmal darauf hingewiesen, daß Brustkinder vor dem 6. Monat keine Beikost benötigen, da die Muttermilch alle notwendigen Nährstoffe enthält. Doch egal, ob Sie ihr Kind stillen oder künstlich ernähren: Sie sollten die tägliche D-Fluorette nicht vergessen. Diese Tablette beugt Zahn- und Knochenerkrankungen vor, sie verhindert insbesondere Rachitis.

Natürliche Ernährung durch Muttermilch

Natürlich ernährt werden kann das Neugeborene alleine an der Brust der Mutter (Amme). Das Naturrecht des Säuglings auf natürliche Ernährung nimmt die Mutter in die Pflicht. Indem sie dieser Stillpflicht nachkommt, bewirkt sie nicht nur das Gedeihen des Kindes, sondern Gesundheit für den eigenen Körper. Zwischen dem Saugreiz an der Brust und der Gebärmutter besteht eine direkte Verbindung. Stillen fördert die Rückbildung der Gebärmutter und der strapazierten Unterleibsmuskulatur. Viele Mütter nehmen während des Stillens starke Gebärmutterkontraktionen wahr. Das ist kein Grund zur Klage, sondern im Gegenteil das Signal für den erfreulichen Vorgang der Gewebefestigung und damit der Rückgewinnung der ursprünglichen Gestalt.
Doch wie verhält es sich mit dem tatsächlichen Wert der Muttermilch, wenn man dem viel zitierten Argument, sie sei schadstoffverseucht, Beachtung schenkt?
Auch die Muttermilch bleibt von Schadstoffen aus der Umwelt nicht unbeeinflußt. Trotzdem sind derzeit ihre Vorzüge höher einzuschätzen, als ihre Nachteile. Ihre Zusammensetzung ist unnachahmlich. Alle Versuche der Babykosthersteller führten bislang nur zu einer muttermilchähnlichen Nahrung. Jedoch zu keiner, die der Muttermilch annähernd in der Zusammensetzung von Wirkstoffen gleicht, die den jungen, ungeschützten Organismus vor Durchfällen, Infekten und allergischen Erkrankungen bewahrt. Von daher ist Muttermilch unersetzlich und sollte in der Ernährung der ersten sechs Lebensmonate an erster Stelle stehen.
Muttermilch hat auch praktische Vorteile. Sie ist keimfrei, stets wohltemperiert, sättigend, immer frisch zubereitet und äußerst bekömmlich, vorausgesetzt, daß die Mutter sich bewußt ernährt. Sie enthält sämtliche Nährstoffe, in der für das Kind richtigen Menge und Beschaffenheit. Wenn das Baby mit Muttermilch ernährt wird, besteht keine Notwendigkeit, während der ersten Lebensmonate vitaminhaltige Obst- oder Gemüsesäfte zuzufüttern. Muttermilch enthält alles, was ein Säugling braucht, auch Vitamin C!
Das gilt auch für das Trinken. Ein gesunder Säugling braucht unter normalen Umständen keine zusätzliche Teemahlzeit. Durst ist nur zu vermuten, wenn das Kind krank ist oder ungewöhnliche äußere Umstände, wie z. B. Sommerhitze oder überheizte Wohnräume, herrschen. Die Milch stillt neben dem Nährstoff- auch den Flüssigkeitsbedarf. Das Neugeborene, der Säugling in seinem ersten Lebenshalbjahr fühlt sich am wohlsten an Mutters Brust. Hier werden seine Bedürfnisse auf ganz natürliche Weise gestillt. Es empfängt Nahrung, Wärme und Geborgenheit.
Doch was im Verlauf des ersten Jahres von fast unersetzlichem Vorteil ist, muß darüber hinaus nicht unbedingt günstige Auswirkungen haben. Ein Kind, das innerhalb unseres Kulturkreises jahrelang gestillt wird, erwirbt dadurch wohl kaum ein höheres Maß an Urvertrauen als das sechs bis neun Monate lang gestillte Kind. Vielmehr besteht die Gefahr, daß eine Sonderstellung dieses Kindes anerzogen wird.
Stillen, das ist ein Zauberwort der letzten Jahre, ja fast schon eine Ideologie. Aber auch Zeichen einer Rückbesinnung auf natürliche Kräfte, die dem Menschen mitgegeben sind.
Stillende Mütter sollten bedenken, daß der Stillvorgang einer unsichtbaren Nabelschnur gleicht, die es im Interesse der kindlichen Entwicklung zu durchtrennen gilt, wenn die Zeit der Zahnung eintritt. Dies mag für viele Mütter ein schmerzliches Erlebnis sein, denn sie müssen ihr Kind nun nach der Geburt zum zweiten Mal frei geben, das Ausmaß und die Intensität intimen Umgangs ein wenig mehr aufgeben. Doch ist es gegen Ende des ersten Jahres auch vom Standpunkt eines erweiterten Nährstoffbedarfes und eines unterdessen voll funktionsfähigen Verdauungsapparates erforderlich. Während in der Regel das Abstillen im Verlauf des sechsten bis neunten Monats keinerlei Probleme mit sich bringt, ist es zu einem späteren Zeitpunkt oft schwierig. Nicht selten setzt ein Kampf zwischen Mutter und Kind ein, denn es will die Quelle seiner Lust nicht aufgeben.
Es soll hier nichts gegen die oft hilfreichen Aktivitäten von Stillgruppen eingewendet werden, sondern aus kritischer Distanz auf die möglicherweise unterschiedlichen Bedürfnisse von Mutter und Kleinkind hingewiesen werden. Beim Stillen steht das Nähren des Körpers an erster Stelle, das Nähren der Seele ist zweitrangig. Wäre letzteres ausschließlich während der Brustmahlzeit möglich, müßten alle Mütter mit echten Stillhindernissen zutiefst verzweifeln. Tatsache ist, daß ein Baby seelisch auch ohne den Vollzug des Stillvorgangs befriedigt werden kann, wenn man ihm durch Hautkontakt Wärme und Geborgenheit vermittelt. Da die Priorität also auf gesunder

Ernährung liegt, müßte es im Interesse jeder Mutter liegen, dem Kind die Nahrung zuzuführen, die es benötigt. Und das bedeutet ab dem zweiten Lebenshalbjahr nicht mehr ausschließlich Muttermilch-Ernährung.

Wenn die Muttermilch für das Kind bekömmlich sein soll, muß die Mutter auf eine gesunde, ausgewogene Ernährung bedacht sein. Alle Stoffe, die sie zu sich nimmt, gehen anteilmäßig in die Milch über. Aus diesem Grunde sind Nikotin, Alkohol und Medikamente völlig verboten. Als sehr ungünstig, da sie beim Säugling Unwohlsein, Blähungen oder Wundsein hervorrufen, erweisen sich zahlreiche Nahrungsmittel, z. B. blähende (Kohl-)Gemüse und Süßigkeiten (Gummibärchen u. ä.), säurehaltige Obstsorten und – was häufig übersehen wird – Gewürze mit strengem und scharfem Aroma. Wichtig ist auch die sorgfältige Vorbereitung pflanzlicher Lebensmittel, um möglichst wenig Schadstoffe mit der Nahrung und damit in die Milch aufzunehmen. Gerade während der Stillperiode sollte die Mutter kein ungewaschenes Obst essen. Abgesehen von möglichen Giftstoffen, sind diese Nahrungsmittel schon durch viele Hände gegangen, die nicht unbedingt gesundheitsfreundliche Spuren hinterließen.

So verschieden die Frauen und ihre Brüste sind, so unterschiedlich gestalten sich auch die ersten Stillerfahrungen. Bei mancher Mutter tropft die Milch aus der Brust, bei anderen bedeutet das Heraussaugen der Milch für das Baby Schwerarbeit. Anfängliche Schwierigkeiten sind hierzulande normal, keine Mutter sollte sich entmutigen lassen. Man kann sich in einer Stillgruppe Rat und Unterstützung suchen. Wichtig ist es, das Neugeborene in den ersten sechs bis zwölf Stunden an die Brust zu legen. Zum einen erhält das Kind dabei die Vormilch, welche zwar nur in geringer Menge abgesondert wird, durch ihre spezielle Zusammensetzung jedoch äußerst wichtig für das Kind ist. Dieser Vorgang ist zum anderen notwendig für den mütterlichen Organismus, um die Milchproduktion in Gang zu setzen. Auch das ist von Mutter zu Mutter unterschiedlich und dauert zwischen zwei bis fünf Tagen. In dieser Zeit keinesfalls mit der Flasche zufüttern, höchstens etwas Tee mit einer Pipette in den Mund träufeln. Das Kind muß jedoch regelmäßig angelegt werden.

Der 4. und 5. Monat

Diese beiden Monate sind gekennzeichnet durch das größere Interesse, das das Baby in dieser Zeit seiner Umwelt zuwendet. Es kann mittlerweile, auf dem Bauch liegend, sein Köpfchen hochhalten, dreht sich vom Bauch auf den Rücken, vielleicht macht es Sitzversuche. In jedem Falle bewegt es sich weitaus stärker als während der ersten drei Monate, in denen es viele Stunden schlief.
Der erhöhte Bewegungsdrang verursacht auch größeren Appetit. Eine voll stillende Mutter kann ihr Baby aber auch während dieser Monate ohne Beikost aufziehen. Der Säugling trinkt jetzt mehr, deshalb produzieren die Milchdrüsen auch eine größere Menge Nahrung.
Jene Mütter, die bereits mit dem Abstillen beginnen wollen, verweise ich auf das nächste Kapitel. Wenn das Baby sich an der Brust wohl fühlt, zufrieden ist und zunimmt, sollte man die Überlegung, ob es nicht besser wäre, noch zwei Monate voll zu stillen, nicht von sich weisen. Zum Abstillen eignet sich besonders gut die Zeit zwischen dem sechsten und neunten (zwölften) Monat. Während dieser Phase vollzieht das Kind die ersten Ablösungsschritte von seiner Mutter (Amme). Es beginnt zu krabbeln, zu stehen, zu laufen, zu sprechen und erobert mit diesen Fähigkeiten zunehmend die Umwelt. Dadurch entsteht auf ganz natürliche Weise ein Abstand, in dessen Rahmen der Prozeß des Abstillens meist problemlos verläuft.
Manche voll stillende Mutter hat trotz des gesunden Zustandes ihres Babys den Wunsch, ihm mit dem Löffel ein wenig Beikost zu füttern. Wenn dies auch nicht notwendig ist, so ist es andererseits auch nicht schädlich, sofern es sich um kleine Mengen, z. B. 1–2 Eßlöffel püriertes Obst oder Gemüse, handelt, die zwischen den Brustmahlzeiten gegeben werden. In dem Moment, da die Beikost in größeren Mengen und anstelle einer Brustmahlzeit gegeben wird, beginnt das Abstillen. Für Obst- und Gemüsesäfte, die ebenfalls nicht notwendig sind, aber gerne gegeben werden, gilt gleichermaßen: nur wenige Teelöffel oder 1–2 Pipettenfüllungen zwischen den Stillzeiten.
Veränderungen ergeben sich in diesen beiden Monaten zunehmend für jene Mütter, die ihr Baby mit Zwiemilch oder ausschließlich mit der Flasche ernähren.
Eine Flaschenmahlzeit, in der Regel die abendliche, wird durch einen Zweidrittelmilch-Brei ersetzt. Die meisten Babys halten nach einer Breimahlzeit eine achtstündige Nachtpause ohne Hungergefühle durch. Andernfalls kann nachts ohne Mühe und Aufwand eine kleine Zwischenmahlzeit an der Brust eingelegt werden, danach schläft das Kind beruhigt weiter.
Der Milchbrei kann mit Getreide, Obst oder Gemüse zubereitet werden. Ich empfehle keine Fertigmilch, sondern eine Zweidrittelmilch aus möglichst frischer Kuhmilch zu verwenden. Diese darf dem Kind niemals in nicht abgekochtem Zustand gegeben werden, auch wenn durch das Kochen ein Verlust an wertvollen Inhaltsstoffen eintritt.
Statt des Milchbreies kann ein milchfreier Brei aus Obst oder Gemüse und Getreideflocken gereicht werden. Solche Breie können gut die Milchmahlzeit am Mittag ersetzen, falls der Säugling seine Abendmahlzeit an der Brust erhält.

Im Vergleich enthalten je 100 g	Eiweiß in g	Fett in g	Kohlenhydrate in g	Mineralstoffe in g
Muttermilch	1,03–1,43	3,5–4,62	6,4–7,6	0,19–0,23
Kuhmilch	3,08–3,70	3,6–3,88	4,5–4,92	0,67–0,81

Nach Souci/Fachmann/Kraut, Die Zusammensetzung der Lebensmittel, Stuttgart 1981/82

Gerade beim zwiemilchnährten Baby, das also mit Muttermilch und mit der Flasche aufgezogen wird, muß die Mutter sich nach den Gegebenheiten ihres Körpers richten. Sie soll immer dann die Brust reichen, wenn Milch in größerer Menge eingeschossen ist. Niemals sollte eine Brustmahlzeit zugunsten einer Breimahlzeit aufgegeben werden. Deshalb: Breimahlzeiten nur anstelle von Flaschenmahlzeiten einsetzen. Die künstliche Milch ihrerseits kann nun durch selbst bereitete Zweidrittelmilch ersetzt werden, die zur Breizubereitung benutzt wird. Außerdem kann Zweidrittelmilch, angereichert mit Honigschleim oder Getreideflocken, als sämige Flaschenmahlzeit gefüttert werden. Wie wenig Mühe das macht, können Sie aus den folgenden Rezepten ersehen.
Warum muß für das Kind eine Zweidrittelmilch, also eine verdünnte Kuhmilch zubereitet werden?
Außerdem enthält jede Milchart auch Schutzstoffe gegen ansteckende Krankheiten. Die Schutzstoffe in der Kuhmilch dienen jedoch dem jungen Kalb und sind für das Menschenkind nicht nutzbar.
Die Kuhmilch ist reicher an Mineralstoffen und Eiweiß und ärmer an Kohlenhydraten als die Muttermilch. Hinzu kommt die schwerere Verdaulichkeit des Eiweißes aufgrund seiner anderen Beschaffenheit. Die Verdauungsorgane des Kindes sind im ersten Halbjahr auf die Verdauung von Muttermilch ausgerichtet. Kuhmilch muß deshalb verdünnt werden, damit eine Angleichung des Eiweißgehaltes erreicht wird. Dies wirkt sich in ungünstiger Weise auf den Zucker- und Fettanteil aus. Hier wird der Ausgleich durch Getreideprodukte erreicht, also: Haferflocken, Grieß, Reis, Mehl und Getreideflocken-Mischungen. Außerdem kann man ein kleines Stückchen Butter (1 Teelöffelspitze) oder etwas hochwertiges Pflanzenöl in der Milch auflösen.
Zweidrittelmilch wird mindestens sechs bis acht Wochen, also während des vierten und fünften Monats gegeben, bevor nach und nach der Wasseranteil verringert und im Laufe des sechsten Monats das Kind auf Vollmilch umgestellt werden kann.

Milchnahrungen während des vierten und fünften Monats:

▷ Muttermilch zu allen Mahlzeiten.
▷ Muttermilch und fertige, adaptierte oder teiladaptierte Säuglingsmilch zur Ergänzung (Zwiemilch).
▷ Zweidrittelmilch, bestehend aus zwei Teilen Kuhmilch und einem Teil Wasser.
▷ Zweidrittelmilch in Breizubereitungen.

Beikost während des vierten und fünften Monats:

▷ Feinpüriertes Obst zur Anreicherung eines Zweidrittelmilch-Breies oder als milchfreier Brei.
▷ Feinpüriertes Gemüse zur Anreicherung eines Zweidrittelmilch-Breies oder als milchfreier Brei.

Um die Inhaltsstoffe von Obst und Gemüse weitestgehend zu erhalten, wird meist eine rohe Zubereitung empfohlen. Dies trifft immer für Obst und in vielen Fällen auch für Gemüse zu. Manche Gemüse sind in gekochtem Zustand vom menschlichen Organismus leichter zu verdauen, z. B. Möhren (Karotten). Das schließt jedoch ihre Verwendung als Rohkost nicht aus. Beide Zubereitungsarten werden im Rahmen einer gut gemischten und abgestimmten Kinderkost angeboten.

Zweidrittelmilch

160 ml Milch, 80 ml Wasser,
1 kleiner TL Zucker oder Honig,
1 Teelöffelspitze Butter

Milch und Wasser dürfen nur in abgekochtem Zustand verwendet werden. Das Abkochen des Wassers kann man sich lediglich dann ersparen, wenn es vor Gebrauch durch ein Wasser-Filtron-Gerät gelaufen ist. (Diese Geräte sind erhältlich über Bildungs- und Gesundheitszentrum, Waldhof Krüdersheide, 5650 Solingen 1; durch das Filtern erhält man keim-, bakterien-, viren-, wurm- und wurmeierfreies Wasser).
Milch, Wasser, Zucker oder Honig und Butter werden miteinander vermischt.

Nährzubereitungen mit Zweidrittelmilch
240 ml Nahrung nach obigem Rezept zubereiten und mit Fertigschleim entsprechend den Verpackungsangaben anreichern. Bewährt haben sich Honigschleim, Schmelzflocken, Instant-Flockenmischungen, Reis- und Haferschleim.

Milchbrei

Grießbrei

¼ l Zweidrittelmilch (aus 160 ml Milch und 80 ml Wasser),
3 EL Weizenvollkorngrieß (Reformhaus),
1 TL Zucker oder Honig,
Zitronensaft oder
1 Msp Vitamin C (Ascorbinsäure)

Zweidrittelmilch zum Kochen aufstellen, Weizenvollkorngrieß in die kochende Milch mit dem Schneebesen einrühren. Vom Feuer nehmen und ausquellen lassen, mit Zucker oder Honig süßen. Nach dem Abkühlen einige Spritzer Zitronensaft oder eine Messerspitze Vitamin C (Ascorbinsäure, erhältlich in der Apotheke) unterrühren. Das ist schmackhaft und gesund.
Falls der Brei zu dünn ist, kann man ihn vor dem Süßen noch einige Minuten unter Rühren auf kleinster Stufe köcheln.

Grieß-Obstbrei
Grießbrei mit 2–3 Eßlöffeln beliebigem, püriertem Obst vermischen.

Haferflockenbrei

¼ l Zweidrittelmilch (aus 160 ml Milch und 80 ml Wasser),
4–5 EL Haferflocken (Schmelzflocken),
1 TL Zucker oder Honig,
Zitronensaft oder
1 Msp Vitamin C (Apotheke)

Zweidrittelmilch zum Kochen aufstellen. Haferflocken (Schmelzflocken) einstreuen und unter ständigem Rühren aufkochen. Nach einigen Minuten vom Herd nehmen und ausquellen lassen. Mit Zucker oder Hong süßen, mit etwas Zitronensaft oder Vitamin C abschmecken.

Haferflocken-Obstbrei
Haferflockenbrei mit 2–3 Eßlöffeln beliebigem, püriertem Obst vermischen.

Brotbrei

⅛ l Zweidrittelmilch (aus 80 ml Milch und 40 ml Wasser),
2 Scheiben Vollkornbrot oder
2–3 Scheiben Vollkornknäcke, finnisches Brot oder Matzen,
Honig, Zitronensaft

Zweidrittelmilch aufkochen und über das zerbröckelte Brot gießen. Kurz weichen lassen und anschließend fein pürieren. Mit etwas Honig und Zitronensaft abschmecken.
Sollten Sie den Brei sämiger wünschen, gießen Sie noch ein wenig warme Zweidrittelmilch dazu.

Brot-Obstbrei
Brotbrei mit 2–3 Eßlöffeln beliebigem, püriertem Obst vermischen.

Zwiebackbrei

¼ l Zweidrittelmilch (aus 160 ml Milch und 80 ml Wasser),
4–5 Zwiebackscheiben (s. S. 19)

Zweidrittelmilch aufkochen und über die zerbrochenen Zwiebackscheiben gießen. Kurz weichen lassen, dann mit dem Pürierstab fein pürieren.

Obst-Milchbrei

¼ l Zweidrittelmilch (aus 160 ml Milch und 80 ml Wasser), Obst (Beispiele s. u.), Honig, Zitronensaft, Instant-Getreideflocken

In der abgekochten, warmen Milch das Obst fein pürieren. Etwas Honig und Zitronensaft zugeben. Bis zur gewünschten Sämigkeit Instant-Getreideflocken zugeben und quellen lassen.

Beispiele für die Obstzugabe
1 kleine Banane;
2–3 gewaschene, geschälte Aprikosen;
1 kleiner, gewaschener, geschälter und entkernter Apfel;
1 kleine, gewaschene, geschälte und entkernte Birne;
1 gewaschener, enthäuteter und entsteinter Pfirsich;
sorgfältig gewaschene Erdbeeren, Heidelbeeren, Himbeeren oder Brombeeren;
gekochte Preiselbeeren;
in heißem Wasser gewaschene, entsteinte Kirschen;
in heißem Wasser gewaschene, entsteinte Pflaumen/Zwetschgen;
verschiedene sorgfältig gereinigte und vorbereitete Früchte.

Möhren-(Karotten-)Milchbrei

2 mittelgroße Möhren (Karotten),
½ kleine Banane, ⅛ l Zweidrittelmilch (aus 80 ml Milch und 40 ml Wasser),
1 Teelöffelspitze Butter

Möhren (Karotten) schälen, mit heißem Wasser reinigen und in kleine Stücke schneiden. Banane in Scheiben schneiden und zu den Möhren (Karotten) geben. Beides fein pürieren. Zweidrittelmilch abkochen, über den Möhren-(Karotten-)Bananenbrei gießen, Butter zugeben. Mit dem Pürierstab nochmals durchrühren.

Weizen-Obstbrei

2½ EL Weizenschrot Type 1700 oder Weizenmehl Type 1050,
¼ l Zweidrittelmilch (aus 160 ml Milch und 80 ml Wasser), 1 Prise (Jod-)Salz,
1 kleines Stückchen Butter, Honig, Zitronensaft, beliebiges Obst

Weizenschrot oder Weizenmehl in wenig kaltem Wasser glattrühren. Zweidrittelmilch mit Salz und Butter aufkochen. Den angerührten Weizen (Mehl oder Schrot) mit dem Schneebesen in die Milch rühren. Kurz aufkochen lassen. Mit etwas Honig und Zitronensaft abschmecken. Beliebiges Obst fein pürieren und unter den Brei mischen.

Obstsaftbrei

2 EL Speisestärke, 2 EL kalte Milch,
¼ l Zweidrittelmilch (aus 160 ml Milch und 80 ml beliebigem Obstsaft),
evtl. 1 TL Honig, Sirup oder Zucker, Zitronensaft

Speisestärke mit kalter Milch anrühren. Die Zweidrittelmilch zum Kochen aufsetzen. In die heiße Flüssigkeit die angerührte Speisestärke geben, unter ständigem Rühren bis zum Dickwerden aufkochen. Bei ungesüßtem Obstsaft mit Honig, Sirup oder Zucker süßen. Mit etwas Zitronensaft abschmecken.

Zwieback

Zwieback aus vollwertigem Mehl können Sie leicht selbst herstellen. Er ist sehr schmackhaft, eignet sich zur Breiherstellung und zum Knabbern.

500 g Weizenmehl Type 1050,
1 P Trockenhefe, 1 Prise (Jod-)Salz,
50 g Zucker, 70 g Butter, ¼ l Milch,
1 Ei

Weizenmehl in eine Schüssel sieben und mit Trockenhefe, Salz und Zucker gut vermischen. Butter in einem Topf zerlassen und die Milch hinzufügen, abkühlen lassen. Das Ei in das Mehl schlagen und unterrühren, dann die lauwarme Butter-Milch-Mischung unterkneten. Den Teig auf einer bemehlten (Tisch-)Fläche gut mit den Händen durchkneten und zu einer langen Stange formen. Wiederum zudecken und an einem warmen Ort gehen lassen. Nach 40–60 Minuten bei 180–200 Grad im Backofen backen. Die Backzeit beträgt ca. 40 Minuten. Nach dem Auskühlen in fingerdicke Scheiben schneiden, diese dicht nebeneinander auf ein Backblech legen und von beiden Seiten hellgelb rösten. Den Zwieback in einer Dose trocken aufbewahren.
Zur Breiherstellung können die Zwiebackscheiben eingeweicht und püriert werden oder man reibt den Zwieback auf einer feinen Reibe. Das so hergestellte Zwiebackmehl eignet sich außerdem zum Andicken von rohen Obst- oder Gemüsebreien. Es muß ebenfalls trocken aufbewahrt werden.

Müslibrei

1 Tasse Milch, ½ Tasse Wasser,
2–3 EL Haferflocken,
½ gewaschener, geschälter Apfel,
einige Haselnußkerne,
1 EL Sanddornsaft, 1 TL Honig

Milch und Wasser in einem Topf mischen. Haferflocken einrühren. Unter Rühren aufkochen, vom Herd nehmen und ausquellen lassen. Währenddessen den Apfel mit einigen Haselnußkernen, dem Sanddornsaft und dem Honig fein pürieren. Den Haferflockenbrei unter die Masse mischen.

Gemüsebrei

Kartoffelbrei

Einige kleine Kartoffeln, abgekochte Milch, 1 Prise (Jod-)Salz,
1 Msp Butter, sehr fein gewiegte Kräuter (frisch oder tiefgefroren)

Kartoffeln gut waschen und mit Schale weich kochen, danach pellen und quetschen. Mit dem Schneebesen verschlagen und bis zur gewünschten Sämigkeit abgekochte Milch hinzufügen. Mit Salz, Butter und Kräutern abschmecken.

Kartoffelbrei mit Eigelb
Ein Eigelb mit 1–2 Eßlöffeln kalter Milch verschlagen und unter den Kartoffelbrei mischen.

Kartoffelbrei mit Fleischhaschee
30–50 g Hühnerfleisch, Roastbeef, Braten, Zunge oder Tatar in etwas Wasser 2–3 Minuten kochen. Vom Herd nehmen, pürieren und mit kalt angerührter Speisestärke bis zur gewünschten Sämigkeit binden. Das Haschee ungewürzt über den Kartoffelbrei gießen.

Kartoffeln mit Möhren

1–2 Möhren,
1–2 kleine Kartoffeln,
Kräuter (frisch oder tiefgefroren),
1 Msp Butter,
1 Prise (Jod-)Salz

Möhren schälen, waschen, kleinschneiden und in wenig Wasser weich kochen. Kartoffeln gut waschen und mit Schale kochen, abpellen und zu den garen Möhren schneiden. Kräuter, Butter und Salz hinzufügen. Die Speise fein pürieren.

Kartoffeln mit Gemüse

Verschiedene Gemüse aus dem Vorrat,
z. B. 1 Möhre, 1 Blatt Fenchel,
1 Röschen Blumenkohl, einige
Schnitzel Kohlrabi und 1 Blatt
Chinakohl (ca. 80 g), 1 Kartoffel,
Kräuter (frisch oder tiefgefroren),
1 Prise (Jod-)Salz, 1 Msp Butter

Gemüse gut waschen. Kartoffel dünn schälen und waschen. Gemüse und Kartoffel kleinschneiden und in wenig Wasser ca. 20 Minuten garen. Kräuter, Salz und Butter zufügen. Alles fein pürieren.
Sie können das Gericht auch nur mit zwei verschiedenen Gemüsen oder anderen Gemüsen z. B. Blumenkohl, Erbsen, Salat, Spargelköpfen, Sellerie zubereiten.

Kartoffeln mit Gemüse und Huhn
Vor dem Pürieren ca. 30 g Hühnerfleisch zufügen.

Milch-Kartoffelsuppe
(geringer Milchgehalt)

Auch bei den kleinsten Kindern findet dieses Gericht großen Anklang. Es eignet sich als gesunde und sättigende Speise, mit kleinen Abwandlungen auch für ältere Kinder und Erwachsene.

2 Kartoffeln, 1 Lorbeerblatt,
Milch, (Jod-)Salz,
Butter,
frischgeriebene Muskatnuß,
feingewiegte Petersilie

Kartoffeln waschen, mit Schale weich kochen, pellen und zerteilt wiederum in den Topf geben. Etwas Wasser und das Lorbeerblatt dazugeben und die Kartoffeln nochmals 5–10 Minuten kochen. Das Lorbeerblatt danach entfernen und die Kartoffeln ganz fein stampfen. Anschließend mit einem Schneebesen soviel Milch unterrühren, bis eine dicke Suppe entstanden ist. Mit etwas Salz, Butter, geriebener Muskatnuß und feingewiegter Petersilie abschmecken.

Reis mit Möhren (Karotten)

1–2 Möhren (Karotten),
1 EL Naturreis oder
Parboiled Reis,
1 Prise (Jod-)Salz,
1 Stückchen Butter,
frische Kräuter

Möhren (Karotten) schälen, waschen, kleinschneiden und in einem Topf mit Wasser bedeckt zum Kochen aufsetzen. Nach dem Aufkochen den Reis einstreuen. Nach 30–40 Minuten Kochzeit Salz, Butter und Kräuter darübergeben und alles miteinander fein pürieren. Nach Bedarf noch etwas abgekochtes Wasser dazugeben.

Reis mit Möhren und Huhn
5 Minuten vor Beendigung der Kochzeit ca. 30 g Hühnerfleisch zufügen.

Möhrenbrei

100–150 g Möhren (Karotten),
1 erbsgroßes Stück Butter

Möhren (Karotten) schälen, waschen, kleinschneiden und in wenig Wasser 30–40 Minuten garen, pürieren und die Butter unterheben.

Möhrenbrei mit Kräutern
1 EL gewaschene, frische Kräuter zugeben, mit den Möhren pürieren.

Möhrenbrei mit Eigelb
Nach dem Pürieren ein Eigelb unter den Brei heben. Bei diesem Gericht auf die Zugabe des Butterstückes verzichten, da im Eigelb ausreichend Fett zur Verwertung des Provitamin A enthalten ist.

Blumenkohlbrei

100 g Blumenkohl,
1 kleine Kartoffel,
Kräuter (frisch oder tiefgefroren),
je 1 Prise frischgeriebene Muskatnuß
und (Jod-)Salz,
1 Msp Butter (nach Belieben)

Blumenkohl in Röschen teilen, waschen, ca. 15 Minuten in Salzwasser wässern und in wenig Wasser zum Kochen aufsetzen. Kartoffel schälen, waschen und gewürfelt zugeben. Nach 15 Minuten Kochzeit den Topf vom Herd nehmen, Kräuter, Muskat und Salz zufügen und pürieren. Nach Belieben Butter untermischen.

Brokkolibrei
Wie Blumenkohlbrei zubereiten, jedoch frischen oder tiefgefrorenen Brokkoli verwenden.

Blumenkohl-(Brokkoli-)brei mit Getreideflocken

100 g Blumenkohl oder Brokkoli,
Kräuter (frisch oder tiefgefroren),
Butter,
je 1 Prise frischgeriebene Muskatnuß
und (Jod-)Salz,
Instant-Getreideflocken,
evtl. etwas abgekochte Milch

Gut gereinigten Blumenkohl oder Brokkoli, in Röschen zerteilt, in etwas Wasser ca. 15 Minuten weich kochen. Kräuter, etwas Butter, Muskat und Salz zufügen und pürieren. Den Brei mit Instant-Getreideflocken bis zur gewünschten Sämigkeit andicken. Nach Bedarf etwas abgekochte Milch untermischen.

Kohlrabibrei

1 Kohlrabi (ca. 100 g) mit Grün,
1 TL Sahne (oder etwas Butter),
je 1 Prise frischgeriebene Muskatnuß
und (Jod-)Salz

Kohlrabi schälen, waschen, kleinschneiden, in kochendes Wasser geben und 20 Minuten weich kochen. Einige der zarten grünen Blättchen werden, gut gewaschen, mitgekocht. Mit Sahne oder Butter, Muskat und Salz vermischen und pürieren.

Kartoffel-Kohlrabibrei
Falls Sie eine Pellkartoffel im Vorrat haben, können Sie diese beim Pürieren mitverarbeiten. Das macht den Brei angenehm sämig.

Salatbrei

Einige Blätter ungespritzten Kopf-, Eisberg- oder Sommerendiviensalat, 1 kleine Banane, einige EL abgekochte Milch

Gut gewaschene Salatblätter in kleine Stücke zerreißen, in das Püriergefäß die Banane hineinschneiden und die Salatblätter dazwischen legen. Abgekochte Milch darübergießen, pürieren. Den Brei in einen Topf geben und unter vorsichtigem Rühren leicht erwärmen. Nicht heiß werden lassen, da dann die Inhaltsstoffe zerstört werden.

Obstbrei

Zur Bereitung von Obstbreien eignen sich für das Baby ab dem vierten bis fünften Monat mit Einschränkung folgende Obstarten:
Äpfel, Aprikosen, Avocados, Bananen, Birnen, Datteln, Erdbeeren, frische Feigen, Granatäpfel, Grapefruits, Guaven, Himbeeren, rote und schwarze Johannisbeeren, Kakis, Kapstachelbeeren, Kirschen, Kiwis, Litschis, Mandarinen, Mirabellen, Nektarinen, Orangen, Pfirsiche, Pflaumen, gekochte Preiselbeeren, Weintrauben, Zwetschgen, Zitronen.
Keinesfalls sollen die hier genannten Obstarten (Banane und Apfel ausgenommen) in größeren Mengen gefüttert werden. Günstig ist stets eine Mischung mit Bananen.
Das ausgewählte, vorbereitete, gereinigte Obst wird zerteilt, püriert und möglichst ungezuckert dem Baby gefüttert. Bei manchen Fruchtarten erweist sich leichtes Süßen als wohlschmeckender und bekömmlicher. Verwenden Sie in solchen Fällen lieber Honig oder Sirup statt Zucker.

Rohe Fruchtcreme mit Getreideflocken

½ Banane oder ½ Apfel, kleinste Mengen beliebiger Früchte, etwas Honig nach Bedarf, 1 EL Instant-Getreideflocken

Banane oder Apfel mit beliebigen Früchten pürieren. Nach Bedarf mit etwas Honig süßen. Mit Getreideflokken vermischen.

Apfelmus

Äpfel, 1 Sternanis, Zucker, Zitronensaft, je 1 Prise Nelkenpulver und Piment

Äpfel waschen, schälen, entkernen, kleinschneiden. In einem Topf, mit Wasser bedeckt, zum Kochen aufsetzen und in ca. 20 Minuten weich dünsten. Als Würze können Sie Sternanis mitkochen. Dann die Apfelmasse durch ein feines Haarsieb streichen und mit wenig Zucker und etwas Zitronensaft abschmecken. Nach Belieben mit Nelkenpulver und Piment verfeinern.

Birnenmus
Wie Apfelmus zubereiten. Nachdem Sie die gedünsteten Birnen durch ein Haarsieb gestrichen haben, würzen Sie es mit etwas Zitronensaft, Zucker und 1 Prise Zimt.

Fruchtmus

Das Mus kann – aus einer Fruchtart oder gemischt – aus folgenden Früchten zubereitet werden:
Pflaumen, Zwetschgen, Süß- und Sauerkirschen, Mirabellen, Pfirsichen und Beerenfrüchten.
Sie können zwischen roher und gekochter Zubereitung wählen, jedoch ist wegen des höheren Gehaltes an wertvollen Inhaltsstoffen die Bereitung rohen Fruchtmuses empfehlenswerter.

Obst, Wasser, evtl. Speisestärke

Obst sorgfältig reinigen und vorbereiten. Zum Waschen möglichst heißes, fließendes Wasser benutzen, da hiermit zahlreiche Schadstoffe abgelöst werden können. Dann wird das Obst püriert oder in wenig Wasser 10–15 Minuten sanft gedünstet und anschließend püriert. Gedünstetes Obst kann nach Belieben mit Wasser verdünnt und mit Speisestärke gebunden werden. Zum Abschmecken eignen sich: Vanille (frisch aus der Schote geschabt), Ingwer, Piment, Zimt, Nelken und Zitronen- oder Orangensaft.
Fruchtmus – ob roh oder gekocht – eignet sich vorzüglich als Ergänzung von Milchbrei, verschiedenen Fleisch- und Mehlgerichten (z. B. Klößen, Kartoffelpfannkuchen oder Kartoffelbrei). Als Fleischarten eignen sich sehr gut Geflügel und Wild.
Natürlich kann Fruchtmus auch als Nachspeise oder als Hauptgericht angeboten werden. Letzteres bietet sich gerade an heißen Sommertagen an.

Fruchtmus mit Quark
Beliebiges Fruchtmus zubereiten. Vor dem Pürieren 1–2 Eßlöffel Quark (40% Fett) zufügen. Nach Bedarf die Speise mit etwas Honig süßen.

Winter-Fruchtmus

½ kleine Banane, ½ Apfel,
2 Walnußkerne oder 5 Haselnußkerne,
1 TL ungeschwefelte Rosinen, Saft von ½ Blutorange, 2 Datteln, 1 TL Honig

Banane kleinschneiden, Apfel waschen, schälen, kleinschneiden und zur Banane geben. Walnuß- oder Haselnußkerne und Rosinen zufügen. Orangensaft darübergießen. Datteln entkernen und zugeben. Das Obst zu feinem Mus pürieren und mit dem Honig vermischen.

Vanille-Früchte-Creme
milchhaltig

1 P Vanillepuddingpulver zum Kochen,
2 EL Wasser oder abgekochte Milch,
¼ l Milch,
beliebiges Obst

Puddingpulver in Wasser oder kalter, abgekochter Milch anrühren (ohne Zucker). Milch aufkochen, angerührtes Puddingpulver zufügen, nochmals 2 Minuten aufkochen, dann zum Abkühlen den Topf in kaltes Wasser stellen. Währenddessen gut gereinigtes und vorbereitetes Obst pürieren (ca. ⅛ l). Mit einem Eßlöffel nun nach und nach unter Schlagen die Puddingmasse unter den Obstbrei rühren.
Statt frischem kann auch eingewecktes Obst verwendet werden oder tiefgefrorene und angetaute Früchte. Auf Obstkonserven sollten Sie in diesem Alter noch verzichten.

Avocadocreme mit Obst

½ Avocado, 1 Eiweiß, 1 TL Zucker, Orangen- oder Zitronensaft,
¼ Banane, 4–6 mittelgroße Erdbeeren,
3 Orangenspalten

Avocado waschen, halbieren, den Kern auslösen, das Fruchtfleisch mit einem Löffel aus der Schale lösen und eine Fruchthälfte (je Mahlzeit) pürieren. Eiweiß mit Zucker steif schlagen und unter das Avocadopüree mischen. Mit etwas Orangen- und Zitronensaft abschmecken. In einer Schüssel dann Banane, Erdbeeren, Orangenspalten mischen und pürieren. Das Obstmus wird auf einen Teller gefüllt und mit der Avocadocreme bedeckt.

Schadstoffbelastungen in Muttermilch und Kinderkost

Es existieren auf unserer Welt keine Nahrungsmittel, die von Umweltverschmutzung völlig verschont bleiben, weder Wasser noch Getreide, weder Obst noch Gemüse, weder Fleisch noch Fisch. Das gilt für Biofleisch und Biogemüse ebenso wie für Nahrungsmittel, die aus dem eigenen Garten oder aus dem Lebensmittelhandel kommen.
Unsere Welt ist überall mit Schadstoffen belastet. Die Schadstoffe der Industrieländer werden mit den Luftströmen fortgetragen, gelangen mit dem Regen in die Erde, aus der sich Pflanzen ernähren. Die Pflanzen reichern sich mit den Schadstoffen an und geben sie weiter an Tier und Mensch. Oft bleibt es jedoch nicht bei dieser schon beinahe »natürlich« kreisenden Vergiftung, sondern der Mensch verstärkt sie durch zusätzliche chemische Einflußnahme beim Anbau pflanzlicher Nahrungsmittel und bei der Aufzucht von Schlachttieren.
DDT, Cadmium, Blei, Quecksilber, Nitrate nehmen wir unvermeidlich mit der Nahrung auf. Was uns bleibt ist die Möglichkeit, den Schadstoffgehalt der Nahrung möglichst gering zu halten und die Aufnahme von Schadstoffen durch gründliche Reinigung und Vorbereitung von Obst und Gemüse zu verringern.
Das Bundesgesundheitsamt empfiehlt deshalb:

- ▷ Obst und Gemüse immer waschen, möglichst in warmem Wasser, dadurch erreicht man eine beträchtliche Minderung der Bleibelastung.
- ▷ Gemüse und Obst nach dem Waschen nach Möglichkeit zusätzlich dünn schälen (mit einem speziellen Schälmesser).
- ▷ Alle Obst- und Gemüsearten mit rauher oder gekräuselter Oberfläche besonders gut waschen (z. B. Pfirsiche).
- ▷ Bei Kohl- und Salatarten, die in geschlossenen Köpfen wachsen, die äußeren Blätter entfernen.

Auch die stillende Mutter nimmt mit der Nahrung Schadstoffe auf, die sich in der Muttermilch wiederfinden. Deshalb sollten stillende Mütter unbedingt die angegebenen Vorbereitungsempfehlungen einhalten. Zwar ist der Anteil von DDT in der Muttermilch seit Jahren beträchtlich gesunken, dafür wurden neuerdings Anteile des hochgiftigen Dioxins entdeckt. Es versteht sich von selbst, die Muttermilch nicht noch zusätzlich durch den Genuß von Alkohol und Nikotin zu belasten.
Im Streit der Wissenschaft ging die Muttermilch bislang als Sieger hervor, da sie unersetzliche Stoffe enthält, die Infektionen und allergische Erkrankungen vermeiden helfen. Die Ernährung mit Muttermilch ist daher für den Säugling mit unschätzbaren Vorteilen verbunden, die derzeit die Nachteile überwiegen.
Welche Maßnahmen können nun zusätzlich zur gewissenhaften Vorbereitung von Lebensmitteln die Aufnahme von Schadstoffen vermeiden helfen? Man kann versuchen, Salat oder Gemüse im eigenen Garten aufzuziehen. Dabei vermeidet man jede chemische Behandlung durch Dünger oder Insektenvertilger. Steht nur ein Balkon zur Verfügung, können in Balkonkästen Kräuter und Schnittsalat gezogen werden. Wenn man im Herbst Rapunzel (Feldsalat) im Garten oder Balkonkasten aussät, braucht man auch im Winter auf frischen grünen Salat nicht zu verzichten.
Gemüse- und Obstgerichte werden immer frisch zubereitet und nicht auf Vorrat gekocht (mit Ausnahme von Kartoffeln), die Reste nicht aufgewärmt. Manche mit Nitrat besonders angereicherten Gemüse, z. B. Spinat, Rote Bete, Pilze, aber auch Möhren, Blumenkohl oder Kohlrabi werden durch das Aufwärmen gesundheitsschädlich, da sich Nitrat in giftiges Nitrit umwandelt.
Bei Fleischgerichten sollte auf häufiges Zubereiten von Innereien verzichtet werden, da diese eine höhere Schadstoffbelastung als andere Fleischsorten aufweisen.
Gleiches gilt für Fischgerichte. Da man die Herkunft des Fischfleisches nicht kennt, ist auch seine Schadstoffbelastung nicht bekannt. Deshalb beschränkt man die Zubereitung von Fischmahlzeiten für Kinder auf zwei- bis viermal im Monat.
Völlig verzichten sollte man, wegen möglicher Giftstoffe, auf kein Nahrungsmittel, denn jedes enthält unverzichtbare Nährstoffe.

Der 6. Monat

Die voll stillende Mutter bemerkt zu dieser Zeit vielleicht, daß ihr Kind nach dem Füttern nicht mehr so »gestillt«, so ruhig ist, wie früher. So äußert sich eine gewisse Unzufriedenheit über ungestillte Bedürfnisse, ein Hunger des Organismus nach bestimmten Stoffen, die in der Muttermilch nicht in ausreichendem Maße vorhanden sind. So deckt das Baby während des ersten Lebenshalbjahres seinen Eisenbedarf vorwiegend aus Reserven, die während der Schwangerschaft in seinem Organismus angelegt wurden. Mineralstoffmangel und Blutarmut können auftreten, wenn die Reserven nicht ergänzt und wichtige Nährstoffe nicht regelmäßig zugeführt werden. Milch allein, ob natürlich oder künstlich, reicht ab diesem Alter nicht mehr.

Außerdem gibt es gerade bei dem mit künstlicher oder Zwiemilch ernährtem Kind eine tägliche Milchhöchstmenge, die nicht überschritten werden soll, da man dem Kind sonst zu viel Fett und Eiweiß zuführen würde. Diese tägliche Höchstmenge beträgt 600 g, wenn das Baby 6000 g und mehr wiegt. Das Kind soll täglich nicht mehr als 1/10 seines Körpergewichtes an Milchnahrung erhalten (also bei 3000 g Körpergewicht 300 g Milch usw.).

Die tägliche Höchstmenge von 600 g Milch, auch bei einem Gewicht von 7000 oder mehr Gramm, macht das Füttern von Beikost nun auch deshalb notwendig, damit das Kind satt wird. Dazu kommt, daß der Verdauungsapparat des kleinen Menschen in seiner Entwicklung nun soweit fortgeschritten ist, daß die Verarbeitung pflanzlicher Nahrung kein Problem mehr ist. Auch tierische Milch als Zweidrittelmilch oder Vollmilch wird vertragen. Nun können auch voll stillende Mütter, die ihr Kind abstillen möchten, die Gewöhnung an Kuhmilch beginnen. Für Mütter, die bereits im 4.–5. Monat das Baby an Beikost gewöhnt haben, ändert sich wenig. Sie geben weiterhin mittags und abends Brei und zu den anderen Mahlzeiten Brust- oder Flaschenmahlzeiten (aus Zweidrittel- oder Vollmilch).

Um den Müttern eine Vorstellung von der Umstellung auf Kuhmilch und das Zufüttern von Gemüse-, Obst- und Getreideprodukten zu geben, stelle ich einige Tageskostpläne vor (s. Übersichten S. 25).

Vergessen Sie nicht die tägliche D-Fluorette!

Falls das Baby auf die nächtliche Mahlzeit nicht verzichten möchte, kann die stillende Mutter für einige Minuten die Brust geben. Dem zwiemilchernährten oder dem flaschenernährten Baby reicht man etwas ungesüßten Fencheltee. Die Flasche dem Kind aber nie zum Nuckeln ins Bett legen.

Die Tageskostpläne sind mit Uhrzeiten versehen, diese brauchen Sie nicht zu übernehmen, sie stellen Anhaltswerte dar. Natürlich können Sie entsprechend Ihrem bisherigen Mahlzeitenrhythmus füttern. Grundsätzlich sollte das Kind jedoch nun an feste Zeiten gewöhnt werden, die man wohl kurzfristig unter- oder überschreiten darf, die aber keinen größeren Schwankungen unterliegen sollten. Der Verdauungsapparat des Kindes stellt sich auf die Mahlzeiten und die Abstände dazwischen ein. Das Einhalten einer achtstündigen Nachtpause sollte im Interesse aller Familienmitglieder angestrebt werden, sofern sie nicht schon

Tageskostpläne

morgens (6.00)	vormittags (10.00)	mittags (12.00)	nachmittags (16.00)	abends (20.00/22.00)
Brustmahlzeit oder 200 ml Milch (Fertigmilch oder Zweidrittelmilch oder Vollmilch)	Milchfreier Obstbrei	Brustmahlzeit oder 200 ml Milch (Fertigmilch oder Zweidrittelmilch oder Vollmilch)	¼ l Tee, Obst- oder Gemüsesaft	Brustmahlzeit oder Milchbrei aus ¼ l Milch (Zweidrittelmilch oder Vollmilch)

morgens (7.00)	vormittags (11.30)	mittags (14.00)	nachmittags (16.00)	abends (19.00)
Brustmahlzeit oder 200 ml Milch (Fertigmilch oder Zweidrittelmilch oder Vollmilch)	Milchfreier Obstbrei mit Getreide oder Gemüsebrei	¼ l Tee, Obst- oder Gemüsesaft	Brustmahlzeit oder 200 ml Milch (Fertigmilch oder Zweidrittelmilch oder Vollmilch)	Brustmahlzeit oder 200 ml Milch (Fertigmilch oder Zweidrittelmilch) oder ¼ l Milchbrei

eingehalten wird. Um das zu erreichen verlegt man die Abendmahlzeit auf einen späteren Zeitpunkt, z. B. auf 20 bis 22 Uhr. Gleichzeitig gibt man die Morgenmahlzeit sehr früh, also um 6 Uhr (5 Uhr).
Da das Getränk nun einen festen Platz im Speiseplan erhält, empfehle ich Ihnen den Zwischentext »Getränke« (s. S. 59/60) zu lesen. Darin können Sie Wissenswertes über das Trinken und die Zubereitung und die Auswahl von Getränken erfahren.
Der Speisezettel des Kindes erweitert sich nun von Monat zu Monat. Zwar bekommt es erst in den kommenden Monaten seine ersten Zähnchen und kann noch nicht beißen, dies wirkt sich jedoch nicht auf die Auswahl der Nahrungsmittel, sondern nur auf die Art der Zubereitung aus. Dem zahnlosen Baby werden die Speisen fein püriert angeboten. Erst nach dem Durchstoßen der ersten Zähne wählt man eine etwas gröbere Zubereitungsart.
Die zusätzliche Menge milchfreier Nahrung richtet sich auch nach dem Gewicht und der Bewegungsfreude des Kindes. Als Anhaltspunkt kann weiterhin das Körpergewicht gelten, z. B. 7500 g, ¹⁄₁₀ Milchnahrung wären 750 g, d. h. 150 g über der gestatteten Höchstmilchmenge. Man bereitet für das Kind nun Obst- oder Gemüsebrei ohne Milch zu, die einen Nährwert ähnlich dem der fehlenden 150 g Milch besitzen.

100 g Vollmilch (3,5% Fett) = 267 kJ (64 kcal)
100 g Zweidrittelmilch = 198 kJ (43 kcal)

Sicherlich ist es nicht notwendig, nun ständig die Energiewerte zu berechnen, jedoch ist es hilfreich, sich einmal zu verdeutlichen, welcher Milchmenge eine Obst- oder Gemüsemahlzeit in ihrem Energiewert entspricht.
Zum Vergleich deshalb einige Obst- und Gemüsearten:

Energiegehalt je 100 g Obst

Apfel	209 kJ	50 kcal
Aprikose	202 kJ	48 kcal
Avocado (ohne Kern)	901 kJ	215 kcal
Banane	373 kJ	89 kcal
Birne	210 kJ	50 kcal
Erdbeeren	138 kJ	33 kcal
Kaki	261 kJ	62 kcal
Mirabellen	251 kJ	60 kcal
Pfirsich	173 kJ	41 kcal
Pflaumen (ohne Kern)	233 kJ	56 kcal
Weintrauben	272 kJ	65 kcal
Rosinen	1111 kJ	266 kcal

Energiegehalt je 100 g Gemüse

Blumenkohl	94 kJ	22 kcal
Brokkoli	106 kJ	25 kcal
Chinakohl	52 kJ	12 kcal
Kartoffeln	340 kJ	81 kcal
Fenchel	171 kJ	41 kcal
Kohlrabi	88 kJ	21 kcal
Kopfsalat	53 kJ	13 kcal
Möhren	158 kJ	38 kcal
Rote Bete	143 kJ	34 kcal
Spargel	74 kJ	18 kcal

Energieangaben, zusammengestellt nach: Diem/Lentner, Documenta Geigy, Stuttgart 1975; Souci/Fachmann/Kraut, Die Zusammensetzung der Lebensmittel, Stuttgart 1981/82.

Energiegehalt je 10 g Nährmittel		
Weizenvollkornmehl	132 kJ	32 kcal
Vollkornnudeln	132 kJ	32 kcal
Weizenvollkorngrieß	132 kJ	32 kcal
Haferflocken	158 kJ	38 kcal
Hirse	153 kJ	36 kcal
Reis (unpoliert)	148 kJ	35 kcal

Energiegehalt von Eiweißlieferanten		
1 Ei ca. 60 g	401 kJ	96 kcal
1 Eigelb ca. 17 g	255 kJ	61 kcal
100 g Huhn (Brustfleisch)	441 kJ	105 kcal
100 g Tatar (Oberschale)	528 kJ	127 kcal

Dieser kleine Überblick zeigt, daß eine Milchmahlzeit von 150 g durchaus durch einen Obst- oder Gemüsebrei mit einer Nährmitteleinlage ersetzt werden kann. Die Rezepte im vorhergehenden Kapitel sind stark am Nährstoffausgleich orientiert. Ungesüßte Tee-, Obst- und Fruchtsaftgetränke brauchen wegen ihres geringen Nährwertes nicht in Betracht gezogen werden.
Anstelle einer 150 g Zweidrittelmilch-Mahlzeit können Sie Ihrem Kind nun folgende milchfreie Breie zubereiten:

Gemüsebrei aus:
60–80 g Kartoffeln, 1 Eigelb;
50 g Kartoffeln, 100 g Möhren, 1 Teelöffelspitze Butter;
50 g Kartoffeln und 100 g beliebiges Gemüse, 1 Msp Butter;
40 g Kartoffeln, 80 g Gemüse, 30 g Hühnerfleisch;
100 g Möhren, 1 kleine Kartoffel, 1 Eigelb;
100 g Möhren und 1–2 EL gegarten Reis;
100 g Blumenkohl, 1 kleine Kartoffel, 1 Eigelb oder 30 g Hühnerfleisch;
100 g beliebiges Gemüse, 1 kleine Kartoffel oder 1–2 EL Reis oder Nudeln gekocht, 1 Eigelb oder 30 g Hühnerfleisch.

Obstbrei aus:
½ Banane, ½ Apfel, 1 EL Getreideflocken;
100 g Apfelmus;
100–150 g rohe Fruchtcreme, 1 TL Honig;
½ Banane, 100 g beliebiges Obst;
50 g Apfelmus und 60 g Kartoffelbrei;
100–150 g gekochtes Fruchtmus;
80 g rohes oder gekochtes Fruchtmus, 1–2 EL gegarten Reis, etwas Honig;
100 g beliebiges Fruchtmus, 2 EL Quark (40%), etwas Honig;
50 g Avocadocreme, 30–50 g beliebiges Obstmus;
½ Banane, ½ Apfel (beides kleine Früchte), einige Nußkerne, Rosinen, 2 Datteln, etwas Orangensaft und Honig.

Die Rezepte hierfür finden Sie im vorhergehenden Kapitel.
Nach kurzer Zeit werden sie ein Gefühl für Nährstoffzusammenstellungen und Nährstoffmengen entwickeln. Alle Mengenangaben können nur Richtwerte sein.
Ihrer Phantasie sind keine Grenzen gesetzt. Bei der Auswahl von Gemüse und Obst brauchen Sie sich nicht starr an das Rezept zu halten. Wenn also ein Apfel angegeben ist, können Sie auch eine Birne nehmen. Variieren Sie Gemüse- und Obstarten nach der Jahreszeit und nach Ihren Vorräten.
Sie sollten dabei aber nie außer acht lassen, daß die Kost des Kindes gemischt und abwechslungsreich ist, um ihm alle notwendigen Vitamine und Mineralstoffe zuzuführen.

Zwei-Wochen-Kostplan für ein sechs Monate altes Kind

1. Woche

Montag
- Morgens: Milch
- Vormittags: Möhrenbrei (s. S. 20)
- Mittags: Milch
- Nachmittags: Obstsaft, Tee oder rohes Fruchtmus (s. S. 22)
- Abends: Milch oder Grießbrei (s. S. 18)

Dienstag
- Morgens: Milch
- Vormittags: Apfelmus mit Kartoffelbrei (s. S. 22)
- Mittags: Milch
- Nachmittags: Obstsaft, Tee oder 2 Eßlöffel Fruchtmus (s. S. 22)
- Abends: Milch oder Karotten-(Möhren-)Milchbrei (s. S. 19)

Mittwoch
- Morgens: Milch
- Vormittags: Kohlrabibrei, mit Pellkartoffel oder Getreideflocken (s. S. 21)
- Mittags: Milch
- Nachmittags: Rohe Fruchtcreme mit Zwiebackmehl
- Abends: Milch oder Müslibrei (s. S. 19)

Donnerstag
- Morgens: Milch
- Vormittags: Kartoffeln mit beliebigem Gemüse (s. S. 20)
- Mittags: Milch
- Nachmittags: Saft oder Tee
- Abends: Milch oder Weizen-Obstbrei (s. S. 19)

Freitag
- Morgens: Milch
- Vormittags: Blumenkohlbrei mit Ei
- Mittags: Milch
- Nachmittags: Obstsaft, Tee oder 2 Eßlöffel Obstbrei (s. S. 21)
- Abends: Milch oder Brotbrei (s. S. 18)

Samstag
Morgens: Milch
Vormittags: Fruchtmus mit Reis
Mittags: Milch
Nachmittags: Obstsaft, Tee oder Salatbrei (s. S. 21)
Abends: Milch oder Vanille-Früchte-Creme (s. S. 22)

Sonntag
Morgens: Milch
Vormittags: Kartoffeln mit Gemüse und Huhn (s. S. 20)
Mittags: Milch
Nachmittags: Obstsaft, Tee oder 2 Eßlöffel Fruchtmus mit Quark (s. S. 22)
Abends: Milch oder Haferflockenbrei (s. S. 18)

2. Woche

Montag
Morgens: Milch
Vormittags: Möhrenbrei mit Kräutern (s. S. 20)
Mittags: Milch
Nachmittags: Obstsaft, Tee oder 2 Eßlöffel Fruchtmus (s. S. 22)
Abends: Milch oder Obstsaftbrei (s. S. 19)

Dienstag
Morgens: Milch
Vormittags: Avocadocreme mit Obst (s. S. 22)
Mittags: Milch
Nachmittags: Tee oder Gemüsesaft (Möhren)
Abends: Milch oder Grießbrei (s. S. 18)

Mittwoch
Morgens: Milch
Vormittags: Kartoffeln mit beliebigem Gemüse (s. S. 20)
Mittags: Milch
Nachmittags: Saft, Tee oder 2 Eßlöffel Obstbrei (s. S. 21)
Abends: Milch oder Obst-Milchbrei (s. S. 18)

Donnerstag
Morgens: Milch
Vormittags: Möhrenbrei mit Eigelb (s. S. 20)
Mittags: Milch
Nachmittags: Obst-, Gemüsesaft, Tee oder Salatbrei (s. S. 21)
Abends: Milch oder Haferflocken-Obstbrei (s. S. 18)

Freitag
Morgens: Milch
Vormittags: Milch-Kartoffelsuppe (s. S. 20)
Mittags: Milch
Nachmittags: Saft, Tee oder Fruchtmus mit Quark (s. S. 22)
Abends: Milch oder Grießbrei (s. S. 18)

Samstag
Morgens: Milch
Vormittags: Reis mit Möhren (Karotten) (s. S. 20)
Mittags: Milch
Nachmittags: Gemüse-, Obstsaft, Tee oder 2 Eßlöffel Obstbrei (s. S. 21)
Abends: Milch oder Zwiebackbrei (s. S. 18)

Sonntag
Morgens: Milch
Vormittags: Kartoffelbrei mit Fleischhaschee (s. S. 20)
Mittags: Milch
Nachmittags: Gemüse-, Obstsaft, Tee
Abends: Milch oder Winter-Fruchtmus (s. S. 22)

Für die Trinkmahlzeit am Nachmittag gibt es keine festen Mengen. Jedes Kind hat einen anderen Flüssigkeitsbedarf. Da der Kostplan täglich zwei bis drei Milchmahlzeiten vorsieht, wird auch die Trinkmahlzeit gering ausfallen. Erhöhter Flüssigkeitsbedarf besteht in der heißen Jahreszeit oder im Winter durch trockene Heizungsluft. Aus dem Kostplan ist zu ersehen, daß außer Milch täglich eine Gemüse- oder Obstmahlzeit vorgesehen ist. Manchmal wird die Obstmahlzeit mit dem abendlichen Milchbrei kombiniert. Jeder Mutter mag es in den ersten Wochen etwas Mühe kosten, die Beikost nährstoffgerecht, also entsprechend der überzähligen Milchmenge (entsprechend dem Körpergewicht des Kindes), zusammenzustellen. Hilfreich erweist sich in dieser Zeit der Vergleich der Energiewerte von Milch, Gemüse, Obst und Nährmitteln. Es gibt zahlreiche Mütter, die ihr Kind in dem guten Glauben überfüttern, es wäre sonst nicht satt. Um Sicherheit über die Nahrungsmengen, die zum Gedeihen und zur Sättigung notwendig sind, zu gewinnen, eignet sich diese vergleichende Methode. Es ist zu bedenken, daß der Appetit des Babys sich auf die Nahrungsmengen einstellt, die ihm zugestanden werden. So kann ein Kind sicherlich an zu reichliche Nahrungsmengen gewöhnt werden.
Das richtig ernährte Kind nimmt im dritten Lebensvierteljahr wöchentlich ca. 110 g zu.
Nicht jedes Schreien des Babys bedeutet Hunger oder Durst. Es gibt andere Gründe, warum ein Baby schreit: angefangen vom seelischen bis zum körperlichen Unwohlsein. Versuchen Sie den Grund herauszufinden. Geben Sie nicht sofort einen Teller Brei oder das Teefläschchen als Allheilmittel.
Die Berechnung der Nährstoffmengen erweist sich schon bald als überflüssig. Schließlich ist es nicht wichtig, ob das Kind statt 600 g Milch 580 g oder 610 g erhält, ob die Gemüsemahlzeit einen Nährwert von 90 oder 120 Kalorien besitzt, ob dem Brei ein kleiner oder etwas größerer Teelöffel Honig untergemengt wird. Wesentlich ist das Einhalten gewisser Nahrungsmengen und

Mahlzeiten in einem größeren Rahmen. Als Kontrolle muß dabei stets die Gewichtszunahme gelten.
Als Faustregel haben sich folgende Werte bewährt:

1– 3 Monat	wöchentlich	ungefähr	170 g
4– 6 Monat	wöchentlich	ungefähr	150 g
7– 9 Monat	wöchentlich	ungefähr	110 g
10–12 Monat	wöchentlich	ungefähr	90 g

Wer die durchschnittliche Gewichtszunahme im Verhältnis zur Körpergröße vergleichen will, findet in der nebenstehenden Tabelle Anhaltswerte.

Das durchschnittliche Wachstum im 1. Lebensjahr
(mittleres Geburtsgewicht: 3500 g)

Alter	Gewichtszunahme in g		Körpergröße in cm
	täglich	wöchentlich	50 cm bei Geburt
1. Monat	28–30	160–200	54
2. Monat	28–30	160–200	57
3. Monat	28–30	160–200	60
4. Monat	20–25	140–170	63
5. Monat	20–25	140–170	65
6. Monat	20–25	140–170	67
7. Monat	15–20	100–140	69
8. Monat	15–20	100–140	71
9. Monat	15–20	100–140	72
10. Monat	12–15	80–100	73
11. Monat	12–15	80–100	74
12. Monat	12–15	80–100	76

Aus: »Von Anfang an«, gefördert von der Bundeszentrale für gesundheitliche Aufklärung im Auftrag des Bundesministeriums für Jugend, Familie und Gesundheit, herausgegeben von der Deutschen Gesellschaft für Ernährung, Frankfurt am Main, 1984. Die Broschüre ist kostenlos erhältlich bei der Deutschen Gesellschaft für Ernährung e. V., Feldbergstr. 28, 6000 Frankfurt am Main 1

Das Abstillen

Wenn Sie jetzt mit dem Abstillen beginnen wollen, ist zu überlegen, welche Mahlzeit zuerst durch das Füttern von Beikost ersetzt wird. Um die Mittagszeit sind die Brüste am wenigsten ergiebig, so daß sich diese Mahlzeit als Gemüse- oder Obstbreimahlzeit anbietet.
Am Anfang des Kapitels wurden zwei Kostpläne mit unterschiedlichen Essenszeiten vorgestellt. Maßgeblich ist jedoch nicht die Uhrzeit, sondern die Tageszeit. In der Aufstellung rechts unten werden deshalb keine Uhrzeiten genannt. Aus dieser Aufstellung können Sie ersehen, in welchen Schritten das Abstillen vorgenommen werden kann. Man ersetzt die Brustmahlzeit in fünf Schritten: 1. vormittags, 2. nachmittags, 3. abends, zur gleichen Zeit entfällt die Nachtmahlzeit, nur bei Bedarf wird etwas Tee gegeben, 4. mittags, 5. früh.

Wie lange das Abstillen dauert, bleibt der Mutter selbst überlassen. Sie kann jede der Phasen von einigen Tagen bis zu Wochen ausdehnen. Sie wird merken, daß mit abnehmendem Bedarf des Kindes auch die Brust weniger Milch abgibt, bis schließlich für die Mahlzeit am frühen Morgen beide Brüste gereicht werden müssen.
Das Stillen am Morgen wird von vielen Müttern gern über das erste Lebensjahr hinaus weitergeführt. Es stellt den letzten Rest der verlängerten Nabelschnur dar. Mit der Aufgabe dieses intimen Umgangs ist nach der Geburt der zweite Schritt der Ablösung von der Mutter vollzogen. Solche Ablösungsprozesse muß ein Mensch durchleben, um lebensfähig zu werden und zu reifen. Eine Mutter sollte nicht zögern, ihrem Kind zum rechten Zeitpunkt den Schritt von ihr fort zu er-

früh	vormittags	mittags	nachmittags	abends	(nachts)
B-M	Beikost	B-M	B-M	B-M	B-M
B-M	Beikost	B-M	Beikost	B-M	B-M
B-M	Beikost	B-M	Beikost	Milchbrei	–
B-M	Beikost	Beikost	Beikost	Milchbrei	–
Beikost	Beikost	Beikost	Beikost	Milchbrei	–

B-M = Brustmahlzeit

möglichen. In den folgenden Monaten und Jahren wird das Kind sich immer weiter entfernen. Meist verliert das Baby zwischen dem achten und zwölften Monat das Interesse an der Brust als Nahrungsquelle. Es möchte gelegentlich nuckeln und hat mit der Morgenmahlzeit genug. Spannender sind jetzt die Speisen, welche Mutter und Vater oder die Geschwister am Tisch zu sich nehmen. Zu diesem Zeitpunkt sollten alle Familienmitglieder sich darüber klar werden, daß das Baby sie nachahmt, und das wirkt sich darauf aus, welche Vorlieben und Abneigungen das Kind entwickelt.
Natürlich essen nicht alle Erwachsenen gerne Grießbrei, Fisch oder Obst. Wenn man ein Kind aufzieht, muß aber ein Weg gefunden werden, dem Kind Abneigungen möglichst nicht anzugewöhnen. Am besten ist es, wenn Eltern und Kind mit der gleichen Speise beginnen, wobei die Portion des Kindes groß und die der Eltern sehr klein (1 Eßlöffel) sein kann. Wenn das gute Beispiel noch durch Worte unterstrichen wird, z. B. wie gut es schmeckt, dann wird das Kind weniger Abneigungen entwickeln.
Einer alten Volksregel zufolge soll mit dem Abstillen begonnen werden, wenn die ersten Zähne kommen, und dieser Termin liegt zwischen dem 6. und 8. Monat. Ist das Kind zu dieser Zeit jedoch kränklich oder schwach, ist es empfehlenswert, ihm, bis es sich erholt hat, weiterhin die Brust zu geben.
Auch die heiße Sommerzeit eignet sich schlecht zum Abstillen. In dieser Zeit treten bei kleinen Kindern leicht die sogenannten Sommerdurchfälle auf. Brustkinder sind durch die Immunstoffe in der Muttermilch weniger anfällig.

Tips für die ersten sechs Monate

▷ Geben Sie Ihrem Baby täglich die D-Fluorette (Calcium-Fluor-Tablette) nicht aufgelöst im Milchfläschchen. Wenn Ihr Baby die Flasche nicht austrinkt, bleibt ein Teil der Tablette zurück. Wichtig ist die vollständige Aufnahme der Tablette. Legen Sie die Tablette auf einen Löffel und fügen Sie ein wenig Milch aus der Flasche (oder aus der Brust) hinzu. Wenn die Tablette sich aufgelöst hat, lassen Sie die Lösung in den Mund fließen. Anschließend reichen Sie Brust oder Flasche zum Nachtrinken. Geben Sie die Tablette immer zur gleichen Zeit, damit Sie sie nicht vergessen.
Beim älteren Kind kann man sie auch im Brei verstecken oder vor dem Füttern auf den hinteren Teil der Zunge legen.

▷ Falls Ihr Kind nach dem Füttern von Vollmilch ständig spuckt, geben Sie ihm noch eine Zeitlang Zweidrittelmilch und fügen Sie dann immer geringere Wassermengen zu. Oder geben Sie kleinere Trinkmengen, vielleicht ist der Magen überfüllt. Oder säuern Sie die Milch mit etwas Zitronensaft oder Zitronensäure an. Gesäuerte Milch ist verträglicher. Auf 500 g Milch kommt der Saft einer kleinen Zitrone oder ½ Zitrone. Er wird tropfenweise unter Schlagen mit dem Schneebesen unter die Milch gemischt.

▷ Halten Sie die Portionen der Beikost eher klein, geben Sie lieber einen Nachschlag.

▷ Breie während des Kochens stets rühren und anschließend einige Minuten ausquellen lassen. Dieses und gleichzeitiges Abkühlen erreicht man, wenn der Topf mit dem fertigen Brei in ein kaltes Wasserbad gestellt wird. Auch während des Abkühlens (ca. 5–10 Minuten) gelegentlich umrühren.

▷ Alle bisher beschriebenen Gerichte können Sie in kürzester Zeit zubereiten. Noch schneller geht es, wenn Sie im Kühlschrank stets einen kleinen Vorrat an Beilagen haben: z. B. gekochte Kartoffeln, gegarter Parboiled Reis oder gekochte Nudeln. Diese Vorräte können Sie im Kühlschrank etwa zwei Tage aufheben. Wenn es dann schnell gehen muß, können Sie aus einem einfachen Kinderkost-Gläschen, z. B. Karotten (Möhren), Gemüsemischung oder Spinat eine vollständige Mahlzeit zubereiten, indem Sie das Gemüse mit einer Beilage aus Ihrem Vorrat anreichern.

▷ Gemüse zum Garen stets mit sehr wenig Wasser ansetzen, wenn nötig, während des Kochvorganges etwas Flüssigkeit nachgießen. Dadurch wird das Gericht beim Pürieren sämig dick, und Sie können auf das Andicken mit Speisestärke oder Getreideflocken verzichten.

▷ Garen Sie in jedem Gemüsegericht eine Kartoffel mit, das erspart ebenfalls das Andicken mit Mehl oder Speisestärke.

▷ Kaufen Sie tiefgefrorenes Gemüse in Vorratspackungen, die Sie im Gefrierfach oder Tiefkühlschrank lagern. So können Sie in kürzester Zeit ein reichhaltiges Mischgemüsegericht zubereiten. Sie sparen auch Zeit, da das Gemüseputzen entfällt.

Vollwerternährung

Vollwerternährung, Vollwertkost – das sind Schlagworte, denen man heute, wenn es um gesunde Ernährung geht, ständig begegnet. Doch was bedeutet Vollwerternährung eigentlich? Eignet sich diese Kostform auch für das kleine Kind?
Grundsätzlich gelten folgende Regeln für den Einkauf, die Zusammenstellung und Zubereitung der Nahrungsmittel:

- ▷ Auswahl hygienischer, möglichst naturbelassener (also chemisch und industriell unbehandelter) und frischer Produkte.
- ▷ Naturbelassene Produkte sind Vollkorn, Milch, Gemüse, Obst, Nüsse, Samen, ungehärtete Fette und kaltgepreßte Öle.
- ▷ Zubereitung bekömmlicher und schmackhafter Gerichte aus diesen Produkten.

Die Zusammenstellung der täglichen Nahrungsmittel richtet sich nach dem Energie- und Nährstoffbedarf des Körpers, welcher sich individuell, z. B. nach Alter und körperlicher Aktivität unterscheidet.
Es bedeutet wenig Mühe, die Kost der Familie nach diesen Regeln auszurichten. Wenn es nicht möglich ist, ausschließlich nach den Regeln der Vollwertkost zu ernähren, so kann doch darauf geachtet werden, den Anteil der Vollwertkost im Speiseplan möglichst hoch zu halten. Es beginnt beim Frühstück, zu dem ein Müsli mit Früchten und Nüssen (selbst zubereitet oder als Fertigprodukt) anstatt Brötchen mit Wurst, Konfitüre oder Schokoladencreme angeboten wird. Wer kein Müsli mag, wählt statt Brötchen und Weißbrot Vollkornbrötchen, -brot oder -knäcke. Auf Margarine und Butter sollte verzichtet werden, wenn ein anderer fetthaltiger Aufstrich oder Belag verwendet wird. Magerquark eignet sich hervorragend als gesunder Aufstrich, mal süß, mal pikant, mal mit Honig, mal mit Kräutern. Fast alle Kinder mögen Quark, wenn er nach ihren Wünschen angerichtet wird. Milchgetränke (möglichst ohne Zucker) oder Kräutertee runden das Frühstück ab.
Als Zwischenmahlzeit bieten sich Obst- oder Gemüsesäfte in kleinen Mengen an, auch einige Nüsse, Sonnenblumenkerne, rohes Obst oder Gemüse.
Zur Hauptmahlzeit, die wieder nach den am Anfang aufgestellten Regeln bereitet wird, wird stets – im Idealfall als Vorspeise – Rohkost oder Salat gereicht. Diesen jedoch nicht mit einer schweren Marinade anmachen, sondern höchstens mit einigen Tropfen kaltgepreßtem Öl oder besser mit Sauermilch, Buttermilch oder Joghurt. Solche Marinaden mögen Kinder besonders gern. Den Salat kann man mit frisch gekeimten Samen, z. B. Sojasprossen oder frischen Kräutern bestreuen und abschmecken.
Zum Hauptgericht empfehlen sich dann neben Gemüse und Kartoffeln, Naturreis oder Vollkornnudeln als Beilage, in kleinen Mengen mageres Fleisch, Fisch oder Ei. Falls das Gericht gebunden werden muß, können Vollkornmehl, zarte Getreideflocken oder Bierhefepulver gute Dienste leisten. Zum Würzen sollte man vorzugsweise frische Kräuter verwenden, an Salz sollte man, wo immer es möglich ist, sparen.
Gebäck kann, in geringen Mengen, ohne weiteres gereicht werden, wenn es aus Vollkornmehl, Schrot oder Müsli zubereitet wurde. Diese Zwischenmahlzeit am Nachmittag versorgt den Organismus mit Nähr- und Ballaststoffen. Kleine Mengen vermeiden ein Ausbleiben des Hungergefühls zur Abendmahlzeit.
Die Abendmahlzeit wird nach den Grundregeln zusammengestellt. Köstlich für Kinder, auch noch im Schulalter, ist ein Vollkornbrei aus Weizengrieß, Getreideschrot oder Naturreis mit Früchten. Auch Hirsebrei mit Milch und Honig ist beliebt. Natürlich können auch Vollkornbrot, fettarme Wurst, Käse und Quark angeboten werden. Auch beim Abendessen sollten frische Kräuter und etwas Rohkost nicht fehlen.
Bei der Vollwerternährung des kleinen Kindes beachte man die Kaufähigkeit und die altersentsprechende Verdauungsfähigkeit und stelle dementsprechend die Nahrungsmittel zusammen.

Folgende Nahrungsmittel sollten bei der Vollwerternährung gemieden werden
Zucker, Zuckerprodukte aller Art, wie Bonbons, Schokolade usw., Salz, scharfe Gewürze, Aufstrichfette, fettes Fleisch, fette Wurst, fetter Käse, Produkte und Speisen aus verfeinerten und veränderten Lebensmitteln (also die üblichen Mehle, Reis- und Nudelwaren), Öle, Dosen-Fertiggerichte.

Auf folgende Zubereitungen sollte verzichtet werden
Langes Kochen, fettreiches Braten und Backen. Statt dessen werden die Speisen kurz gegrillt, gedünstet oder gedämpft. Alles sollte noch knackig sein, damit die Zähne etwas zum Kauen haben.

Vom 7.–12. Monat

In diesem Alter lernt das Baby andere Speisen als Milch kennen und andere Nahrungsquellen als die Mutterbrust. Die ersten Zähnchen stoßen durch, das Kind beginnt sich für Speisen zu interessieren, die es knabbern kann, und es lernt kauen. Geben Sie ihm ein Stückchen trockenes Vollkornbrot oder Knäckebrot in die Hand oder auch ein Stückchen Apfel. Lassen Sie das Kind beim Knabbern aber niemals allein, denn es kann ja noch nicht richtig kauen und verschluckt vielleicht ein zu großes Stück. Dann müssen Sie helfend eingreifen, den Finger in den Halsraum führen und das verklemmte Stückchen hinaus befördern. Im schlimmsten Falle hebt man das Kind an den Füßen hoch, so daß der Kopf nach unten hängt und klopft ihm auf den Rücken. Während das Kind schreit und hustet, rutscht das verschluckte Stückchen wieder raus. Das ist kein Drama und passiert vielen kleinen Kindern. Wichtig ist nur, daß sie nicht allein sind, wenn sie sich verschlucken.

In den sechs Monaten bis zum ersten Geburtstag nimmt das Kind mehr und mehr Normalkost zu sich. Der Zerkleinerungsgrad der Speisen richtet sich nach der Kaufähigkeit. Hat das Kind nach dem achten Monat schon einige Zähnchen, so hält man die Nahrung beim Pürieren gröber. Manche Babys wehren sich gegen grobe Nahrung und fordern durch Verweigern von Speisen und durch Schreien beim Essen die feinpürierten Breie. Wenn man hier konsequent bleibt, hat das Kind sich nach wenigen Tagen mit dem neuen Gefühl im Mund abgefunden. Kauen fördert die Gebißbildung, stärkt die Kiefer und wirkt sich günstig auf die Verdauungsvorgänge aus. Kaufaulheit soll man im Interesse der Gesundheit des Kindes nicht unterstützen. Am besten kauen Sie Ihrem Kind als gutes Beispiel vor. Beißen Sie von seinem Brot ein Eckchen ab und kauen Sie dann überdeutlich und mit Genuß. Ihr Kind wird dem Beispiel folgen.

Wenn es sicher sitzt, können Sie es nach und nach zu den Mahlzeiten mit an den Familientisch nehmen. (Lesen Sie dazu auch das Kapitel »Rund um den Familientisch« S. 151).

Zum Ende des ersten Lebensjahres gibt es kaum noch ein Nahrungsmittel, das nicht zubereitet werden kann. Die Portionen werden größer und es können neue Zubereitungsarten gewählt werden, auf die bisher verzichtet wurde, z. B. Braten und Backen in Fett.

In der Zeit vom siebten bis zum zwölften Monat herrscht bei vielen Eltern Unsicherheit über die Auswahl geeigneter Nahrungsmittel. Deshalb wurde eine Vielzahl von Rezepten zusammengestellt, die zu Gruppen zusammengefaßt sind.

Die Rezepte sind mit Altersangaben versehen, die Anhaltspunkt dafür sind, ab wann man seinem Kind das Gericht zubereiten kann.

Die Mengenangaben in den Rezepten beziehen sich in der Regel auf eine Kinderportion. Wenn Sie also für die ganze Familie kochen wollen, was sich empfiehlt, erhöhen Sie die Zutaten entsprechend.

Natürlich können Sie weiterhin alle in den vorhergehenden Kapiteln aufgeführten Milch-, Gemüse- und Obstspeisen zubereiten und anbieten.

Gewöhnen Sie sich an, nach dem Mittagsbrei eine Nachspeise anzubieten. 2–3 Eßlöffel dieser ergänzenden Speise wirken zudem oft durstlöschend wegen des hohen Flüssigkeitsanteiles.

Milch und Milchspeisen

Im siebten Monat nehmen Babys noch die unterschiedlichsten Milchnahrungen zu sich, von Muttermilch über Zweidrittelmilch bis zu Vollmilch.
Es gibt unterschiedliche Milchsorten, z. B. fettarme Milch oder Sterilmilch. Diese eignen sich nicht für die Kinderernährung im ersten Lebensjahr. Man unterscheidet Frischmilch und haltbare Milch (H-Milch), die beide meist pasteurisiert und homogenisiert sind.
Außerdem wird mehr und mehr Vorzugsmilch (frische, unbehandelte Milch) angeboten. Eltern sollten sich in der Nachbarschaft ihres Wohnortes oder im nächsten Naturkostladen erkundigen, ob in der Nähe ein Bauer existiert, der Milchwirtschaft betreibt. Spezialisierte Bauernhöfe findet man häufig in ländlichen Gebieten, jedoch auch in großstädtischen Vororten, die vorher landwirtschaftlich geprägt waren. Wenn Sie einen Bauernhof mit Kühen ausfindig gemacht haben, erkundigen Sie sich, ob die Milch unter ärztlicher Kontrolle steht, (dies ist eine gesetzliche Vorschrift). Dann können Sie Milch erwerben, die im Gegensatz zum Einzelhandel dort oft nur die Hälfte kostet. Aus dieser Milch können Sie Ihre eigene süße Sahne zubereiten und auch Quark und Joghurt.
Um Sahne zu gewinnen, gießen Sie die Milch in einen oder mehrere Steinguttöpfe (ca. 1 l), die Sie über Nacht (8–12 Stunden) in den Kühlschrank stellen. In dieser Zeit setzt sich auf der Milch eine dicke Schicht ab, die Sie mit einem Eßlöffel abschöpfen. Wenn Sie diese Sahne steif schlagen wollen, achten Sie darauf, daß möglichst wenig Milch beim Abschöpfen mitgenommen wird. Die Sahne läßt sich als Kaffeesahne verwenden oder zum Abschmecken von Gemüse-, Obst- und Rohkost- oder Müslizubereitungen.
Nachspeisen aus Sahnecreme sind bei Kindern sehr begehrt. Sahne enthält viel Fett und damit Energie, jedoch fällt das nicht ins Gewicht, wenn Sie in der Regel beim Kochen sparsam mit Fett, Zucker und niedrig ausgemahlenem Mehl umgehen.
Mit speziellen Fermenten, die im Reformhaus erhältlich sind, können Sie Quark und Joghurt zubereiten. Zur Joghurtbereitung werden spezielle Geräte von verschiedenen Firmen angeboten. Sie bestehen aus einer Wärmeplatte, Gläsern mit Deckeln und einer Abdeckung. In die Milch wird das Ferment eingerührt, dann füllt man sie in die Gläschen und läßt sie einige Stunden auf der abgedeckten Wärmeplatte stehen. Dann ist aus der Milch Joghurt entstanden. Für den Preis von ca. DM 3,-- für 1 Päckchen Ferment erhält man mindestens 20 Liter Joghurt.
Auch wenn man pro Liter frische Bauernhof-Milch noch DM 1,-- dazurechnet, sind die Kosten niedrig.
Achten Sie beim Einkauf des Bio-Fermentes darauf, daß es aus rechtsdrehender Milchsäure besteht. Diese wird von Gesundheitsexperten empfohlen, da sie für den Organismus wertvoller als linksdrehende Milchsäure ist. Beim selbst zubereiteten Joghurt wissen Sie, daß er mit rechtsdrehender Milchsäure geimpft wurde. Außerdem sind dem Joghurt oft Konservierungsstoffe, Dikkungsmittel oder Farbstoffe zugesetzt, die man in einer natürlichen Ernährung möglichst vermeiden sollte.
Die Quarkzubereitung verläuft in ähnlicher Weise. Im Handel werden praktische Geräte zur Herstellung angeboten.

Milchreis-Brei

Ab 6 Monate
Unpüriert ab 10 Monate

¼ l Milch,
30–40 g Rundkornreis,
1 Prise (Jod-)Salz,
1 TL Zucker,
1 Teelöffelspitze Zimt,
1–2 TL Butter

Milch mit wenig Wasser zum Kochen aufsetzen. Den Reis in einem Haarsieb gut waschen, da er sonst durch die anhaftende Stärke zu klebrig wird. Den Reis in die kochende Milch einrühren, Salz zufügen und 30 Minuten auf kleinster Stufe quellen lassen. Gelegentlich umrühren. Für Kinder bis ca. 10 Monate mit dem Pürierstab etwas pürieren. Zucker und Zimt vermischen. Über den Brei streuen. Zerlassene Butter (nicht gebräunt) darüber verteilen.

Säugling, der mit der Flasche ernährt wird.

50
100
200

Apfelreis

Püriert ab 6 Monate
Unpüriert ab 11 Monate

¼ l Milch, 1 Prise (Jod-)Salz,
30 g Rundkornreis, 1 kleiner Apfel,
1 TL Zucker, Zimt, Butter

Milch mit Salz zum Kochen aufsetzen. Den Reis waschen und in die kochende Milch einrühren. 20 Minuten quellen lassen. Den Apfel waschen, schälen, entkernen und, in kleine Stücke geschnitten, dem Reis zusetzen. Nochmals 10 Minuten auf kleiner Stufe sanft köcheln. Zucker oder Zimtzukker über den Brei streuen. Nach Belieben zerlassene Butter darüber verteilen.

Apfel-Rosinen-Reis
Mit den Apfelstückchen noch 1–2 Teelöffel ungeschwefelte Rosinen zufügen.

Milchsuppe

Ab 6 Monate

½ l Milch, ½ P Puddingpulver zum Kochen, 1 TL Zucker

Milch zum Kochen bringen. Puddingpulver mit Zucker vermischen und mit etwas kalter Milch glattrühren. Mit dem Schneebesen diese Masse in die aufkochende Milch mischen. Nochmal kurz aufkochen.

Kleinkind, das gefüttert wird.

Himbeer-Milchsuppe
½ l Milch,
½ P Himbeer-Puddingpulver zum Kochen, 1 TL Zucker

Zubereitung wie Milchsuppe. Ebenso werden Kirsch-Milchsuppe, Vanille-Milchsuppe, Erdbeer-Milchsuppe zubereitet.

Obst-Milchsuppe

Püriert ab 6 Monate
Unpüriert ab 11 Monate

½ l Milch,
20 g (2 EL) Speisestärke,
1 TL Zucker,
2–3 EL beliebiges, püriertes oder kleingeschnittenes Obst (Beeren unzerteilt)

Milch zum Kochen bringen. Speisestärke mit Zucker und etwas kalter Milch glattrühren, dann mit dem Schneebesen in die kochende Milch geben. Kurz aufkochen. Beliebiges püriertes oder kleingeschnittenes Obst unter die Milchsuppe mischen.

Kaltschale

Ab 6 Monate

Jede der hier vorgestellten Milchsuppen kann, mit püriertem oder unpüriertem Obst angereichert, als Kaltschale gereicht werden.

Joghurt, Dickmilch, Sauermilch, Kefir

Ab 7 Monate

Diese Milchprodukte können Sie zu Hause selbst zubereiten. Die entsprechenden Fermente erhalten Sie im Reformhaus oder Bioladen. Beim Kauf von Fertigprodukten achten Sie auf die Inhaltsstoffe. Diese müssen auf der Verpackung angegeben sein. Verwenden Sie für Ihr Kind keine Produkte, die Sorbinsäure (oder andere Konservierungsstoffe), Dickungsmittel oder einen hohen Zuckeranteil enthalten. Kaufen Sie Produkte aus rechtsdrehender Milchsäure. Ungezuckerte, reine Sauermilchprodukte sind nicht immer teurer.
Fügen Sie nach Belieben etwas Honig, Sirup, Obst oder auch 1 Prise (Jod-) Salz mit 1 Eßlöffel Kräutern hinzu.

Joghurtgelee/Quarkgelee

Ab 7 Monate

80–100 g Joghurt oder 60 g Quark,
1 EL Zucker, 1 EL Zitronensaft,
2 Blatt Gelatine oder die entsprechende Menge Gelatinepulver

Joghurt oder Quark mit Zucker und Zitronensaft schaumig rühren. Gelatine in kaltem Wasser einweichen. Dann in einem anderen Gefäß die Gelatine mit 2 Eßlöffeln heißem Wasser übergießen und auflösen. Durch ein Sieb in Joghurt oder Quark rühren. Joghurt und Quark sollten Zimmertemperatur haben. Bis zum Festwerden muß die Speise einige Stunden stehen. Das Gelee kann mit rohem Fruchtmus oder eingemachtem Obst serviert werden.

Fruchtsaft-Quark
Ab 6 Monate

50–100 g Quark, ⅛ l Orangen- oder Sanddornsaft, 1 TL Zucker oder Honig

Quark mit Fruchtsaft sämig rühren. Bei ungesüßtem Fruchtsaft fügt man Zucker oder Honig hinzu.

Nußquark/Mandelquark
Ab 8 Monate

50 g Quark, ⅛ l abgekochtes Wasser, 1 TL Honig, 2 TL feingeriebene Nüsse (Haselnüsse, Walnüsse) oder feingeriebene, enthäutete Mandeln

Quark und Wasser schaumig rühren. Honig und Nüsse oder Mandeln untermischen.
Nüsse und Mandeln lassen sich mit verschiedenen Küchengeräten fast pulvrig zerkleinern. Bereits gemahlene Nüsse und Mandeln sind meist geschmacklich nicht so gut und besitzen nicht mehr alle wertvollen Inhaltsstoffe wie frischgemahlene Produkte.

Quarkspeise mit Früchten
Ab 6 Monate

50–100 g Quark, etwas Milch, Zitronensaft, 1 Vanilleschote, 1 TL Zucker, Honig oder Sirup, nach Belieben 1 Eigelb (wenn das Gericht als Hauptmahlzeit gegeben wird), 2–3 EL beliebiges Obst z. B. Bananen, Erdbeeren, Himbeeren

Quark mit etwas Milch sämig rühren. Einige Tropfen Zitronensaft unterschlagen. 1 Vanilleschote klopfen, aufschneiden, etwas Mark herauskratzen und ebenfalls zum Quark geben. Dann Honig und nach Belieben das Eigelb unterschlagen. Zum Schluß püriertes oder grob zerteiltes Obst unterheben.

Quarkflammeri
Ab 6 Monate

Für 2 Personen
⅛ l Milch, 1 EL Speisestärke, 1 Vanilleschote, 130 g Quark, Fruchtmus oder Nüsse, 1 TL Honig

Speisestärke mit der kalten Milch vermischen und glattrühren. Die Mischung unter Rühren 2 Minuten aufkochen. Aus einer geklopften Vanilleschote etwas Mark entnehmen, untermischen und den Pudding abkühlen lassen, wenn es schnell gehen soll im kalten Wasserbad. Gelegentlich umrühren, damit sich keine Haut bildet. Mit Quark, Fruchtmus und/oder gemahlenen Nüssen schaumig schlagen. Honig zufügen.

Buttermilch-Schrotbrei
Ab 6 Monate

¼ l Buttermilch, 2 gehäufte EL Weizenschrot, 1 EL ungeschwefelte Rosinen, 1–2 TL Honig oder Zucker

Buttermilch unter ständigem Rühren langsam erhitzen. Dabei Weizenschrot und Rosinen zugeben. Für Kinder unter elf Monaten werden die Rosinen zuvor fein gewiegt. Nach zwei- dreimaligem Aufkochen und Eindicken unter gelegentlichem Rühren abkühlen lassen (im kalten Wasserbad). Honig oder Zucker untermischen.

Buttermilch-Kaltschale
Ab 8 Monate

½ l Buttermilch, 1 Scheibe Vollkornbrot (ca. 20–30 g), 1 EL Sirup oder Honig, 1 Msp Zimt

In die Hälfte der Buttermilch das Brot einbrocken, kurz weichen lassen, dann mit dem Pürierstab glattrühren. Den Sirup oder Honig, Zimt und die restliche Buttermilch zugeben und alles schaumig schlagen.

Buttermilch ist eine empfehlenswerte Beinahrung. Diese Sauermilchart begünstigt eine gesunde Darmflora und wirkt deshalb heilsam bei Magen-Darm-Störungen, z. B. Durchfallerkrankungen.

Mehl und Mehlspeisen

Mehl und Nährmittel eignen sich vorzüglich zur Ernährung des Säuglings. Körner und Flocken von Hafer, Reis und Gerste sind Grundlage der Schleime, die dem Baby nach der Umstellung auf tierische Milch in der Flasche als Zusatz gefüttert werden.
Von der Kindernährmittelindustrie werden Instant-Getreideflocken oder Schleime angeboten, deren Anwendung äußerst einfach ist. Sie werden in der entsprechenden Menge (siehe Anweisungen auf der Verpackung) der Zweidrittelmilch oder der Vollmilch beigemischt.
Natürlich kann man aus Getreidekörnern und -mehlen eigene Abkochun-

gen herstellen, was preiswerter ist, jedoch auch zeitaufwendiger.
Beim Kauf von Fertigflocken und -schleimen achten Sie darauf, daß kein Zucker sondern nur Getreide enthalten ist. Dann können Sie bei der Zubereitung selbst mit etwas Honig oder Zucker schwach süßen. Bei Neigung zu dünnem und häufigem Stuhl gibt man dem Säugling Reis- oder Gerstenschleim, bei Verstopfung wirken Haferschleim und Hafermehlabkochungen.
Schleime und Mehle bewirken eine feinere Gerinnung der Kuhmilch im Magen des Babys, wodurch diese leichter verdaulich wird. Die grobflockige Gerinnung tierischer Milch ist ein Grund, warum diese von Säuglingen weniger gut vertragen wird.
Bei der Bereitung von Mehl- und Getreidespeisen aller Art empfiehlt sich die Verwendung möglichst naturnaher Produkte. Diese erhält man in Reformhäusern oder Naturkostläden, aber auch in Lebensmittelgeschäften und in den Lebensmittelabteilungen der Warenhäuser.
Die Preise sind, verglichen mit Fertignahrung, keineswegs höher. Die günstigsten Kaufmöglichkeiten bieten nach meinen Erfahrungen Naturkostläden. Hier erhält man den Schrot und das Mehl meist frisch und dadurch mit allen Inhaltsstoffen, die sich bei längerem Stehen verflüchtigen. Der Gebrauch biologisch vollwertiger Produkte beugt Mangelerscheinungen und Gesundheitsschäden vor und verringert die Aufnahme »leerer« Kalorien.
Im Lebensmittelhandel wird üblicherweise das Mehl Type 405 angeboten. Es ist besonders fein und weiß, dafür jedoch sind durch den Mahlvorgang viele Ballaststoffe, Vitamine, Mineralstoffe und Spurenelemente entfernt worden. Diese braucht der Organismus jedoch. Mehl Type 405 ist reich an »leeren« Kalorien und arm an wertvollen Inhaltsstoffen. Beim Mahlen der Getreidekörner werden Keim und Schalenteile entfernt. Die Ausmahlung, d. h. die Entfernung dieser Teile, erfolgt in verschiedenen Stufen. Die Mahlprodukte werden dann mit verschiedenen Typenbezeichnungen versehen. Diese Typenbezeichnung (z. B. 405, 1050, 1700) gibt in Milligramm die Mineralstoffe an, die nach einer Verbrennung des Mehles übrigbleiben. Je niedriger die Typenbezeichnung ist, um so geringer ist der Anteil an Mineralstoffen. Bei einem hohen Ausmahlungsgrad, also Type 1050 oder 1700 (Schrot), enthält das Mehl (bzw. Schrot) einen hohen Anteil an Mineralstoffen sowie Vitaminen, Eiweiß und Ballaststoffen. Sehr hoch ausgemahlenes Mehl ist weniger backfähig, eignet sich jedoch zur Brotherstellung.
Für die Kinderernährung, aber auch für die Erwachsenenküche, wählt man das nährstoffreiche Weizen- oder Roggenmehl mit einer Typenbezeichnung über 1000.
Brot darf in einem Kapitel über Mehl nicht unerwähnt bleiben. Es spielt in der Ernährung des Kindes zum Ende des zweiten Halbjahres eine immer größere Rolle. Zwar wird dieses wichtige Nahrungsmittel heutzutage im Haushalt nur selten selbst hergestellt, jedoch stelle ich trotzdem zwei Brotrezepte vor.
Von allen bei uns erhältlichen Sorten enthält Brot aus vollem Korn den größten Anteil wertvoller Bestandteile des Getreidekornes. Aus diesem Grunde empfiehlt es sich sowohl in der Kinderernährung, wie auch in der Erwachsenenkost. Auch bei den Trokkenbrotarten sollten Sie Vollkorn bevorzugen. Es gibt Bäckereien die Vollkornbackwaren wie Brot, Brötchen, Kekse und Kuchen in ihrem Sortiment führen. Sie können sie auch in der eigenen Küche zubereiten.
Ab welchem Zeitpunkt können Sie Ihrem Baby Brot anbieten? Diese Frage läßt sich nicht genau beantworten. Im Brei können Sie Brot bereits ab dem 4.–5. Monat in kleinen Mengen verwenden. Wenn Ihr Baby anfängt Interesse am Kauen und Nagen zu zeigen, wenn die ersten Zähnchen durchstoßen, wenn Sie es mit an den Familientisch nehmen, dann ist der richtige Zeitpunkt. Er liegt zwischen dem siebten und dem elften Monat. Leider erhält das Kind in dieser Zeit aber nicht eine Scheibe Knäckebrot oder trockenes Vollkornbrot, sondern viele Eltern greifen nun nach speziellen Baby-Keksen. Diese sind für die Gesundheit des Kindes nicht notwendig. Hartes Vollkornbrot hingegen befriedigt den Kautrieb, aus dem heraus das Kind nach Knabbereien verlangt. Statt Brot kann man auch Zwieback geben oder einen Streifen roher Möhre. Manche Eltern meinen, Ihrem Baby noch kein hartes oder grobkörniges Brot anbieten zu können – es könnte sich verschlucken und ersticken. Das ist kaum möglich, wenn man beobachtet, was ein Baby mit einer harten Brotkruste anstellt. Zuerst kaut es ausgiebig darauf herum. Durch den Speichel weicht der Teig auf und entwickelt ein süßes Aroma. Deshalb auch mögen kleine Kinder Vollkornbrot ohne Belag. Erst der gekaute, aufgeweichte Brotteig wird hinuntergeschluckt. Daran kann kein Kind ersticken. Natürlich sollten Sie

dabei sein, wenn Ihr Kind seine ersten Zwischenmahlzeiten kaut. Es gibt für das zahnende Baby nichts Angenehmeres als eine Scheibe hartes, getrocknetes Vollkornbrot. Damit soll nichts gegen die weichen Babykekse eingewendet werden. Man kann sie mit Obstmus als Zwischenmahlzeit anbieten. Zum Nagen, Beißen, Kauen sind sie jedoch ungeeignet. Kekse sind eine Leckerei, kein Nahrungsmittel, und sollen deshalb nicht in größeren Mengen gefüttert werden. Das gilt auch für Kekse aus Vollkorn oder Müsli, denn der Energieanteil ist bei beiden recht hoch.

Lassen Sie bei der Auswahl der Vollkornbrotarten den Geschmack entscheiden. Wechseln Sie ruhig die Sorte. Kaufen Sie aber möglichst kein Brot, das mit Konservierungsstoffen, z. B. Propion- oder Sorbinsäure, behandelt ist. Leider sind durchweg alle preiswerten Vollkorn- und Schwarzbrote in Packungen mit diesen Stoffen haltbar gemacht. Gelegentlich gegeben, schadet eine solche Scheibe Brot Ihrem Kind sicher nicht, aber auf die Dauer ist Brot ohne Konservierungsstoffe empfehlenswerter.

Versuchen Sie, Ihr Brot nach den folgenden Rezepten selbst zu backen. Es ist weniger Aufwand erforderlich als für manchen Kuchen, der regelmäßig zum Wochenende gebacken wird. Außerdem werden im Reformhaus auch Fertigmischungen für Roggen- oder Weizenvollkornbrot angeboten.

Schleime zum Anreichern von Milchnahrung

Ab 2 Monate

20 g (2 EL) Gerstenkörner, Vollkornhaferflocken, Reis oder Reisflocken, 1 l Wasser, abgekochtes Wasser zum Auffüllen

Gerstenkörner, Vollkornhaferflocken, Reis oder Reisflocken werden mit dem Wasser zum Kochen aufgesetzt. Nach 1 Std. Kochzeit gießt man die Abkochung in ein Haarsieb und fängt den Schleim auf. Man ergänzt ihn mit abgekochtem Wasser auf 1 Liter. Von solchem Schleim setzt man ca. ⅓ der Milchnahrung zu.

Bei 150 g Milchnahrung besteht diese aus:
100 g Zweidrittelmilch (70 g Milch + 30 g Wasser) + 50 g Schleim
oder
100 g Vollmilch + 50 g Schleim.
Dieser Nahrung werden dann jeweils 1–2 TL Honig (nicht bei dünnen Stühlen oder Durchfall) oder Zucker zugesetzt. Bei Magen-Darm-Störungen mit Durchfall füttert man reinen Haferschleim ohne Milchzusatz und ohne Zucker.

Mehlabkochung

Ab 3 Monate

20–30 g (2–3 EL) Mehl, etwas Wasser zum Anrühren, 1 Prise (Jod-)Salz, 1 l Wasser, abgekochtes Wasser zum Auffüllen

Mehl in etwas kaltem Wasser mit dem (Jod-)Salz glattrühren. Diese Mischung in siedendes Wasser einfließen lassen und unter Rühren aufkochen. Nach 15–20 Minuten Kochzeit wird die Menge mit abgekochtem Wasser auf 1 Liter ergänzt. Von dieser Nahrung setzt man der Milch wiederum ⅓ zu (Mengenangaben bei Schleimen) und süßt schwach mit 1–2 TL Honig oder Zucker.

Verwendet werden Mehle mit hohem Ausmahlungsgrad oder Speisestärke. Mehle muß man nach dem Kochen durch ein Haarsieb gießen. Es eignen sich Mehle von Hafer, Mais, Gerste, Weizen und Reis. Sehr gut läßt sich auch Zwiebackmehl verwenden.

Butter-Mehlbrei

Ab 6 Monate

1 EL Butter, 1 EL Mehl Type 1050, 200 g frische Milch, 2 TL Zucker

Butter in einem Topf zerlassen. Mehl einstreuen und unter Rühren mit dem Schneebesen hellbraun rösten. Unter Schlagen langsam die Milch zugießen. Zuckern und nochmals aufkochen.

Mehlschwitze / Einbrenne / Brennsauce

Mehlschwitze stellt die Grundlage verschiedener Saucen dar, in welche man Gemüse- und Fleischstücke einlegen kann. Sie eignet sich auch für Reis und Nudeln. Trotzdem sollte nicht jedes Gericht mit einer Mehlschwitze angerichtet werden. Zum Binden kann man auch Kartoffeln oder Instant-Getreideflocken verwenden. Viele Gerichte bedürfen keines Bindemittels. Sie werden dadurch sämig, daß Reis, Kartoffeln oder Nudeln mitpüriert werden.

1 TL Butter oder Margarine,
1 TL Weizenmehl Type 1050,
⅛ l Wasser, 1 Prise (Jod-)Salz

Fett in einer kleinen Pfanne oder einem kleinen Töpfchen zerlassen. Mehl dazugeben und unter Rühren goldgelb bis dunkelbraun rösten, je nachdem für welchen Zweck und welches Gericht die Sauce benötigt wird. Dann den Topf vom Herd nehmen und unter Schlagen mit dem Schneebesen langsam das kalte Wasser dazugießen. Aufkochen lassen. Salzen und nochmals unter Rühren aufkochen.
Helle Mehlschwitzen verwendet man zu Gemüse- und Geflügelgerichten oder zu Saucen, die speziell abgeschmeckt werden, wie z. B. Tomatensauce.
Dunkle Mehlschwitzen gibt man als Sauce zu Kartoffel-, Fleisch- und Fischgerichten.

Zwiebackauflauf

Ab 10 Monate

1 Ei, ⅛ l Milch, 1 TL Zucker, 1 Prise (Jod-)Salz, etwas Fett für die Form, 70–90 g Zwieback, nach Belieben verschiedene Früchte

Ei, Milch, Zucker und Salz miteinander verquirlen. Eine kleine Auflaufform gut fetten und mit Zwieback auslegen. Dann nach Belieben eine Lage püriertes oder feingeschnittenes Obst darüberfüllen. Wieder mit Zwieback bedecken und so fortfahren, bis die Form gefüllt ist. Die Form in den heißen Backofen schieben, 10 Minuten bei 180–200 Grad backen, die Eiermilch darübergießen und weitere 20 Minuten backen lassen.

Apfelbettelmann

Ab 10 Monate

Für 3 Personen
200 g Schwarzbrot, 60 g Zucker,
60 g geriebene Mandeln,
1 Teelöffelspitze Zimt,
1 TL Zitronenschale (Trockengewürz)
Fett für die Form, 250 g Äpfel,
Butterflöckchen

Schwarzbrot reiben oder fein zerbröseln und mit Zucker, Mandeln, Zimt und Zitronenschale vermischen. Eine feuerfeste Form gut einfetten und ⅔ der Brotmasse einfüllen. Äpfel waschen, schälen, entkernen, kleinschneiden und in wenig Wasser ca. 10 Minuten dünsten. Die Brotmasse damit bedecken (man kann auch Apfelkompott verwenden). Den Rest der Brotmasse darüber verteilen, mit Butterflöckchen belegen und bei 180–200 Grad 45 Minuten backen. Wenn es schnell gehen soll, können die Äpfel ungedünstet (grob gehobelt) verwendet werden.

Brotbrei mit Obst

Püriert ab 4 Monate
Unpüriert ab 10 Monate

100–150 g Obst, z. B. Beeren, Aprikosen, Birnen, Guaven, Kakis, Kiwis, Mandarinen, 1–2 Scheiben Vollkornbrot oder -knäcke, Matzen oder anderes Trockenbrot

Gereinigtes Obst pürieren. Je nachdem, wieviel Saft sich abgesondert hat, mehr oder weniger Brot zerbröseln und im Obstpüree einweichen. Nach einigen Minuten für Babys unter 10 Monaten nochmals pürieren.

Weizen-Hafer-Mischbrot

200 g Weizenmehl Type 1050
oder höher,
1 P Trockenhefe,
⅛ l Milch,
¼ l Wasser,
1 Teelöffelspitze Zucker,
1 TL (Jod-)Salz,
300 g Hafermehl,
Fett für die Form

Weizenmehl in eine Schüssel sieben. Trockenhefe dazugeben und vorsichtig, aber gründlich mit einem Holzlöffel vermischen. Milch, Wasser, Zukker und Salz mischen und in die Mehl-Hefe-Mischung rühren. Dann das Hafermehl unterkneten, bis der Teig Blasen schlägt.
Eine Kastenform fetten, den Teig hineingeben, zudecken und an einem warmen Ort 30–60 Minuten gehen lassen. Anschließend im Backofen bei 200 bis 225 Grad 60 Minuten backen. Auf einem Gitter auskühlen lassen.

Pflaumenmusbrot

Dieses köstliche Brot eignet sich als Beilage zum Nachmittagstee oder -kaffee. Bei Kindergeburtstagen ist es begehrt, gesund und sättigend. Wenn Sie eingeladen sind, ob zu einer Kinder- oder Erwachsenenparty, können Sie Pflaumenmusbrot als Geschenk mitbringen. Wahrscheinlich werden Sie schon bald um das Rezept gebeten werden.
Dieses Brot, das einem Früchtebrot nahekommt, bedarf keines Belages. Mit frischer Butter oder Quark bestrichen ist Pflaumenmusbrot jedoch ein besonderer Genuß.

100 g Zucker, ¼ l Wasser,
300–400 g möglichst festes, selbstgekochtes Pflaumenmus,
1 TL ungespritzte Zitronenschale (Trockengewürz), Saft von 1 Zitrone,
1 TL Rum,
½ TL gemahlene Nelken, 1 Prise Piment, 200 g 6-Korn-Schrot (Reformhaus),
100 g Roggenvollkornmehl,
100 g Weizenvollkornmehl,
1½–2 P Backpulver, Fett für die Form, Semmelbrösel

Zucker unter ständigem Rühren in einem Topf hell karamelisieren. Nach dem Aufschäumen sofort, unter weiterem Rühren, mit dem warmen Wasser ablöschen. Vom Herd nehmen und zuerst das Pflaumenmus, dann Zitronensaft und -schale, Rum und Gewürze, anschließend den 6-Korn-Schrot untermischen. Dann Roggen- und Weizenmehl und Backpulver durch ein feines Sieb in den Teig geben und untermischen. Den Teig gründlich durchkneten. Falls er zu fest sein sollte und sich nicht kneten läßt, einen kleinen Schluck Wasser hinzufügen. Den Teig in eine gut gefettete und mit Semmelbrösel ausgestreute Kastenform füllen und in den kalten Backofen schieben. Dann zuerst 20 Minuten bei 100 Grad, anschließend 70 Minuten bei 180 Grad backen. Den Ofen während der Backzeit nicht öffnen, sonst fällt das Brot zusammen. Nach der Backzeit das Brot auskühlen und 1 Tag ruhen lassen. Dieses Brot ist einige Wochen haltbar.
Die Backpulvermenge richtet sich nach der Schwere des Teiges. Wenn das Pflaumenmus sehr dick und hart ist, nehmen Sie 2 Päckchen Backpulver, ansonsten etwas weniger.

Brötchen

500 g Roggenvollkornmehl oder Weizenvollkornmehl,
1½ P Trockenhefe,
¼ l Wasser,
je ½ kleiner TL Zucker und (Jod-)Salz,
Mehl für das Blech,
lauwarme Milch zum Bestreichen

Roggenvollkornmehl oder Weizenkornmehl in eine Schüssel sieben und gründlich mit einem Holzlöffel mit der Trockenhefe vermischen. Im Wasser Zucker und Salz auflösen, ins Mehl gießen und alles gut verkneten. Aus dem Teig Brötchen formen. Ein Blech mehlen, die Brötchen daraufsetzen. Die Brötchen mit lauwarmer Milch bestreichen und nach Belieben kreuzweise einschneiden. Mit einem Tuch abdecken und mindestens 30 Minuten gehen lassen. Anschließend im Backofen bei 225 Grad ca. 25 Minuten backen.

Quarkbrötchen

500 g Magerquark,
4 Eier,
2 P Backpulver,
1–2 Teelöffelspitzen Salz,
500 g Roggen- oder Weizenschrot (Mehl Type 1700), Sesam

Quark und Eier verschlagen, Backpulver dazusieben, Salz zugeben und gründlich mischen. Dann den Schrot unterkneten. Brötchen formen, auf das Backblech legen und ca. 20 Minuten ruhen lassen. Mit Sesam bestreuen und dann im Backofen bei 200 Grad 30 Minuten backen.

Süße Brotsuppe

Ab 10 Monate

Aus älteren, harten, jedoch einwandfreien (nicht schimmeligen) Brotstükken läßt sich eine nahrhafte Suppe zubereiten. Dieses Rezept für eine kräftige Abendmahlzeit wurde von meiner Großmutter überliefert.

200–250 g harte Brotreste (Knäppchen, Rinden),
Schale von ½ ungespritzten Zitrone (Trockengewürz),
2 EL Zucker,
Honig oder Sirup,
1 Prise (Jod-)Salz,
Mark von ½ Vanilleschote,
100 g ungeschwefelte Rosinen,
Zitronensaft.

Brotreste mit Wasser bedecken und einige Stunden (über Nacht) einweichen. Dann leicht ausdrücken, in einen Topf geben und mit frischem Wasser bedecken. Zitronenschale untermischen oder von 1 ungespritzten Zitrone die Schale abschälen, in die Suppe geben und nach dem Kochen wieder entfernen. Unter Rühren aufkochen lassen, dann auf kleiner Stufe ca. 30 Minuten vorsichtig köcheln lassen. Dann die Suppe durch ein feines (bei älteren Kindern durch ein grobes) Sieb gießen und wieder in den Topf zurückgeben. Zucker, Salz, Vanillemark und Rosinen zufügen. Unter Rühren noch einmal aufkochen und zum Schluß vorsichtig mit Zitronensaft abschmecken.

Rohkost und Müsli

Rohkost und Müsli werden aus ungekochten, rohen, naturbelassenen Nahrungsmitteln zubereitet. Es sind Getreideerzeugnisse, Obst- und Gemüseprodukte. Während in der Rohkost diese Nahrungsmittel beliebig gemischt werden können, überwiegt beim Müsli die Verwendung von fein oder grob geschroteten Getreidekörnern. Sie bilden die Grundlage der Speisen, welche mit Obst oder Gemüse gesundheitlich und geschmacklich angereichert werden können.
Wesentlich bei rohen Speisen aller Art ist ihr hoher Anteil an Vitaminen und Mineralstoffen. Dazu kommt die Versorgung des Körpers mit Ballaststoffen durch Getreideschalen und Pflanzenfasern. Ballaststoffe sind unverdauliche Teile von Nahrungsmitteln, die für eine geregelte Darmtätigkeit sorgen, also der Verstopfung vorbeugen. Eine an Ballaststoffen arme Ernährung führt zu Verdauungsbeschwerden, Darmträgheit, Hautschäden, Unwohlsein und kann auch das Entstehen von Geschwülsten begünstigen.
Deshalb sollte jeder Mensch und auch das Kind ab dem sechsten Monat rohe Kost zu sich nehmen und zwar einmal am Tag, am besten zum Frühstück, als Vorspeise zum Mittagessen oder als Hauptmahlzeit. Man kann sie auch als kleine, durstlöschende Zwischenmahlzeiten anrichten. Für kleine Portionen verringern Sie die Mengenangaben der folgenden Rezepte um etwa die Hälfte.
Es gibt unzählige Variationen, der Phantasie sind kaum Grenzen gesetzt. Rohkost muß nicht langweilig schmecken, sondern sie bietet durch die Kombination verschiedener Nahrungsmittel interessante Geschmacksvarianten.
Für den Säugling und das Kleinkind wird die Rohkost wegen seines geringen Kauvermögens zuerst fein püriert, später zunehmend gröber belassen.
Wie bei der Breizubereitung gilt die Regel: Je jünger das Kind, umso weicher und feiner muß die Kost sein.
Sind mehr Zähnchen vorhanden und erwacht die Lust am Kauen (etwa im 8.–9. Monat), wird die Kost weniger zerkleinert. Auf diese speziellen Bedürfnisse kleiner Kinder sind die folgenden Zubereitungsempfehlungen ausgerichtet. Wichtig ist, daß Sie Ihrem Kind beim Essen und Kauen viel Zeit lassen; daß Sie es nicht drängeln und zum Schlucken noch nicht ausreichend gekauter Nahrung nötigen, indem Sie ihm in kurzen Abständen Essen in den Mund stopfen. Das Essen soll in großer Ruhe vor sich gehen. Warten Sie, bis Ihr Baby nach einem Bissen den Mund öffnet und damit signalisiert: Ich bin bereit für eine neue Portion.
Wenn Ihr Kind das erste Lebensjahr vollendet hat, pürieren Sie die Rohkost nicht mehr sehr fein, sondern etwas gröber. Im 2. und 3. Lebensjahr können Sie die Zutaten fein reiben oder später raspeln. Das Kind soll kauen und nicht nur schlucken.
Zur Bereitung roher Mahlzeiten können dem Alter entsprechende Obst- und Gemüsesorten gewählt werden. Man richtet sich dabei nach dem jahreszeitlichen Angebot.
Möhren eignen sich wegen ihres milden, saftigen Geschmackes besonders gut ungekocht zur Ernährung des kleinen Kindes. Der hohe Gehalt an Carotin, einer Vorstufe des Vitamin A (Provitamin A), macht dieses Gemüse besonders wertvoll. Zwar kann der Organismus gekochte Möhren besser verwerten, doch fördert die Rohkost die Kieferbildung und wirkt sich vorteilhaft auf die Verdauungsorgane aus. Damit aus dem Provitamin das Vitamin A gebildet werden kann, muß dem Körper gleichzeitig etwas Fett zugeführt werden. Fügen Sie also unbedingt jedem Möhrengericht, ob roh oder gekocht, etwas Fett in Form von Sahne, Butter oder Öl zu.
Einheimische Obst- und Gemüsesorten finden sich im Sommer reichlich auf dem Markt. Im Winter werden seit einiger Zeit die verschiedensten Obstsorten angeboten, die sehr schmackhaft und reich an Vitaminen sind. Diese, vielen Eltern kaum bekannten Sorten, werden zur Bereitung von Kinderkost in den vorliegenden Rezepten mit herangezogen. Es ist heute nicht mehr notwendig, das Kind nur mit Äpfeln, Bananen und Orangen über den Winter zu bringen. Bei stark säurehaltigen Obstarten geben Sie zuerst kleine Mengen und beobachten, ob das Baby außergewöhnliche Reaktionen, z. B. Hautausschlag, zeigt. Auch starkes Aufstoßen oder Wundsein können Anhaltspunkte für weniger gute Verträglichkeit liefern. Viele Babys reagieren z. B. auf Erdbeeren mit Hautausschlag, auf Zitrusfrüchte oder Himbeeren mit Wundsein. Das ist jedoch kein Grund, um auf diese Obstsorten zu verzichten. Geben Sie Ihrem Kind in solchen Fällen sehr kleine Mengen dieser Frucht. Zur Gewöhnung eignen sich sehr gut Milchbreie, denen Fruchtmus oder Saft untergemengt wird. Von den Obstarten wird das Baby zuerst die sehr milden bevorzugen, also Bananen, Äpfel, Birnen, Guaven,

Kakis, Avocados, Ananas, Beeren, Aprikosen, Pfirsiche. Vom Gemüse eignen sich vor allem Möhren, Tomaten, Salat (ungespritzt) für die ersten rohen Mahlzeiten.
Zur Müslibereitung kann man unter vielen Produkten wählen. Es eignen sich verschiedene Fertigprodukte aus feinem Getreideschrot, aus Getreideflocken, Obst, Nüssen, Rosinen. Sehr gut kann man sich aus verschiedenen Zutaten selbst ein Müsli mischen und entsprechend der Kaufähigkeit des Kindes mahlen oder pürieren.
Hervorragend eignet sich ab dem 8. bis 10. Monat, wie ich bei meinen eigenen Kindern feststellen konnte, ein gebrauchsfertig aufgeschlossenes (feingeschrotetes), fermentaktives Frischkornmüsli aus verschiedenen Getreidekörnern (erhältlich im Reformhaus). Weizen, Roggen, Hafer, Gerste, Buchweizen, Hirse und Kurkleie sind in einem Verhältnis gemischt, daß alle Wirkstoffe wie Vitamine, Mineral- und Aromastoffe, Rohfasern (Ballaststoffe) gut aufeinander abgestimmt sind. Eine mit dieser Getreidemischung hergestellte, kräftige Mahlzeit – angereichert mit Joghurt, Obst oder Gemüse – hält das Kind lange satt und sorgt dafür, daß es keine »Topfprobleme« mehr gibt. Die Getreidemischung eignet sich auch zur Herstellung von gekochtem Brei, der, mit rohem Obst oder Gemüse angereichert, ebenfalls einen hohen Nährwert hat.
Grundsätzlich sei vorangestellt, daß alle wichtigen Stoffe in den Nahrungsmitteln nur dann unvermindert und unzerstört enthalten bleiben, wenn bei der Vor- und Zubereitung einige Regeln beachtet werden:

▷ Ausschließlich frische Produkte verwenden.
▷ Obst und Gemüse nicht drücken, großer Hitze (Sonneneinstrahlung) oder Kälte (Frost) aussetzen.
▷ Obst und Gemüse gut säubern, gründlich waschen, wenn möglich mit heißem Wasser, damit äußerlich anhaftende Schadstoffe entfernt werden.
▷ Obst und Gemüse niemals längere Zeit wässern, da sonst die Vitamine ausgeschwemmt werden.
▷ Obst und Gemüse abtropfen lassen oder mit einem sauberen Küchentuch zusätzlich abreiben.
▷ Rohe Kost immer frisch, also unmittelbar vor dem Verzehr vor- und zubereiten, damit es nicht zum Verlust wichtiger Inhaltsstoffe, z. B. Vitaminen, kommt.
▷ Geschrotetes Getreide vor der Zubereitung einige Stunden oder über Nacht in Sauermilchprodukten (oder abgekochtem Wasser) einweichen, dadurch werden die Enzyme aktiviert.
▷ Füttern Sie Müsli oder Rohkost niemals gekühlt, die Speise sollte Zimmertemperatur haben, denn Babys und Kleinkinder mögen keine kalten und heißen Speisen.

Frischkornmüsli

Ab 8–10 Monate

Grundrezept
1–3 EL 6-Korn-Schrot,
3–5 EL Naturjoghurt, 1 Prise (Jod-) Salz, 1–2 TL Honig, nach Belieben Nüsse oder Obst

Schrot in einem Schälchen mit wenig Joghurt(Wasser) verrühren, zugedeckt einige Stunden, am besten über Nacht, in den Kühlschrank stellen. Danach den gequollenen (aufgeschlossenen) Getreideschrot mit Salz, Honig und dem restlichen Joghurt vermischen. Obst oder Nüsse nach Belieben zugeben.

Bananenmüsli
1 kleine Banane mit 1 EL Zitronensaft pürieren, unter das Müsli mischen.

Apfelmüsli
1 kleinen, gewaschenen, geschälten Apfel mit 1 EL gemahlenen Nüssen, 1 TL ungeschwefelten Rosinen und 1 EL Zitronensaft fein pürieren, unter das Frischkornmüsli mischen.

Wintermüsli
2 Datteln entkernen und zusammen mit 1 getrockneten Feige, je 1 TL ungeschwefelten Rosinen und Aprikosen und ½ gewaschenen, geschälten, kleingeschnittenen Apfel pürieren. Unter das Frischkornmüsli geben. Zuletzt 2 EL Granatapfelsaft unterrühren.

Möhrenmüsli
½ kleine Möhre und ½ kleinen Apfel waschen und schälen, zusammen mit je 1 TL ungeschwefelten Rosinen und gemahlenen Nüssen fein pürieren. Unter das Müsli mischen. Mit 1 EL Orangensaft abschmecken.

Haferflockenmüsli

Ab 8–9 Monate

1 EL Haferflocken mit Keim,
1 TL Hirse, etwas abgekochte, kalte Milch, 1 TL Honig,
1 EL Trockenfrüchte, z. B. Apfelringe, Aprikosen, Birnen, ungeschwefelte Rosinen, 1 TL gemahlene Hasel- oder Walnüsse oder Haselnußmark

Haferflocken und Hirse 2–3 Stunden vor der Zubereitung (evtl. auch über Nacht) in etwas abgekochter, kalter Milch einweichen und kühl stellen. Dann die anderen Zutaten untermischen. Das Müsli grob belassen oder fein pürieren.

Frischkornbrei
Ab 8–10 Monate

Grundrezept
1–3 EL 6-Korn-Schrot
(je Hauptmahlzeit 3 EL),
ca. ¼ l abgekochte Milch,
1 Prise (Jod-)Salz,
1–2 TL Honig,
1 TL Zitronen- oder Orangensaft,
nach Belieben Nüsse,
frisches Obst,
getrocknetes Obst,
kandierte Früchte,
Möhren usw.

Schrot in einem Schälchen mit wenig Wasser einweichen. Zugedeckt im Kühlschrank einige Stunden, (am besten über Nacht für die Mittagsmahlzeit, oder über den Tag für die Abendmahlzeit) quellen lassen. Dann in einem Topf unter Rühren auf kleiner Stufe erhitzen, bis der Brei kocht. Nach und nach so viel Milch zugeben, bis die gewünschte Konsistenz erreicht ist. Nun Salz, Honig und Zitronen- oder Orangensaft zugeben.
Am bekömmlichsten ist der Brei, wenn Sie ihn nun in ein dickes Tuch einschlagen, so daß er im Topf noch einige Zeit – höchstens 2 Stunden – nachquellen kann.
Gemüse oder Obst waschen, schälen und pürieren. Unter den Brei mischen, warm füttern.

Vorschläge zur Anreicherung von Frischkornmüsli, Haferflockenmüsli oder Frischkornbrei
Einem nach dem Grundrezept zubereiteten Müsli oder Brei können Gemüse und Früchte in folgenden besonders schmackhaften Kombinationen zugesetzt werden. Die Früchte werden nach Alter und Kaufähigkeit des Kindes püriert, fein oder grob geraspelt, grob zerteilt oder ganz belassen (z. B. Beerenobst).
Apfel, Nüsse, Rosinen;
Möhre, Banane;
Birne, Apfel;
Erdbeeren, Banane;
Kirschen, Ananas;
Rhabarber, Erdbeere (Rhabarber nie roh verwenden, immer nur gekocht);
Mandarine, Banane (Mandarinenschnitzel enthäuten);
Pflaumen (Zwetschgen), Banane oder Avocado;
Aprikose, Banane, Guave;
Ananas, Banane;
Weintrauben, Aprikose, Avocado;
Melone, frische Feige, Stachelbeere;
Himbeere (Brombeere), Apfel;
Johannisbeere, Pfirsich, Banane oder Avocado;
Heidelbeeren, Mirabellen;
Mirabellen, Kiwi;
Kiwi, Banane;
Orangen, Datteln (frisch oder getrocknet), Banane;
Feigen, Pflaumen, Apfel (jeweils frisch oder getrocknet);
Stachelbeere, Pfirsich;
Datteln, Banane, Granatapfel;
Heidelbeeren, Banane;
Kürbis (eingelegt);
Cranberries, Honigmelone;
Kaki, Banane, Guave;
Litschi, Ananas, Banane;
Kapstachelbeere, Möhre, (Avocado);
Passionsfrucht, Banane;
Papaya, Orange, Zitronensaft;
Guave, Birne (Apfel).
Natürlich können Sie auch andere Variationen ausprobieren. Harmonisch im Geschmack verhalten sich säuerlich-aromatische Früchte mit milden, geschmacksneutralen (Banane).

Möhrenrohkost
Ab 7–9 Monate

1–2 mittelgroße Möhren, 1 sehr kleine oder ½ Banane, 1 EL süße Sahne oder 1 kleiner TL Butter, 1 TL Zitronensaft, ½ TL Honig oder Zucker

Möhren waschen und mit dem Kartoffelschäler dünn schälen, grob würfeln und mit der zerteilten Banane in eine Schüssel geben, Sahne darübergießen und alles pürieren. Dann Zitronensaft und Honig untermischen. Falls die Speise zu kühl ist, in einem Topf unter Rühren lauwarm erwärmen.

Möhrenrohkost mit Apfel und Roter Bete
Ab 7–9 Monate

1 Möhre, 1 kleiner Apfel (ca. 50 g), ½ kleine Rote Bete, 1 EL süße Sahne oder 1 kleiner TL Butter, 1–2 TL Zitronen- oder Orangensaft, 1 TL Zucker, 1–2 EL Instant-Getreideflocken

Möhre, Apfel und Rote Bete waschen, schälen, würfeln und pürieren. Sahne, Zitronensaft und Zucker zufügen. Anschließend bis zur gewünschten Konsistenz Getreideflocken untermischen. Falls nötig, lauwarm erwärmen.

Möhrenrohkost mit Apfel und Banane
Ab 7–9 Monate

1 Möhre, 1 kleiner Apfel,
1 kleine Banane,
1 EL Sahne oder
1 Teelöffelspitze Butter,
½ TL Sirup oder Honig,
1–2 TL Orangen- oder Zitronensaft

Möhre und Apfel waschen, schälen, kleinschneiden. Banane zugeben, alles pürieren. Sahne, Sirup und Orangensaft untermischen. Nach Bedarf leicht erwärmen.

Möhrenrohkost mit Birne
Ab 8 Monate

1 Möhre, 1 kleine Birne,
6 Haselnußkerne,
1 EL süße Sahne
oder 1 Teelöffelspitze Butter,
etwas Zitronen- oder Orangensaft

Möhre und Birne waschen, schälen, kleinschneiden, die Nüsse zugeben und pürieren. Dann Sahne und Zitronensaft untermischen.

Möhrenrohkost mit Quark
Ab 7–9 Monate

1 Möhre, ½ Banane,
2 EL Sahnequark,
1 TL Honig,
etwas Zitronensaft

Möhre waschen, schälen, kleinschneiden und mit der zerteilten Banane pürieren. Quark, Honig und Zitronensaft unterschlagen.

Möhrenrohkost mit Naturjoghurt
Ab 8 Monate

Möhren, beliebiges Obst, einige Nüsse, einige ungeschwefelte Rosinen, etwas Orangen- oder Zitronensaft, einige EL Naturjoghurt

Möhren und Obst waschen, schälen, kleinschneiden und mit den übrigen Zutaten pürieren. Nach Bedarf etwas Honig zufügen, lauwarm erwärmen.

Möhrenrohkost mit Fenchel
Ab 7–9 Monate

1 Möhre, ½ kleine Banane, einige Blätter Gemüsefenchel,
2 EL Naturjoghurt, 1 TL Honig,
Saft von ½ Orange

Möhre waschen, schälen, kleinschneiden. Banane zerteilen. Von einer Knolle Gemüsefenchel die äußeren Blätter entfernen und 2–3 Blätter abnehmen, diese gut waschen und zerteilt mit Möhre und Banane pürieren. Mit Joghurt, Honig und Orangensaft vermischen.

Apfelrohkost mit Sellerie
Ab 8–10 Monate

1 großer Apfel, 1 kleine Möhre,
1–2 EL blanchierter oder gedünsteter Sellerie, 1 EL süße Sahne oder Naturjoghurt, 1 Prise (Jod-)Salz,
1 TL Zucker, 1 TL Zitronensaft

Sellerie schälen, waschen, raspeln und mit kochendem Wasser übergießen oder kurz in wenig kochendem Wasser dünsten. Abgießen. Apfel und Möhre waschen, schälen, zerteilen, mit dem Sellerie vermischen und pürieren. Sahne, Salz, Zucker, Zitronensaft untermengen.

Fenchelrohkost
Ab 8 Monate

Einige Blätter Gemüsefenchel (½ kleine Knolle), 1 kleiner Apfel,
1 Mandarine, 1 TL Honig oder Zucker, 2–3 EL Naturjoghurt,
1 EL Orangensaft, nach Bedarf
1–2 EL Instant-Getreideflocken

Von einer Knolle Gemüsefenchel die äußeren Blätter entfernen, einige weitere Blätter abnehmen (man kann auch ½ kleine Knolle verwenden), gut waschen und kleinschneiden. Blattstiele nicht mitverwenden. Apfel waschen, schälen, kleinschneiden. Mandarine schälen, zerteilen und die Schnitzel enthäuten. Alles pürieren. Honig, Joghurt, Orangensaft untermischen. Wenn der Brei zu flüssig ist, mit Getreideflocken binden.

Rote-Bete-Rohkost 1
Ab 8–9 Monate

1 kleine Rote Bete, 1 Apfel,
2 EL Naturjoghurt, etwas Orangen- oder Zitronensaft, 1 TL Sirup oder Zucker, einige EL Instant-Getreideflocken

Rote Bete und Apfel waschen, schälen, kleinschneiden. Mit Joghurt und Orangensaft pürieren. Mit Sirup süßen und dann bis zur gewünschten Konsistenz Getreideflocken untermischen.

Rote-Bete-Rohkost 2
Ab 8–10 Monate

1–2 EL blanchierte oder gedünstete Sellerie, 1 kleine Rote Bete, 1 kleiner Apfel, 2–3 Walnußkerne, 1 EL süße oder saure Sahne oder Naturjoghurt, 1 Prise (Jod-)Salz, 1 TL Zucker, 1 EL Zitronen- oder Orangensaft, nach Bedarf Instant-Getreideflocken

Sellerieknolle waschen, schälen, raspeln und in einer Schüssel mit kochendem Wasser übergießen oder in wenig kochendem Wasser kurz dünsten. Rote Bete und Apfel waschen, schälen, zerteilen. Zusammen mit dem Sellerie pürieren. Mit den übrigen Zutaten vermischen und nach Bedarf mit Getreideflocken binden.

Kohlrabi-Rohkost
Ab 7 Monate

1 kleiner Kohlrabi (jung und zart), 1 kleine Möhre, ½ Apfel, Zitronenmelisse oder Sauerampfer, einige EL Naturjoghurt, 1 Prise (Jod-)Salz, 1 TL Honig, etwas Zitronensaft

Kohlrabi, Möhre und Apfel schälen, waschen, kleinschneiden. Zitronenmelisse oder Sauerampfer gut waschen, zerreißen und mit dem Gemüse pürieren. Joghurt, Salz, Honig und Zitronensaft zufügen.

Sellerie-Rohkost
Ab 10 Monate

1–2 EL blanchierter Sellerie,
1 Tomate,
½ Banane,
Kräuter (z. B. Kresse, Petersilie, Zitronenmelisse, Borretsch, Sauerampfer, Kerbel),
je 1 Prise (Jod-)Salz und Zucker,
50–100 g Naturjoghurt

Sellerie schälen, waschen, raspeln und mit kochendem Wasser übergießen. Nach einigen Minuten abgießen, kalt abspülen. Tomate heiß waschen, häuten, kleinschneiden. Sellerie, Tomate und zerteilte Banane miteinander pürieren. Kräuter fein wiegen, evtl. mitpürieren und untermischen. Salz, Zukker und Joghurt mit der Rohkost verrühren.

Rohkost mit grünem Salat
Ab 6 Monate

1 kleine Banane, 3 EL Naturjoghurt, 1 TL Honig, 1 TL Zitronensaft, 1 Handvoll ungespritzte Blätter von grünem Salat, z. B. Kopfsalat, Chinakohl, Pflücksalat, Feldsalat, Rapunzel, Eisbergsalat

Banane zerteilen und pürieren. Mit Joghurt, Honig und Zitronensaft vermischen. Salatblätter einzeln, unter fließendem Wasser gut waschen, abschütteln, fein zerreißen und in das Bananenmus geben. Gründlich, aber kurz (!) pürieren, sonst wird die Rohkost bitter.

Kräuterrohkost
Ab 8 Monate

50–100 g Naturjoghurt, je 1 Prise (Jod-) Salz und Zucker, 2–4 EL frische oder tiefgefrorene Kräuter

Joghurt mit Salz und Zucker schaumig schlagen. Die frischen Kräuter gut waschen, zerreißen und im Joghurt pürieren.

Vom täglichen Nährstoffbedarf

Der Mensch benötigt Nahrungsenergie, damit die Körperorgane funktionieren können. Die Höhe der Energiezufuhr richtet sich nach Alter und körperlicher Aktivität. Sie wird in Joule (kJ) bzw. Kalorien (kcal) angegeben. Der Energiebedarf pro kg Körpergewicht ist bei Kindern am höchsten und sinkt mit zunehmendem Alter. Die nicht verbrauchte Energie wird in Form von Fettdepots im Körper abgelagert.
Dies geschieht auch im Körper eines überfütterten Säuglings. Durch ein Überangebot an Nahrung wird er mollig bis kugelrund. Überernährung bewirkt beim Säugling die gehäufte Ausbildung von Fettzellen, die nicht mehr rückgängig zu machen ist. Diese Zellen lauern während des Menschenlebens einzig darauf, sich mit überschüssiger Energie vollzusaugen. Man tut dem Kind also mit einem Übermaß an Nahrung nichts Gutes. Die wohlgenährten Babys, das Schönheitsideal aus Großmutters Zeiten, sind trotz des äußeren Anscheines, nicht unbedingt gesund. Ihre Anfälligkeit für Krankheiten ist größer, als die schlanker Kinder. Das kommt nicht von ungefähr, denn mit zunehmendem Körpergewicht wächst die Bewegungsunlust des Kindes. Es bewegt sich weniger in der frischen Luft, der Organismus ist wenig abgehärtet und gegen Krankheitserreger schlechter gefeit. Ein häufiger Fehler, der zur Überernährung des nicht gestillten Säuglings führt, ist die zusätzliche Anreicherung der adaptierten oder teiladaptierten Fertigmilchnahrung mit Zucker, Honig, Grieß oder Instantflocken. Viele Mütter wollen so dem Problem des nächtlichen Nicht-Durchschlafens oder des ausdauernden Schreiens begegnen. Sie nehmen an, das Baby sei nicht satt geworden von der »dünnen« Fertigmilch. Vor dieser Sünde wird zwar auf den Verpackungen gewarnt, doch manche Mutter mag das einfach nicht glauben. Im Gegensatz zur Muttermilch, besteht bei Fertigmilchnahrung die Gefahr der Überfütterung, wenn man sich nicht genau an die Anweisungen der Herstellerfirma bezüglich der altersentsprechend empfohlenen Milchmenge hält.
Der Säugling, der gestillt wird, kann im Stundenrhythmus oder nach Bedarf angelegt werden, in den ersten Monaten sind ein bis zwei Nachtmahlzeiten notwendig. Das Flaschenkind erhält in den ersten Monaten sechs bis sieben Mahlzeiten über Tag und Nacht verteilt. Wenn es nach ungefähr zwei Monaten beginnt, in den Nachtstunden länger durchzuschlafen, verteilt man die Nahrungsmenge auf fünf bis sechs Mahlzeiten.
Mit dem sechsten und spätestens mit dem zwölften Monat wird die tägliche Kost auf fünf Mahlzeiten verteilt. Dabei gelten Frühstück, Mittagessen und Abendessen als Hauptmahlzeiten, mit einem reichhaltigeren Nährstoffangebot. Am Vormittag und am Nachmittag wird je eine kleine Zwischenmahlzeit eingeschoben, bestehend aus rohem Obst, Gemüse, Saft, Müslikeks oder unbelegtem Knäckebrot. Die Zwischenmahlzeit sollte nicht sehr energiereich sein, um den Appetit auf die anstehende Hauptmahlzeit nicht zu verderben.
Die täglichen Haupt- und Zwischenmahlzeiten sollten so aufeinander abgestimmt sein, daß mit ihnen dem Organismus die notwendigen Nährstoffe in ausreichender Menge zugeführt werden. Bei der Zusammenstellung ist zu beachten, daß der Körper täglich folgende Nährstoffe in unterschiedlichen Mengen braucht: Eiweiß (Proteine), Fett, Kohlenhydrate, Wasser (Flüssigkeit), Vitamine, Mineralstoffe und Ballaststoffe.

Eiweiß benötigt der Körper zum Aufbau von Zellen. Ohne Eiweiß ist Leben nicht möglich. Beim Säugling und Kleinkind, dessen Bedarf an Eiweiß (pro kg Körpergewicht) besonders hoch ist, da sich der Körper im Aufbau befindet, ist ein Mangel an diesem Nährstoff gesundheits- und entwicklungsschädigend, ja sogar lebensgefährlich. Körperlicher und geistiger Verfall und hohe Krankheitsanfälligkeit sind Folgen eines solchen Mangels, die nicht wieder gutzumachen sind. Einem Säugling sollten täglich je kg Körpergewicht 2,5 g Eiweiß zugeführt werden, einem 4–6jährigen Kind je kg Körpergewicht 2,0 g und dem älteren Kind bis zur Pubertät je kg Körpergewicht 1,5 g.
Ausreichende Zufuhr erhält der Säugling entweder durch Muttermilch oder Fertigmilchnahrungen. Ab dem sechsten Monat wird das benötigte Eiweiß zunehmend aus tierischen oder pflanzlichen Nahrungsmitteln ergänzt. Tierisches Eiweiß enthalten alle Milchprodukte, Fleisch, Ei und Fisch. Ungefähr die Hälfte des täglichen Bedarfs sollte durch tierisches Eiweiß gedeckt werden. Pflanzliches Eiweiß ist vor allem in Kartoffeln, Getreide, Hülsenfrüchten und Gemüse enthalten. Mit diesen Lebensmitteln sollte die andere Hälfte des Bedarfes gedeckt werden. Tierisches und pflanzliches Eiweiß ergänzen einander.

Fett ist gleichfalls ein unverzichtbares Nahrungsmittel. Es ist besonders wichtig bei der Aufnahme verschiedener Vitamine in den Stoffwechsel und versorgt den Organismus mit den lebenswichtigen mehrfach ungesättigten Fettsäuren. Diese sind besonders enthalten in kaltgepreßtem Soja-, Maiskeim-, Sonnenblumenöl und Distelöl. Diesen Ölen sollte man in der Ernährung den Vorzug geben.
Fett ist ein schwer verdauliches, anhaltend sättigendes Nahrungsmittel, weshalb es in der Kinderernährung vor Beendigung des ersten Lebensjahres äußerst sparsam verwendet werden sollte. Erst zwischen dem zweiten und dritten Lebensjahr kann der junge Organismus kleine Mengen fettgebackener Speisen problemlos verdauen. Fettreiche Zubereitung von Speisen führt auf die Dauer unweigerlich zu überflüssigen Fettpolstern. Ebenso der Verzehr stark fetthaltiger Nahrungsmittel wie Fleisch, Wurst, Eigelb, Käse, Sahne, Schokolade, Nüsse, Mandeln, geräucherter Fisch usw.
Es lohnt sich deshalb, alle Lebensmittel auf ihren Fettgehalt hin zu überprüfen und fettarmen Fleisch-, Wurst-, Käse- und Quarksorten den Vorzug zu geben.
Kohlenhydrate nehmen wir täglich in Form von Stärke und Zucker aus Kartoffel-, Reis-, Getreide- und zuckerhaltigen Produkten zu uns. Verschiedene Kohlenhydrate z. B. in Kartoffeln und Getreide dienen als Ballaststoffe, andere liefern dem Organismus innerhalb weniger Minuten neue Energien, z. B. Traubenzucker. Vom Körper nicht benötigte Kohlenhydrate werden in Fett umgewandelt und im Körper abgelagert. Die Kohlenhydrate des Haushaltszuckers sind verzichtbar. Sie können nachhaltige Schäden an den Zähnen bewirken. Besonders schädlich ist das ständige Einwirken von Zucker auf den Zahnschmelz, z. B. während des Nuckelns von gezuckerten Getränken aus Babyflaschen, und eine zu spät einsetzende oder ungenügende Zahnpflege. Näheres zum Problem »Zucker« können Sie den Kapiteln »Vom Umgang mit Zukker« (s. S. 93) und »Vom Umgang mit Süßigkeiten« (s. S. 98/99) entnehmen.
Vitamine werden vom Organismus z. T. nicht selbst produziert. Sie sind jedoch für lebensnotwendige Funktionen im Stoffwechsel unentbehrlich und müssen deshalb mit der Nahrung zugeführt werden. Um alle notwendigen Vitamine in ausreichender Menge zuzuführen, muß die Kost vielseitig zusammengestellt und sorgfältig zubereitet werden. Gerade beim Vorbereiten und Kochen von Gemüse und Obst können viele der empfindlichen Vitamine zerstört werden. Wässern, zu langes Kochen und längere Lagerzeiten in warmen, hellen Räumen mindern den Vitamingehalt der Lebensmittel. Deshalb sollten die Lebensmittel schnell und gründlich gereinigt und sofort möglichst kurz gegart werden. Säuglinge erhalten das für den Knochenaufbau unerläßliche Vitamin D zusätzlich zur Nahrung in Form kleiner Tabletten von Geburt an. Die erste Packung erhält jede Mutter in der Klinik, vom Gesundheitsamt und vom Kinderarzt wird Vitamin D kostenlos an Kinder bis zu 12 Monaten abgegeben. Die tägliche Vitamin-D-Tablette darf auf keinen Fall vergessen werden, ganz gleich wie vielseitig, vollwertig, ausgewogen und reichhaltig die Kost des kleinen Kindes auch sein mag. Sie dient der Rachitisvorsorge.
Ein anderes Vitamin, das empfindliche Vitamin C, kann dem Säugling durch einige Teelöffel rohen Obst- oder Gemüsesaft, ergänzend zur Milchnahrung, zugeführt werden.
Den *Mineralstoffbedarf* des Organismus kann man am besten mit einer vielseitigen Kost decken. Einseitige Ernährung führt hier, wie in allen anderen Fällen, unweigerlich zu Mangelerscheinungen.
Ballaststoffe sind eigentlich keine Nährstoffe, sondern unverdauliche Bestandteile von Nahrungsmitteln, z. B. Pflanzenfasern, Getreideschalen. Sie quellen im Darm und ermöglichen eine problemlose Ausscheidung der verdauten Stoffe. Ein Mangel an Ballaststoffen über Jahre kann zu ernsthaften Erkrankungen führen, vom körperlichen Unwohlsein bei Verstopfung ganz zu schweigen. Unsere Nahrung ist heutzutage oft von einer extremen Ballaststoffarmut geprägt. Fleisch, Weißbrot, Süßigkeiten aller Art, die üblichen, niedrig ausgemahlenen Mehlsorten enthalten nicht die notwendigen Ballaststoffe. Um dauerhaft die Gesundheit zu erhalten, muß das Bewußtsein für die Vorteile möglichst naturbelassener Vollkorn-/Getreideerzeugnisse geschärft werden. Rohkost aus Obst und Gemüse ist ballaststoffreich und kann von verantwortungsbewußten Eltern nicht abgelehnt werden.

Wünschenswerte tägliche Zufuhr ausgewählter Nährstoffe*

	Säuglinge 0–6 Monate	Säuglinge 7–12 Monate	Kleinkinder 1–3 Jahre
Energie kcal	600	850	1100–1400
kJ	2500	3800	5000–6700
Eiweiß/kg Körpergewicht	2,2	2,0	2,0
Fett in % der Tagesenergie	50–35 ⟷ 40–35		
davon essentielle Fettsäuren, g/Tag	2	3	4
Kohlenhydrate in % der Tagesenergie		40–60	
Calcium, mg	500	500	600
Eisen, mg	6	8	8
Vitamin A, mg**	0,6	0,6	0,6
Thiamin, mg	0,4	0,5	0,6
Riboflavin, mg	0,5	0,6	0,7
Vitamin B_6, mg	0,3	0,5	0,7
Vitamin C, mg	40	50	55

* Empfehlungen für die Nährstoffzufuhr, DGE, 1984
** Retinol-Äquivalente

Aus: »Von Anfang an« (s. Fußnote S. 28)

Hierbei wird es nötig sein, daß auch die Eltern ihre eigene Kost umstellen. Zum einen, da sie als Vorbild für das Kind wirken und zum anderen im Interesse ihrer eigenen Gesundheit. Sie werden nach kurzer Zeit feststellen können, wie aromatisch und kräftig Vollkorn- und Gemüsemahlzeiten sind und wie angenehm man sich anschließend gesättigt fühlt.

Das Wichtigste in der Kinderernährung ist die Versorgung des Organismus mit sämtlichen von ihm benötigten Nährstoffen. Wenn diese in ausreichender Menge zugeführt werden, wobei die Auswahl der Nahrungsmittel nicht vorgeschrieben ist, kann von einer vollwertigen Ernährung gesprochen werden.
Sie sollten auf jeden Fall darauf achten, daß die Ernährung abwechslungsreich und vielseitig ist.

Fleisch, Fisch, Ei

In der zweiten Hälfte des ersten Lebensjahres ist der Organismus des Säuglings nicht mehr ausschließlich auf Milch eingestellt. Neben Getreide, Obst und Gemüse kann man dem Kind kleine Mengen Fleisch, Fisch oder Ei anbieten. Es genügt jedoch, dem Essen einmal wöchentlich 2–4 Teelöffel (30–50 g) Fleisch, 2–3 Eßlöffel (50–80 g) Fisch oder 1 Ei unterzumischen. An den anderen Tagen gibt man Gemüsespeisen, Mehl- oder Milchspeisen (z. B. Auflauf, Kartoffelplätzchen). So erreicht man eine ausgewogene Mischung der Nahrungsmittel in der Kost. Fleisch, Fisch und Ei sollen nicht Hauptbestandteil der Mahlzeit sein, sondern als Beilage zur Ergänzung des Nährwertes und zur geschmacklichen Abrundung dienen.

Fleisch

Fleisch enthält rund 20% gut verdauliches, vollwertiges Eiweiß. Knochen, Knorpel und Sehnen liefern ebenfalls wertvolle Stoffe. Deshalb genügt es oft, das Gemüse in einer guten Knochenbrühe (aus Kalbsknochen, Markknochen) zuzubereiten.
Es gibt Fleisch von Rind, Schwein, Kalb, Schaf (Hammel, Lamm), Geflügel (Huhn, Ente, Gans) und Wild. Bei der Auswahl für die Kinderkost ist wichtig, welches Fleisch den Organismus am wenigsten belastet, d. h. wenig Fett enthält und leicht verdaulich ist. Huhn, Kalb, Kaninchen und Rindfleisch erfüllen diese Anforderungen. Für den Säugling ist gekochtes Fleisch besser verträglich als gebratenes Fleisch. Gebratenes Fleisch wird erst gegen Anfang des 2. Lebensjahres in größeren Mengen (50–80 g) problemlos verdaut. Das Zubereiten von Kochfleisch macht zwar wenig Arbeit, braucht aber einige Zeit. Am besten planen Sie deshalb ein Kochfleischgericht für die ganze Familie ein.
Wenn Ihnen das Kochen von Fleisch zu aufwendig ist, können Sie sich mit püriertem Fleisch aus dem Gläschen behelfen. Ein Gläschen wird auf zwei Mahlzeiten aufgeteilt. Schnell ist Tatar zubereitet, das 5–10 Minuten im Gemüse mitgedünstet wird. Auch 1–2 Scheiben Roastbeef, fertiger Braten, Zunge und Kochschinken lassen sich in kurzer Zeit zubereiten.

Kalbfleisch/Kaninchenfleisch
Kalbfleisch wird in der Kinderernährung besonders geschätzt, jedoch enthält es beträchtlich mehr Wasser als Rindfleisch, was es noch teurer macht, als es ohnehin schon ist. Wenn Ihr Baby gesund ist, geben Sie ihm ruhig andere Fleischarten, die ebenfalls leicht verdaulich sind und wie Kalbfleisch gedünstet werden können, z. B. Huhn und Kaninchen.
Kaninchenfleisch wird von Kleinkindern meist geschätzt, denn sein Geschmack ist leicht süßlich. Es ist eiweißreich, fettarm und leicht verdaulich. Daher eignet es sich für die Kinder- und Kinderkrankenkost.
Beide Fleischarten werden nach den Regeln für weißes Fleisch zubereitet. Zum Kochen von kleinen Fleischmengen kann man Kalbsfüße kaufen, die billiger sind und zusätzlich eine Fleischbrühe für das Mittagessen am nächsten Tag liefern. Für die schnelle Zubereitung eignen sich Filet, Kotelett und Schnitzel. Da Sie für eine Kindermahlzeit höchstens 50 g Fleisch brauchen, können Sie sich beim Metzger ein kleines Reststück aussuchen und gleich durch den Fleischwolf drehen lassen. Auch das spart Geld und Zeit. Gebratenes und gedünstetes Kalbfleisch hat längere Zubereitungszeiten. Deshalb ist es kaum wahrscheinlich, daß dem Kind speziell ein solches Fleischgericht zubereitet wird. In den folgenden Rezeptvorschlägen empfiehlt sich deshalb die Verwendung »schneller« Fleischstücke von Kalb und Kaninchen.

Kalbsknochenbrühe/Knochenbrühe
Ab dem sechsten Monat können Sie Ihrem Baby Gemüsebrei mit Knochenbrühe (statt Milch) zubereiten. Von Vorteil ist das immer dann, wenn sonst die tägliche Milchhöchstmenge (s. S. 24) überschritten würde. Sie möchten Ihrem Kind z. B. zwischendurch eine Tasse Milch, einen Pudding oder etwas ähnliches anbieten, dafür müßte aber der abendliche Milchbrei entfallen. An seiner Stelle bereiten Sie den Brei mit Kalbsknochenbrühe zu. Kalbsknochen- oder andere Knochenbrühe ist eine ideale Grundlage für viele Nahrungsmittel, ob Gemüse, Kartoffeln, Reis oder Nudeln, Saucen oder Breie. Auf einer solchen Grundlage zubereitete Säuglings- und Kindernahrung ist geschmacklich attraktiv und ergänzt zusätzlich den Nährwert der gesamten Mahlzeit. Besonders günstig wirkt sich das bei Möhrengemüse aus. Um Carotin (Vorstufe des Vitamin A) in den Körper aufzunehmen, benötigt der Organismus gleichzeitig mit der Aufnahme von Carotin die Zufuhr von Fett. Dieses Fett ist in

der Knochenbrühe enthalten. Hinzu kommt, daß das Kochen von Knochen keinen Arbeitsaufwand erfordert. Es lohnt sich also, die Mahlzeiten des Kindes auf diese Art zu bereichern.

Hackfleisch
Mit gehacktem Fleisch von Rind, Kalb, Schwein und Hammel können Sie jede beliebige Gemüsemahlzeit ergänzen, sobald ihr Baby an eine etwas gröbere Konsistenz der Speisen gewöhnt werden kann, also zwischen dem siebten und zwölften Lebensmonat. 30–50 g Fleisch genügen pro Mahlzeit. Anregungen für gut verdauliche Hackfleischgerichte können Sie den folgenden Rezepten entnehmen. Darüber hinaus sind Ihrer Phantasie keine Grenzen gesetzt, Sie sollten jedoch beachten: Keine scharfen Gewürze verwenden, möglichst wenig oder gar kein Salz, Fleisch nicht scharf anbraten, mit reichlich frischen oder tiefgefrorenen Kräutern würzen.

Innereien
Zu den Innereien gehören alle inneren Organe wie Herz, Leber, Lunge, Nieren, Magen, Zunge, Hirn und Bries vom Kalb. Besonders beliebt ist Leber, die eine kurze Zubereitungszeit hat. Leber und andere Innereien sind für die Versorgung des Organismus mit Vitamin B_2 und A von Bedeutung, jedoch darf man dabei nicht übersehen, daß gleichzeitig auch Schadstoffe aufgenommen werden. Einige der Innereien (z. B. Leber, Niere) wirken im Körper des Tieres als Filter im Verdauungsvorgang und können aus diesem Grunde eine höhere Schadstoffbelastung aufweisen, als z. B. Herz und Hirn. Deshalb sollten Innereien nicht in zu großen Mengen und nicht zu häufig angeboten werden. 30–60 g pro Mahlzeit können 2–4mal im Monat zubereitet werden.

Schweinefleisch/Lamm/Hammel
Schweinefleisch ist für Kinder unter 12 Monaten wenig zu empfehlen, ebenso Lamm oder Hammel. Lamm- und Hammelfleisch haben einen eigenen, manchmal etwas strengen Geschmack und werden deshalb häufig mit Knoblauch zubereitet, was die meisten Kleinkinder ebenfalls nicht mögen. Man bereitet diese Fleischarten nicht speziell für das Kind zu, jedoch spricht nichts dagegen, es von Vaters oder Mutters Teller kosten zu lassen.

Sollte Ihr Kind Fleisch nicht mögen, so geben Sie statt dessen Fisch oder Ei. Bieten Sie es jedoch in kleinen Mengen immer wieder an.

Huhn gekocht
Ab 5–7 Monate

1Suppenhuhn oder Teile vom Huhn (Hühnerklein), reichlich Suppengrün, 1 Teelöffelspitze (Jod-)Salz

Das gewaschene Huhn mit Suppengrün in reichlich Salzwasser 1½–3 Stunden kochen. Dann das Fleisch von den Knochen lösen. Dies muß sorgfältig erfolgen, damit kein kleiner Knochen in das Essen des Kindes gerät.
Mit diesem Vorrat an Hühnerfleisch können Sie schnell verschiedene Gemüse-, Reis-, Nudel- und Kartoffelgerichte zusammenstellen. Statt Huhn können Sie auch anderes Geflügelfleisch kochen, z. B. Putenfleisch oder Putenklein.

Huhn mit Reis und Gemüse
Ab 5–6 Monate

*50 g gegartes Hühnerfleisch,
1–2 EL Parboiled Reis, 1 Möhre,
1 EL Erbsen (frisch oder tiefgefroren)
1 EL Champignons, evtl.
1 EL Spargelköpfe, 1 EL Kräuter,
1 Prise (Jod-)Salz, ½ TL Butter*

Huhn wie beschrieben kochen oder von einem Brathähnchen etwas Fleisch abnehmen. Reis (1 Eßlöffel auf ½ Tasse Wasser) ca. 30 Minuten garen. Möhre schälen, waschen und, fein gewürfelt, im Reis mitkochen. 10 Minuten vor Ende der Kochzeit Erbsen, Champignons und Spargelköpfe zugeben. Hühnerfleisch zerteilen und mit den Kräutern zum Gemüse geben. Alles pürieren und mit Salz und Butter abschmecken.

Huhn in Gemüsebrei
Ab 5–6 Monate

½ Tasse Wasser, ½ Tasse Hühnerbrühe, 1 Kartoffel, 1 Möhre, 1 Scheibe Gemüsefenchel, einige Stiele Rippenmangold oder Rübstiel, 1 TL gehackte Sellerieknolle, 50 g Hühnerfleisch oder anderes Geflügelfleisch, 1 EL Kräuter, 1 Prise (Jod-)Salz, 1 erbsgroßes Stück Butter, einige Tropfen Zitronensaft

Wasser und Hühnerbrühe in einen Topf geben. Gemüse putzen, waschen, kleinschneiden oder hacken. Dann in die verdünnte Hühnerbrühe geben und 20–30 Minuten weich kochen. Anschließend zusammen mit Fleisch und Kräutern pürieren. Mit Salz, Butter und Zitronensaft abschmecken.

Huhn mit Roter Bete
Ab 6 Monate

1 Rote Bete, 1 Kartoffel,
2 EL gegartes Hühnerfleisch, Kräuter (Sauerampfer, Zitronenmelisse),
1 EL saure Sahne,
je 1 Prise (Jod-)Salz und Zucker

Rote Bete waschen und weich kochen (90–180 Minuten). Kartoffel mit Schale kochen (30 Minuten). Rote Bete schälen und, mit Hühnerfleisch und Kräutern vermischt, pürieren. Kartoffel mit der Gabel zerdrücken. Mit Sahne, Salz und Zucker untermengen. Nach Bedarf nochmals kurz pürieren.

Huhn mit Kartoffeln
Ab 4–5 Monate

2 gekochte Pellkartoffeln, 1 Tasse Hühnerbrühe oder Wasser,
1 TL Speisestärke, 2 EL gegartes Hühnerfleisch, 1 EL Kräuter

Kartoffeln pellen und würfeln. Die kalte Hühnerbrühe mit der Speisestärke vermischen und aufkochen. Fleisch, Kartoffeln und Kräuter hineingeben und altersgemäß pürieren.

Huhn in Nudeln
Unpüriert ab 8–10 Monate

¼ l verdünnte Hühnerbrühe,
2 EL kleine Suppennudeln (Sternchen, Buchstaben, Fädchen), 2 EL gegartes Hühnerfleisch, 1 EL Kräuter

Brühe aufkochen, Nudeln hineingeben und ca. 15 Minuten sprudelnd kochen. Hühnerfleisch und Kräuter zugeben.

Paprikahuhn
Ab 7–8 Monate

1 kleine Möhre,
1 kleine gelbe oder grüne Paprikaschote, 1 Tomate,
¼ l Wasser oder Brühe,
1 EL Parboiled Reis,
etwas Butter, 1 Prise (Jod-)Salz,
Kräuter, 50 g gegartes Hühnerfleisch

Möhre schälen, waschen, in Scheiben schneiden. Paprika putzen, waschen und in feine Streifen schneiden. Tomate heiß waschen, enthäuten und würfeln. Wasser oder Brühe aufkochen. Möhre, Paprika und Reis hineingeben. Nach 25 Minuten Kochzeit die Tomate zugeben. Weitere 5 Minuten kochen lassen. Dann mit Butter, Salz und Kräutern abschmecken. Hühnerfleisch wiegen und untermischen. Nach Bedarf pürieren.

Hühnerfrikassee
Ab 6–7 Monate

Je 1 EL Champignons und Spargelspitzen (Dose), 1 EL Butter,
1 EL Mehl Type 1050, ¼ l verdünnte Hühnerbrühe und Wasser,
1 Prise (Jod-)Salz,
1 TL Zitronensaft,
50 g gegartes Hühnerfleisch,
1 EL gegarten Parboiled Reis

Champignons und Spargelspitzen aus der Dose in ein Sieb gießen und gut abspülen. Aus Butter, Mehl und Hühnerbrühe eine dicke helle Mehlschwitze zubereiten. Mit Salz und Zitronensaft würzen. Die übrigen Zutaten in die Sauce geben und altersgemäß pürieren.

Kalbfleisch/Kaninchenfleisch gedünstet
Ab 6–7 Monate

50 g Kalbfleisch/Kaninchenfleisch (zum Braten), Keimöl, ½ Tasse Wasser,
2 EL gehacktes Suppengrün,
je 1 Prise Rosmarin und (Jod-)Salz,
1 EL Sahne

Fleisch abtupfen und in wenig Keimöl von beiden Seiten kurz anbraten. Wasser angießen, Suppengrün und Gewürze einrühren und alles zugedeckt auf kleiner Stufe 5–10 Minuten dünsten. Pürieren und mit der Sahne vermischen.
Dazu bietet man dem Kind Gemüse mit 50–100 g Kartoffeln, 30 g Reis oder Nudeln an. Die Gemüsemenge beträgt 50–130 g. Gemüse und Beilage gibt man altersentsprechend fein püriert, grob zerdrückt oder unzerteilt. Es kann in Butter geschwenkt oder in einer Mehlschwitze serviert werden.
Sehr gut eignen sich die folgenden Zusammenstellungen (die Rezepte dazu finden Sie in den Gemüse- und Beilagenkapiteln):
Champignons, Möhren, Reis (Kartoffeln, Nudeln);
junge, frische oder tiefgefrorene Erbsen, Reis;
Tomate, Reis;
Spargelköpfe, Reis (Kartoffeln);
Gemüsefenchel, Möhren, Kartoffeln (Reis, Nudeln);
Gemüsepaprika, Reis (Nudeln, Kartoffeln);
Blumenkohl (Brokkoli), Möhren, Lauch, Kartoffeln (Nudeln);
Brokkoli, Kartoffeln;
Möhren, Kartoffeln;
Rübstiel, Kartoffeln;
Kohlrabi, Kartoffeln;

Rote Bete, Mais, Kartoffeln (Reis);
Chinakohl, Möhren, Gurke, Kartoffeln (Nudeln, Reis);
Zucchini, Aubergine, Reis (Nudeln, Kartoffeln).
Diese Liste kann beliebig fortgesetzt werden. Für eine neue Zusammenstellung genügt der Blick in den Vorratsschrank und ein wenig Phantasie.

Knochenbrühe

Knochen waschen, in einem Topf mit kaltem Wasser bedecken und langsam erhitzen. Nach dem Aufkochen die Hitze reduzieren und die Knochen mindestens 2 Stunden vor sich hin köcheln lassen. Man kann Suppengrün mitkochen. Je länger die Knochen kochen, umso kräftiger wird die Brühe. Das Knochenmark wird herausgenommen und ins Essen gegeben. Zur Zubereitung von Brühe können die Knochen auch zweimal hintereinander ausgekocht werden. Die Kochzeit beträgt dann jeweils ungefähr 2 Stunden.

Kalbsknochenbrühe

Ab 6 Monate

Den Kalbsknochen beim Metzger zerkleinern lassen, waschen, mit Suppengrün einige Stunden auskochen. Durch ein Sieb gießen und weiterverwenden.

Rindfleisch gekocht

50 g Fleisch, Suppengrün

Gewaschenes Fleisch mit Suppengrün in kochendes Wasser geben und ca. 3 Stunden kochen. Dann pürieren und mit Gemüse und Kartoffeln, Nudeln oder Reis servieren.
Folgende Zusammenstellungen werden von kleinen Kindern sehr gern gegessen:
Fleisch, Tomate, Reis;
Fleisch, Kräutersauce, Kartoffeln;
Fleisch, Preiselbeeren, Nudeln;
Fleisch, Kartoffeln, Möhren;
Fleisch, Kürbisgemüse, (Kartoffeln).
Die Rezepte zur Bereitung der Beilagen finden Sie in diesem und dem folgenden Kapitel. Sie können die Nahrungsmittel auch beliebig zusammenstellen oder den Vorschlägen beim Rezept Kalbfleisch/Kaninchenfleisch gedünstet (s. S. 51) folgen.

Rübchen mit Kochfleisch

Ab 6–7 Monate

5–6 kleine Möhren oder 130 g Teltower Rübchen, 50 g Fleisch,
¼ l Fleischbrühe, 1 TL Butter,
1 TL Mehl Type 1050, Kräuter

Möhren schälen, waschen und kleinschneiden. In der Brühe des bereits gekochten Fleisches ca. 30 Minuten kochen. Fleisch kleinschneiden und zugeben. Aus Butter und Mehl eine helle Mehlschwitze zubereiten, mit der von den Möhren abgegossenen Brühe aufgießen, aufkochen. Möhren, Fleisch und Kräuter einlegen, pürieren. Als Beilage Kartoffelbrei servieren.

Filet mit Backpflaumen

Ab 8 Monate

1 TL Keimöl, 50 g Rinderfilet oder Steak, 2 Möhren, 5 Backpflaumen,
1 Msp Thymian, 1 gekochte Pellkartoffel oder 1 EL gegarter Reis,
1 EL süße Sahne, nach Bedarf etwas Speisestärke

Keimöl erhitzen, das Fleisch darin von beiden Seiten kurz anbraten. Aus dem Topf nehmen. Dann in dem Fett die geschälten, gewaschenen und in Scheiben geschnittenen Möhren andünsten. Kleingeschnittene Backpflaumen und Thymian zugeben, etwas Wasser angießen und zugedeckt 10–20 Minuten köcheln lassen. Gewürfelte Kartoffel oder den garen Reis mit dem Fleisch dazugeben. Pürieren und die Sahne untermischen.
Wenn Sie als Beilage Kartoffelbrei reichen, können Sie das Gemüse zum Schluß mit etwas angerührter Speisestärke binden.

Hackfleischsauce

Ab 8–10 Monate

Man kann Sie mit allen Gemüsen und Beilagen variieren und in der Menge dem Alter und Bedürfnis des Kindes anpassen.

1 TL Keimöl, 50 g Hackfleisch,
⅛ l heißes Wasser, 1 Tomate,
1 TL kaltes Wasser, 1 TL Speisestärke,
1 Msp Zwiebelpulver oder 1 TL frische, gehackte Zwiebel,
1–2 EL Kräuter

Keimöl in einer Pfanne erhitzen und das Fleisch unter Wenden darin anbraten, dann das Wasser angießen und zugedeckt ca. 10 Minuten kochen. Tomate heiß waschen, enthäuten, würfeln und zugeben. Mit der in kaltem Wasser angerührten Speisestärke binden, würzen, aufkochen und die Kräuter unterrühren. Als Beilage eignen sich Kartoffelzubereitungen, Nudeln oder Reis.

Hackfleisch-Gemüsepfanne

Ab 8–10 Monate

80–130 g beliebiges Gemüse (eine oder mehrere Sorten), 1 Kartoffel oder 1–2 EL gegarter Reis oder gegarte Nudeln, 1 TL Keimöl, 50 g Hackfleisch, je 1 Prise Thymian und Zwiebelpulver, reichlich Kräuter, nach Belieben etwas saure Sahne und/oder 1 kleine Gewürzgurke

Gemüse und Kartoffel putzen, schälen, waschen und fein zerschneiden (hacken, wiegen, hobeln oder in Scheiben schneiden). Öl in einem Topf erhitzen und darin das Fleisch kurz anbraten, das Gemüse dazugeben und mit Thymian und Zwiebelpulver würzen. Auf mittlerer Stufe unter ständigem Wenden mit einem Holzlöffel ca. 10 Minuten braten. Wurden das Gemüse und die Kartoffel fein genug geschnitten, ist nun alles gar. Mit Kräutern und Sahne abschmecken. Möglichst unpüriert anbieten oder grob zerdrückt.

Kalbshackfleisch mit Nudeln

Ab 7–8 Monate

1 TL Keimöl, 50 g Hackfleisch vom Kalb, ¼ l heißes Wasser, 30 g kleine Vollkornnudeln, 1–2 TL Speisestärke, Kräuter

Öl in einem Topf erhitzen, Hackfleisch darin anbraten, heißes Wasser angießen und zugedeckt ca. 10 Minuten schmoren lassen. Währenddessen in reichlich Wasser die Nudeln 15 Minuten weichkochen. Speisestärke in wenig kaltem Wasser anrühren, damit die Fleischsauce binden. Abgetropfte Nudeln zugeben, mit Kräutern bestreuen. Altersentsprechend pürieren.

Südlicher Hackfleischtopf

Ab 8–10 Monate

1 kleine Zucchini, einige Scheiben Aubergine, 1 Tomate, ½ kleine Paprikaschote, 50 g Hackfleisch (Hammel, Lamm), 1 TL Keimöl, 1 EL Parboiled Reis, Kräuter

Zucchini waschen und in dünne Scheiben schneiden. Aubergine waschen, einige Scheiben abschneiden und würfeln. Tomate heiß waschen, enthäuten und würfeln. Paprika teilen, putzen, waschen, in feine Streifen oder Würfel schneiden. Hackfleisch in Öl anbraten. Zuerst Tomate, dann Aubergine und Zucchini mitdünsten. Dann Paprikaschote und Reis unterrühren und das Wasser angießen. Auf kleiner Stufe ca. 30 Minuten köcheln lassen. Dabei gelegentlich umrühren. Mit Kräutern bestreuen und nach Bedarf pürieren. Wenn kein Reis mitgegart wird, Kartoffeln oder Nudeln verwenden.

Tomatenhaschee

Ab 8–10 Monate

1 TL Keimöl, 50 g Hackfleisch, 1 TL Mehl Type 1050, 1 Teelöffelspitze Thymian, ½ Dose Tomaten oder 4–5 frische Tomaten, je 1 Prise (Jod-)Salz, Zwiebelpulver, Lorbeerpulver und Oregano, 1 EL süße Sahne, Kräuter

In einer Pfanne Öl erhitzen, das Fleisch darin anbraten, mit Mehl bestäuben, mit Thymian bestreuen und die Tomaten zugeben. Dann die restlichen Gewürze untermischen und das Haschee zugedeckt ca. 10 Minuten leicht köcheln. Anschließend Sahne und Kräuter einrühren und mit der Beilage anrichten.
Als Beilage eignen sich Reis, Nudeln und Kartoffelbrei.

Leber mit Möhren

Ab 6–7 Monate

2 kleine Möhren, 1 Kartoffel, 50 g Leber (Schwein, Kalb, Geflügel), 1 TL Mehl Type 1050, 1 TL Keimöl, etwas (Jod-)Salz, Kräuter

Möhren und Kartoffel schälen, waschen, würfeln und in wenig Wasser zum Kochen aufsetzen. Leber waschen und mit Mehl bestäuben. In heißem Keimöl von beiden Seiten braten, mit etwas Salz bestreuen. Für größere Kinder separat zum Gemüse servieren. Für kleinere Kinder zum Gemüse geben und pürieren. Mit Kräutern vermischen.

Geflügelleber mit Schmorapfel
Ab 6 Monate

1–2 Äpfel,
1 TL Keimöl,
50 g Puten- oder Hähnchenleber,
1 TL gehackte Zwiebel,
1 EL Sahne,
Kräuter

Apfel waschen, schälen, entkernen, kleinschneiden. Öl erhitzen, die abgespülte und abgetropfte Leber darin anbraten, Zwiebel mitrösten, dann die Apfelstücke zugeben. Zugedeckt in 10–15 Minuten auf kleiner Stufe garen. Sahne und Kräuter untermischen. Nach Bedarf pürieren.
Zu Kartoffelbrei (bei älteren Kindern zu Reis und Nudeln) servieren.

Gedünstetes Herz
Ab 8–10 Monate

50 g Herz (Kalb oder Rind),
1 Scheibe Speck,
1 TL Keimöl,
1/8–1/4 l Brühe oder Wasser,
etwas Speisestärke,
1 EL Sahne,
1 EL Kräuter

Herz waschen, mit Speck umwickeln und im heißen Öl anbraten, Brühe zugießen und alles zugedeckt ca. 40 Minuten dünsten. Dann das Fleisch herausnehmen und die Brühe mit angerührter Speisestärke binden. Fleisch zerschneiden, wieder zugeben. Sahne und Kräuter unterrühren. Nach Bedarf pürieren.
Als Beilage Kartoffelbrei und Gemüse (Möhren) dazu servieren.

Zunge mit Gemüse und Kartoffeln
Ab 6–7 Monate

100 g beliebiges Gemüse,
1–2 Kartoffeln,
50 g gekochte Zunge,
1 EL süße Sahne,
etwas frischgeriebene Muskatnuß,
Kräuter

Gemüse putzen, waschen und kleinschneiden. Kartoffeln mit Schale kochen. Zunge in Scheiben schneiden und würfeln. Alles miteinander vermengen und mit Sahne, Muskat und Kräutern abschmecken. Wenn das Kind schon Zähnchen hat möglichst unpüriert servieren, sonst pürieren. Statt Kartoffeln können auch Reis oder Nudeln verwendet werden.

Lungenhaschee
Ab 10–12 Monate

50 g Lunge (Kalb oder Schwein),
1 EL Butter,
1 EL Mehl Type 1050,
1/4 l Kochsud, etwas (Jod-)Salz,
Zitronensaft,
Petersilie

Gewaschene Lunge in heißes Wasser legen und ca. 60 Minuten kochen, abtropfen lassen und durch den Fleischwolf drehen. Aus Butter und Mehl eine helle Mehlschwitze zubereiten, mit dem Kochsud aufgießen, mit Salz und Zitronensaft abschmecken. Das durchgedrehte Fleisch hineingeben und weitere 15 Minuten kochen lassen. Die Sauce soll ziemlich dick sein. Zum Schluß gewiegte Petersilie untermischen. Über Kartoffelbrei gießen.

Fisch

Fischfleisch ist wegen seiner Inhaltsstoffe ein wichtiges Nahrungsmittel. Es enthält neben leicht verdaulichem Eiweiß zahlreiche Vitamine und Mineralstoffe, insbesondere Jod, welches der menschliche Organismus nicht selbst bilden kann. Da es eigentlich nur über Fisch dem Körper zugeführt werden kann, ist dieses Nahrungsmittel für eine gesunde Ernährung unentbehrlich. Schon die erste Beikost in der zweiten Hälfte des ersten Lebensjahres kann mit Fisch angereichert werden. Allerdings müssen alle Gräten sehr gründlich entfernt werden. Am besten wählt man eine Fischart, die grätenarm ist, oder deren große Gräten man leicht erkennt, z. B. Kabeljau (Filet) oder Seehecht, dessen Mittelgräte sich leicht herausnehmen läßt. In verschiedenen südeuropäischen Ländern gilt Seehecht als der »Kinderfisch«, weil die Kinder mit ihm keine Grätenprobleme haben.
Das Kind erhält in den ersten zwei Lebensjahren pro Mahlzeit 60–80 g Fischfleisch mit Gemüse und/oder einer Beilage aus Kartoffeln, Reis, Nudeln. Später kann man zum Abendbrot ein grätenfreies Stück Räucherfisch mit Tomate und gebuttertem Schwarzbrot reichen. Auch das ist eine vollständige Fischmahlzeit. Fischkonserven sollte man in der Kinderernährung möglichst nicht verwenden, da die Inhaltsstoffe nicht überprüfbar und die Saucen meist sehr scharf gewürzt sind und starken Durst hervorrufen. Natürlich kann gegen ein Brot mit Tomatenfisch aus der Dose nichts eingewendet werden, nur soll dieses Nahrungsmittel nicht häufig gereicht werden. Auch bei Fisch darf die Belastung durch

Schadstoffe nicht übersehen werden, die zu einem gewissen Teil heute unvermeidbar ist. Deshalb soll Fisch in einer ausgewogenen Mischkost berücksichtigt werden, jedoch nicht einseitig. Es empfiehlt sich, einmal wöchentlich dieses gesunde Nahrungsmittel auf den Tisch zu bringen. Wer kein Fischgeschäft in seiner Nähe hat, kann tiefgefrorenes Fischfilet (Seehecht, Kabeljau) oder grätenfreie Produkte (Fischstäbchen, Seemannsschnitzel, Fischfrikadellen) verwenden. Mancher empfindet den Fischgeruch als unangenehm. Sie sollten dann eine geruchsarme Zubereitungsart wählen. Frischer, im Eis gelagerter Seefisch riecht am stärksten. Tiefgefrorener Fisch kann fast ohne Geruchsbelästigung zubereitet werden, wenn man ihn in Alufolie im Backofen dünstet. Beim Braten und Kochen ist der Geruch oft sehr intensiv.

Vor der Zubereitung wird frischer Fisch entgrätet, gewaschen, mit Zitronensaft beträufelt und nach 15–20 Minuten mit etwas Salz bestreut. Danach wird er sofort zubereitet. Zum Fisch gehören auch die anderen Meeresspeisen wie Krabben, Muscheln, Krebs. Doch diese will ich – von Miesmuscheln abgesehen – hier nicht vorstellen, da ihre Rolle auf dem Kostplan von kleinen Kindern unbedeutend ist.

Seefisch gekocht

Ab 6–7 Monate

60–80 g Fischfilet
(Kabeljau, Schellfisch, Goldbarsch,
Seelachs, Thunfisch,
Steinbutt, Seehecht),
etwas Zitronensaft
und (Jod-)Salz, 1 Möhre,
½ Stange Porree,
½ kleine Zwiebel,
reichlich Kräuter

Fischfilet sorgfältig auf Gräten untersuchen, waschen, mit Zitronensaft beträufeln, ziehen lassen. Nach 15 Minuten kleinschneiden, Salz zugeben. Möhre schälen und waschen. Porree waschen und in feine Ringe schneiden, Zwiebel hacken und die Möhre in feine Scheiben schneiden. Gemüse in wenig Wasser zum Kochen aufsetzen. Die Fischstücke dazugeben. Fisch, Gemüse und Kräuter altersentsprechend pürieren.

Dazu Kartoffelbrei servieren oder 1–2 geschälte, gewaschene und gewürfelte Kartoffeln zum Gemüse geben und mitkochen.

Seefisch gedünstet in Alufolie

Ab 6–7 Monate

60–80 g Fischfilet (frisch oder
tiefgefroren),
etwas Zitronensaft,
1 TL Butter,
1 EL Kräuter

Frischen Fisch waschen und entgräten. (Tiefgefrorenen Fisch unaufgetaut verwenden.) Mit Zitronensaft beträufelt, ziehen lassen. Auf ein Backblech ein entsprechend großes Stück Alufolie legen, mit wenig Butter dünn einfetten. Fisch darauf legen, mit einigen Butterflöckchen und den feingewiegten Kräutern bestreuen. Alufolie über dem Fisch schließen. Im Backofen bei 180 Grad ca. 20 Minuten dünsten. Dazu beliebiges Gemüse und Kartoffeln servieren.

Heilbuttfilet in Gemüse

Ab 7–8 Monate

60–80 g Heilbuttfilet,
etwas Zitronensaft,
2 EL Champignons in Scheiben
(frisch oder aus der Dose),
80–100 g Schlangengurke,
1 kleine Gewürzgurke,
1–2 Tomaten,
evtl. einige Scheiben
Aubergine (30 g), 1 TL Butter,
1 Prise (Jod-)Salz, Kräuter

Heilbuttfilet waschen, entgräten, mit Zitronensaft beträufeln und ziehen lassen. Champignons aus der Dose in ein Sieb gießen und gut abspülen (frische Pilze waschen und in feine Scheiben schneiden). Schlangengurke waschen, dünn abschälen und würfeln. Gewürzgurke fein würfeln. Tomaten heiß waschen, enthäuten und würfeln. Auberginenscheiben würfeln. Butter in einem Topf erhitzen, Gemüse darin andünsten. Einen Schluck Wasser angießen, umrühren und den Fisch obenauf legen. Salz darüber streuen. Zugedeckt auf kleinster Stufe 15 bis 20 Minuten dünsten lassen. Fisch aus dem Topf nehmen, zerteilen, dabei noch einmal auf Gräten untersuchen. Fisch mit dem Gemüse servieren. Altersgemäß pürieren. Mit Kräutern bestreuen.

Kabeljau in Gemüse

Ab 7–8 Monate

50–80 g Kabeljaufilet,
etwas Zitronensaft,
2 kleine, zarte Möhren,
1–2 Tomaten, ¼ Stange Porree,
1 kleine Kartoffel oder
1 EL Parboiled Reis,
1 TL Butter,
⅛ l Wasser zum Angießen,
Kräuter

Kabeljaufilet entgräten, waschen, mit Zitronensaft beträufeln und ziehen lassen. Möhren schälen, waschen, in sehr feine Scheiben schneiden. Tomaten heiß waschen, enthäuten, würfeln. Porree waschen, hauchfein schneiden. Kartoffel schälen, waschen, fein würfeln. Butter in einem Topf zerlassen und das Gemüse andünsten. Wasser angießen. Zugedeckt auf kleiner Stufe ca. 10 Minuten dünsten. Vorsichtig umrühren, dann obenauf das Fischfilet legen. Mit Kräutern bestreuen. Zugedeckt weitere 10 Minuten dünsten. Fisch aus dem Topf nehmen, beim Zerkleinern noch einmal auf Gräten untersuchen und auf einem Teller mit dem Gemüse anrichten. Für Kinder unter 10 Monaten pürieren.
Statt der Kartoffel den Reis mit dem Wasser zum Gemüse geben.

Gebackener Seehecht

Ab 8–10 Monate

1 kleiner Seehecht je Kind,
etwas Zitronensaft,
Butter und (Jod-)Salz,
Kräuter, einige Scheiben von einer Schlangengurke, 1 kleiner Apfel,
2 Tomaten, 1 EL Sahne

Seehecht vom Fischhändler entgräten lassen, mit etwas Zitronensaft beträufeln und ziehen lassen. Auf einem Backblech oder in einer Pfanne Alufolie ausbreiten, mit Butter ganz dünn bestreichen. Fisch mit dem Rücken darauf legen, mit Salz und Kräutern bestreuen und einigen Butterflöckchen belegen. Im Backofen bei 180 bis 200 Grad 20 Minuten backen. Apfel und Gurke waschen, schälen und fein würfeln. Tomaten heiß waschen, enthäuten und würfeln. In einem Topf etwas Butter zerlassen, den Apfel andünsten, dann Gurken- und Tomatenwürfel zugeben. Zugedeckt auf kleiner Stufe 10–15 Minuten garen lassen. Mit Kräutern und Sahne abschmecken. Fisch aus dem Backofen nehmen und das grätenlose Filet auf dem Gemüse anrichten. Nach Bedarf pürieren.

Ei

Die Zubereitung von Kinderkost ist ohne Ei kaum denkbar. Dieses Nahrungsmittel ist dem Menschen seit Urzeiten vertraut und sorgt für Abwechslung im Speiseplan. Sein Nährwert ist unumstritten. Ei enthält reichlich Fett, Eiweiß, zahlreiche Vitamine und Mineralstoffe, in besonderem Maße Calcium und Phosphor und das für den Nervenaufbau wichtige Lezithin. Lezithin ist in vielen Aufbau- und Stärkungsmitteln enthalten. Wenn Ihr Kind einmal sehr krank war oder körperlich-seelisch sehr belastet ist, können Sie aus Eiern nach altem Hausrezept ein solches Aufbaumittel selbst zubereiten.
Am bekömmlichsten und am leichtesten verdaulich ist das rohe Ei. Aber man muß das Ei nicht roh austrinken, was sicher nicht jedermanns Geschmack ist. Man kann es jedoch ungekocht unter die Gerichte rühren, was in der Säuglings- und Krankenkost bevorzugt werden sollte. Weichgekochtes Ei kann ebenfalls im Gericht püriert werden. Hartgekochtes Ei ist schwer verdaulich und beschäftigt den Magen etwa acht Stunden. Kindern unter 12 Monaten sollte es besser nicht oder nur in sehr kleinen Portionen angeboten werden. Wenn der Verdauungsapparat voll funktionsfähig geworden ist, kann man dem Kind auch Speisen mit hartgekochten Eiern anbieten. Gleiches gilt für gebratene Eier (z. B. Spiegelei).
Manche Kinder lehnen Eier in jeglicher Zubereitung ab. Ihnen ist entweder das Eigelb oder das Eiweiß unangenehm. Sie schütteln sich oder würgen sogar. Bestehen Sie in solchen Fällen deutlicher Abneigung nicht auf dem Verzehr der Speise. Diesen Kindern sollte man Speisen zubereiten, in denen das Ei sich unauffällig verhält, z. B. Eierpfannkuchen, Gemüsebrei mit rohem Ei, Sauce mit rohem Ei angerührt oder Auflauf. Probieren Sie einmal Quarkspeise mit rohem Ei zu verschlagen, oder Omelett und Kräuterrührei.
Die meisten Eierspeisen sind rasch zuzubereiten, verlangen aber während dieser Zeit Ihre ungeteilte Aufmerksamkeit. Sie können schnell hart und trocken werden, und angebrannt sind sie ungenießbar.
Ei bindet, z. B. Pudding, verfeinert und lockert. Mit geschlagenem Eiweiß kann man Süßspeisen zubereiten. Ei ist unentbehrlich beim Kochen und Backen.
Achten Sie darauf, Eier möglichst frisch zu verwenden. Auf den Packun-

gen ist die Woche angegeben, aus der die Eier stammen. Vielleicht entdekken Sie in Ihrer Umgebung einen Bauernhof, der neben Milch auch Eier verkauft. Diese stammen dann meist von »glücklichen Hühnern«, also nicht von Batteriehühnern. Obwohl sich die Eier von freilaufenden und in Käfigen gehaltenen Hennen inhaltlich und geschmacklich nicht wesentlich unterscheiden (auch die Preise sind bei Eiern von freilaufenden Hühnern nicht unbedingt höher), schmecken die »natürlichen« Eier doch oft besser, da man sie ohne schlechtes Gewissen verzehren kann.
Eier werden nach ihrer Größe in Gewichtsklassen eingeteilt. Eier der Gewichtsklassen 6 und 7 (oft von Junghennen) sind recht klein, daher preiswert, genügen jedoch zur Bereitung einer Kindermahlzeit. In der Woche können Sie Ihrem Kind unbesorgt 2–3 Eier anbieten. Besonders da sie in leicht verdaulicher Weise die Speisen ergänzen. Bevor nun die Rezepte folgen, noch einige Worte zur Lagerung. Was nützen die frischesten Eier, wenn sie lange, vielleicht sogar über einige Wochen gelagert oder im Kühlschrank aufbewahrt werden. Die Eierschale schließt das Ei nicht hermetisch ab, sondern läßt durch ihre Poren Luft und Fäulnisbakterien eintreten. Durch langes Lagern verliert das Ei an Qualität und Geschmack, durch Verdunsten des Wassers an Gewicht. Durch in seiner Nähe gelagerte aromatische Nahrungsmittel und Speisen (Gewürze, Fisch) kann es einen fremden, unangenehmen Geruch und Geschmack annehmen. Deshalb sollten Sie Eier immer gesondert lagern und nur in kleinen, bedarfsorientierten Mengen einkaufen.

Karottenbrei mit Eigelb

Ab 4 Monate

3–4 (100–130 g) Karotten (Möhren), 1 TL Kräuter, 1 Eigelb, 2 TL kalte, abgekochte Milch.

Karotten schälen, waschen, zerschneiden und in wenig Wasser 30–40 Minuten weich kochen. Mit den Kräutern pürieren. Eigelb mit der Milch verschlagen und in die Speise einrühren.

Kartoffelbrei mit Eigelb

Ab 5 Monate

60–100 g Kartoffeln, ⅛ l abgekochte Milch, 1 Prise (Jod-)Salz, 1 Eigelb, 2 TL abgekochte Milch, Kräuter

Kartoffeln mit Schale ca. 30 Minuten weich kochen, abpellen, quetschen und mit der Milch zu einem Brei verrühren. Mit Salz abschmecken. Eigelb, Milch und Kräuter verschlagen und unter den Kartoffelbrei mischen.

Gemüsebrei mit Ei

Ab 4–5 Monate

130 g beliebiges Gemüse (eine oder mehrere Sorten), 1 Kartoffel oder 1 EL Reis oder Nudeln, Kräuter, 1 Ei, 1 EL kalte, abgekochte Milch

Gemüse putzen, waschen und kleinschneiden und in wenig Wasser zum Kochen ansetzen. Kartoffeln, Reis oder Nudeln untermischen und mitkochen. Nach 30–40 Minuten Kochzeit die Kräuter untermischen und alles pürieren. Ei und Milch verschlagen und in den Gemüsebrei rühren.

Rührei

Ab 10 Monate

½ TL Butter, 1 Ei, Kräuter

Butter in einer Pfanne zerlassen. Ei hineinschlagen und mit einer Gabel verrühren, dabei stocken lassen. Mit Kräutern überstreut servieren.
Rührei schmeckt gut zu gebuttertem Schwarzbrot für Kinder, die schon Zähnchen haben.

Nudeln mit Ei

Ab 10–12 Monate

30 g kleine Nudeln, etwas Butter, 1 EL Milch, 1 Ei, 1 Prise (Jod-)Salz, 1 EL feingewiegte Kräuter

Nudeln weich kochen, abgießen und abtropfen lassen. Butter zerlassen, die Nudeln darin wenden, Milch und Ei verschlagen, mit Salz und Kräutern vermischen, über die Nudeln gießen und stocken lassen.

Nudeln mit Gemüse und Ei

Ab 10–12 Monate

30 g kleine Nudeln, 50 g beliebiges Gemüse, Butter, 1 Ei, 1 EL Milch, etwas (Jod-)Salz, Kräuter

Nudeln ins kochende Wasser geben. Das gut vorbereitete und hauchfein geschnittene Gemüse mitkochen. Nach 15 Minuten abgießen, abtropfen lassen. Butter in einem Topf zerlassen, Nudeln und Gemüse darin wenden. Ei, Milch, Salz und Kräuter miteinander verschlagen, über das Nudelgemüse gießen und stocken lassen.

Salzburger Nockerl
Ab 10 Monate

Für 4 Personen
4 Eier, 1 Prise (Jod-)Salz,
80 g feiner Zucker,
etwas Vanillemark oder
Vanillezucker, 25 g Mehl,
1 EL Butter,
Puderzucker

Eier trennen. Eiweiß und Salz sehr steif schlagen. Zucker unterschlagen, dann Vanillemark und Eigelb unterrühren. Mehl auf die Masse sieben und vorsichtig unterziehen. In einer hohen, feuerfesten Form, die gründlich mit Butter eingefettet wurde, die Schaummasse in vier Häufchen nebeneinander setzen. Bei 180–200 Grad im Backofen ca. 30 Minuten überbacken, bis die Nockerl aufgegangen und goldgelb sind. Mit Puderzucker überstreuen und sofort (!) servieren, da sie sonst wieder zusammenfallen.
Dazu serviert man Apfelkompott oder Vanillesauce.

Yorkshire-Pudding
Ab 10 Monate

Für 4 Personen
4 EL Mehl Type 550,
4 Eier, 1 Prise (Jod-)Salz,
1 Scheibe fetter Speck

Mehl in eine Schüssel sieben. Mit dem Rührstab nach und nach die Eier mit dem Mehl und Salz zu einem dünnen Brei vermischen. Eine hohe Auflaufform (Bräter) mit dem Speck ausreiben, den Backofen vorheizen. Teig in die Form füllen, im Backofen einige Minuten bei 200–225 Grad aufgehen lassen, wenn er goldgelb ist, sofort herausnehmen und servieren, da er sonst zusammenfällt.
Als Beilage eignen sich Kartoffel- oder Gemüsebrei oder Fleisch mit Gemüse.

Saure Eier
Ab 10–12 Monate

3–4 kleine Kartoffeln (60–100 g),
1 EL Butter,
1½ EL Mehl Type 550,
¼ l Wasser, 1 Prise (Jod-)Salz,
1 Prise Zucker,
1 EL Zitronensaft, 1 Ei

Kartoffeln mit Schale zum Kochen aufsetzen. Aus Butter, Mehl und Wasser eine helle Mehlschwitze für eine dickere Sauce zubereiten. Diese mit Salz, Zucker und Zitronensaft leicht säuerlich abschmecken. Das Ei aufschlagen, auf einen Teller gleiten lassen und vom Teller in die kochende Sauce geben. Dabei soll das Eigelb nicht verletzt werden. Zugedeckt ca. 15 Minuten leicht kochen lassen. Ab und zu umrühren, damit die Sauce nicht ansetzt. Während dieser Zeit die Kartoffeln zu Brei verarbeiten. Auf den Teller geben, mit Sauce übergießen, das Ei nach Bedarf zerkleinern, servieren.

Getränke

Getränke versorgen den Organismus mit dem lebensnotwendigen Wasser. Getränke eignen sich als Vor- oder Nachspeisen ebenso wie als durstlöschende Zwischenmahlzeit, z. B. Trinkjoghurt, Milchmix, Gemüse- oder Fruchtsaft, Kinderkaffee, Tee. Während der Mahlzeiten sollte auf das Trinken verzichtet werden. Der menschliche Magen ist darauf eingerichtet, im Verlauf der Nahrungsaufnahme eigene Säfte zu produzieren. Es kann unter Getränken mit Nährwert, z. B. Kakao, und solchen ohne Nährwert, z. B. klares Wasser, Tee, gewählt werden. Hierbei ist auf den Anlaß und die Zeit, zu welcher das Getränk gegeben wird, zu achten. Zwischen den Mahlzeiten empfiehlt sich zum Durstlöschen ein nährwertarmes Getränk, damit dem Kind nicht der Hunger auf die nächste Mahlzeit vergeht. Manche Hauptmahlzeiten verlangen geradezu nach einer flüssigen Nachspeise. So reicht man z. B. nach Fisch- und Fleischgerichten, Reibekuchen, Aufläufen, allen fetten Speisen günstigerweise ein Getränk oder eine saftig-flüssige Nachspeise aus Kompott oder Fruchtsaft. Diese Getränke ergänzen mit ihren Inhaltsstoffen die Hauptmahlzeit und sorgen für einen Ausgleich des Wasserbedarfs. Reine Durstlöscher dienen ausschließlich dazu, den Flüssigkeitshaushalt des Körpers zu regulieren. Das ist oft notwendig an heißen Sommertagen, im Winter, wenn die Heizungswärme dem Körper Feuchtigkeit entzieht oder bei Krankheiten und Fieber.

Betrachtet man das Stillen oder die Säuglingsmilchnahrung der ersten Monate, dann wird deutlich, wie eng Essen und Trinken verbunden sind. Beides geschieht gleichzeitig, wenn der Säugling an der Brust oder mit der Flasche gefüttert wird. Die Milch stillt Hunger und Durst.

Bei Krankheit und starkem Schwitzen ist der gestillte Säugling im Vorteil. Er darf weiterhin den Durst an der Brust stillen, denn Muttermilch macht nicht dick, führt nicht zur Überernährung. Dies ist aber bei einer zusätzlichen Portion fertiger Säuglingsmilchnahrung der Fall. Sie darf deshalb zum Durstlöschen nicht verwendet werden. Man gibt dem Baby dann ungesüßten Fencheltee (Teebeutel) in der Flasche. Muß das Brustkind aus besonderer Erwägung auch einmal Tee erhalten, so verwendet man dazu nicht die Flasche, sondern kauft sich in der Apotheke eine Pipette, mit der dem Kind die Flüssigkeit in den Mund getropft wird. Grundsätzlich sollten Eltern beachten, daß durstige Kinder auch ungesüßten oder ganz schwach gesüßten Tee zu sich nehmen.

Leider wurde in den letzten Jahren das Teefläschchen zum Schnuller- und Muttterersatz. Die Kinder gewöhnen sich dadurch an stundenlanges Nukkeln von Zuckertee. Wie furchtbar sich solches Verhalten auf die Zähne auswirken kann, ist unterdessen hinlänglich durch die Medien bekannt. Trotzdem sei die Warnung hier wiederholt. Geben Sie Ihrem Kind keinen gezuckerten Fertigtee zum Nuckeln! Vermeiden Sie auch das Nuckeln von Säften oder Teebeuteltee! Von den Gesundheitsschäden abgesehen, darf man das Kind nicht daran gewöhnen, daß jegliches Wehwehchen mit dem Konsum von Getränken (später oft Süßigkeiten) ausgeglichen werden kann. Durstlöschende Getränke sind möglichst kohlenhydrat- und energiefrei, also stilles Wasser, klarer Sprudel, ungesüßter Tee oder Fruchtsaft. Auf Zuckerzusatz ist zu verzichten, da er Durst hervorruft. Deswegen sind süße Limonaden schlechte Durstlöscher.

Kleineren Kindern werden Getränke oft direkt aus dem Kühlschrank gereicht. Davon ist abzuraten, denn gerade bei kleinen Kindern reagieren die Verdauungsorgane sehr empfindlich auf gekühlte Flüssigkeit. Bauchschmerzen und Durchfall können die Folge sein. Wenn man das Kindergetränk stets in der Küche in einem Schrank verwahrt, hat es eine bekömmliche Temperatur. Nicht auszumerzen ist der Irrtum, daß an heißen Sommertagen kühle Getränke gereicht werden müssen. Im Gegenteil, geben Sie Ihrem Kind ein warmes Teegetränk. Der Körper wird nämlich durch die Aufnahme kalter Getränke veranlaßt, einen Temperaturausgleich zwischen Innen und Außen zu schaffen. Das funktioniert nur, wenn er durch Schwitzen die Haut so abkühlt, daß sie der inneren Temperatur angeglichen ist. Durch den Schwitzvorgang verliert der Körper nun einen großen Teil der gerade zugeführten Flüssigkeit. Der Organismus reagiert mit Durstgefühl. Dieser Kreislauf: Durst – kühles Getränk – Schwitzen (Feuchtigkeitsverlust) – Durst – . . . kann durch die Zufuhr lauer oder warmer (keiner heißen) Getränke durchbrochen oder von vornherein vermieden werden.

Mit Hilfe eines kleinen Entsafters bestehen gute Möglichkeiten, dem Kind frische, ungesüßte Frucht- und Gemüsesäfte anzubieten. Diese können mehr als Durst löschen, sie versorgen den Organismus zusätzlich mit Vitaminen und Mineralstoffen.

Im Sommer, wenn auf dem Markt preiswertes Obst und Gemüse angeboten wird oder im Garten anfällt, kann mit einem Heißentsafter ein Wintervorrat angelegt werden. Es bereitet nur wenig Mühe. Johannisbeersaft, Kirschsaft, Holunderbeersaft oder Apfelsaft sind begehrte Getränke auch bei kranken Kindern, die wenig Hunger und viel Durst haben. Wenn Sie selbst entsaften, fügen Sie natürlich keinen Zucker hinzu. Sie füllen den heißen Saft in saubere Flaschen, die, gut verschlossen, kühl aufbewahrt werden. So hält sich der Saft über den Winter. Für eine jede solcher Flaschen »naturreinen« Saftes, müssen Sie im Geschäft recht tief in die Tasche greifen. Es lohnt sich also, zur Erntezeit einen Vorrat anzulegen. Und wenn Sie noch keinen Entsafter haben: Verwandte und Freunde freuen sich, wenn sie Ihnen zum nächsten Festtag diesen Wunsch erfüllen können.

Einen Überblick über Durstlöscher gibt die folgende Zusammenstellung.

Kamillentee: Teebeutel, ungesüßt oder schwach gesüßt.

Fencheltee: Teebeutel, ungesüßt oder schwach gesüßt.

Pfefferminztee: Teebeutel, ungesüßt oder schwach gesüßt.

Hagebutten-, Malven-, Früchtetee: Teebeutel, ab 1 Jahr.

Apfelschalentee: Nur Schalen von ungespritzten Früchten verwenden, diese gewaschen in einen Topf mit kochendem Wasser geben, ca. 10 Minuten kochen lassen, abseihen.

Gemischter Kräutertee: In ein Teesäckchen füllt man 1 TL Fenchel, ½ TL Kümmel, 3 TL Pfefferminzblätter, ½ TL Anis. Mit 1–1½ l kochendem Wasser aufgießen, 10–15 Minuten ziehen lassen, abgießen.

Zitronentee: ½ TL schwarzen Tee mit 1 l kochendem Wasser aufgießen, 4 Minuten ziehen lassen, 1 Zitrone auspressen und in den lauwarmen Tee geben, ganz leicht süßen.

Stilles Wasser: Ist in 2 l-Flaschen preiswert im Handel erhältlich. Man kann es auch selbst herstellen, sofern man über einen Wasserfilter verfügt, der an die Trinkwasserleitung angeschlossen ist. Das gefilterte Wasser kann ungekocht zum Durstlöschen verwendet werden. Wasserfilter sind einfach anzubringen und für ca. DM 100,-- im Handel.

Kaffee und Tee (für Kinder wie für Erwachsene), mit solchem Wasser bereitet, schmecken köstlich!

Verdünnter Saft: Beliebiges Obst oder Gemüse mit dem Entsafter frisch entsaften. Zur Hälfte mit stillem oder gefiltertem Wasser auffüllen. Gleiches gilt für gekaufte, ungezuckerte Säfte.

Natürlich gibt es auch Gelegenheiten, da die Kinder einmal süße Limonaden und gezuckerte Getränke genießen dürfen, z. B. an Kinderfesten und -geburtstagen.

Kinder-Cola: Zimmertemperatur.

Limonaden: Zimmertemperatur.

Fruchtnektar: Fruchtsaft mit höherem Fruchtfleischanteil, achten Sie auf die Zuckeranteile, die auf der Packung angegeben sind, wählen Sie schwach gezuckerten Nektar.

Kinder-Kaffee: Caro instant je Tasse 1–2 TL in eine Kanne geben, mit heißem Wasser übergießen, klümpchenfrei verschlagen, Milch in beliebiger Menge zugeben.

Kinder-Capuccino: Kinderkaffee zubereiten wie oben, Sahne steif schlagen. Kaffee in die Tasse füllen, 1 TL Sahne obenauf setzen, mit Schokoladenstreuseln bestreuen.

Gespritzte Fruchtmilch: Früchte fein pürieren, z. B. Bananen, Erdbeeren, Kirschen, Pflaumen, und mit etwas Milch aufgießen. In jeden Becher nun zur Hälfte Fruchtmilch geben, mit Mineralwasser auffüllen.

Vor- und Nachspeisen werden auf das Hauptgericht abgestimmt. Ist dieses schwer und sättigend, so empfiehlt sich eine leichte Nachspeise, z. B. gespritzte Fruchtmilch oder verdünnter Saft oder Buttermilch. Bei einem kleinen, leichten Hauptgericht kann eine gehaltvollere Nachspeise gewählt werden, z. B. Creme oder Pudding mit Obst. Als Vorspeise eignet sich frischer Gemüsesaft. Als Getränke-Nachspeisen sind empfehlenswert:

Kinderkaffee, mit Milch vermischt.

Kinder-Capuccino.

Milchshakes aus pürierten Früchten, mit Milch verschlagen.

Kefirmix, zubereiten wie Milchshake.

Karottenmilch, aus je 1 Teil Milch und Karottensaft gemischt.

Kakao aus Milch, die mit Kakaopulver und ein wenig Zucker aufgekocht wird. Sie können auch Instant-Kakao verwenden, jedoch ist der Zuckeranteil sehr hoch.

Schokoladenmilch aus erwärmter Milch, in der 1–3 Stückchen Schokolade geschmolzen werden.

Trinkjoghurt hausgemacht: 1–2 EL beliebiges Obst fein pürieren und mit ½ Tasse Milch verquirlen, dann vom selbstgemachten Joghurt 3 EL zufügen und glattrühren.

Trinkjoghurt aus gekauftem Joghurt, wählen Sie beim Einkauf Naturjoghurt ohne Bindemittel. Der im Handel erhältliche Trinkjoghurt enthält meist einen sehr hohen Anteil Zucker und ist nicht zu empfehlen.

Kartoffeln, Reis, Nudeln

Zur täglichen Fisch-, Fleisch-, Eier- oder Gemüsespeise bereitet man eine Beilage aus Kartoffeln, Reis oder Teigwaren zu, die Geschmack und Nährwert der Mahlzeit ergänzt. Ist dies zwischen dem fünften und zehnten Monat weniger augenfällig, da die Mahlzeit fein püriert wird, so spielt gegen Ende des ersten und später im zweiten Lebensjahr die Beilage eine immer größere Rolle.
Versuchen Sie, im Speiseplan Ihres Kindes verschiedene Beilagen zu berücksichtigen und keine wegzulassen (z. B. Reis). Obgleich der Appetit der Kinder unterschiedlich ist, können Ihnen folgende Werte als Anhaltspunkte für die benötigte Tagesmenge eines Kindes gegen Ende des ersten Lebensjahres dienen: 50–100 g Kartoffeln zusätzlich zu Gemüse, Fleisch und Nachtisch oder jeweils 20–30 g gekochter Reis oder Nudeln servieren.

Kartoffeln

Kartoffeln sind ein wertvoller und preiswerter Nährstofflieferant, sie enthalten Eiweiß, Mineralstoffe und Vitamine, die besonders direkt unter der Schale sitzen. Man sollte die Kartoffel deshalb in der Schale kochen, dadurch bleiben viele Stoffe erhalten, denn sie läßt sich nach dem Kochen hauchdünn abpellen. Auch die Pellkartoffel kann gequetscht und zu Brei verarbeitet werden. Setzen Sie die Kartoffeln nicht in kaltem, sondern im bereits kochenden Wasser zum Kochen auf. Dadurch schonen Sie die Inhaltsstoffe.
Vor dem Kochen die Kartoffeln gründlich abbürsten und waschen.

Pellkartoffeln
Ab 4 Monate

2–3 Kartoffeln.
Butter, etwas (Jod-)Salz, Quark, Leinöl, eingelegter Hering, Matjes

Kartoffeln gut reinigen. Wasser kochen, die Kartoffeln einlegen und 30–40 Minuten garen. Abgießen, abschrecken, in einer Schüssel auf den Tisch bringen und dort pellen.
Für Kinder, die schon ein wenig kauen, zerteilt man sie in kleine Stückchen, bestreut sie mit etwas Salz und gibt einige Butterflöckchen darüber. Man tunkt jedes Stückchen in etwas Leinöl oder/und Quark (unangemacht, nur mit etwas Milch verrührt). Für ältere Kinder ab 1 Jahr kann man zusätzlich Fischbeilagen anbieten.
Pellkartoffeln kann man bereits gegart als Vorrat haben und beliebigen Gemüsespeisen in kleinen Würfeln oder Scheiben zufügen. Eine Pellkartoffel, im Gemüse mitpüriert, macht den Gemüsebrei sämig.

Salzkartoffeln
Ab 6 Monate

2–3 Kartoffeln, Wasser, 1 Prise (Jod-)Salz, Petersilie

Gut gewaschene Kartoffeln werden mit einem Kartoffelschäler möglichst dünn abgeschält, dann sofort in kaltes Wasser gelegt, damit sie nicht durch Oxidation braun werden. In einem Topf Wasser zum Kochen bringen, Salz zusetzen, die gewaschenen und geschnittenen Kartoffeln einlegen, zudecken und auf kleiner Stufe je nach Größe der Kartoffelwürfel 10–30 Minuten garen. Dann das Wasser abgießen. Kartoffeln noch einmal kurz auf die warme Kochplatte setzen und dämpfen. Mit feingewiegter Petersilie bestreuen.
Kartoffelwasser enthält wertvolle Stoffe und kann zum Andicken von Saucen oder von Gemüse- oder Fleischspeisen weiterverwendet werden.

Butterkartoffeln
Ab 7 Monate

2–3 Kartoffeln, 1 Prise (Jod-)Salz, Kräuter, 1 TL Butter

Kartoffeln mit Schale kochen, abpellen, in Stückchen teilen, mit Salz und Kräutern vermengen. Butter zerlassen und über die Kartoffeln gießen.

Brühkartoffeln in Gemüsebrühe
Ab 5 Monate

2–3 Kartoffeln, reichlich frisches Suppengrün, ³⁄₈ l Wasser, 1 Prise (Jod-) Salz, Kräuter, 1 Teelöffelspitze Butter

Kartoffeln schälen, waschen, kleinschneiden. Suppengrün putzen, schälen, waschen und sehr fein schneiden. Wasser aufkochen, Suppengrün und Kartoffeln einlegen, salzen und 20–30 Minuten kochen lassen. Mit Kräutern und Butter abschmecken.

Brühkartoffeln in Fleisch- oder Knochenbrühe
Ab 6–7 Monate

Knochen, Hühner- oder Rindfleisch oder ¼ l Fleischbrühe,
2–3 Kartoffeln,
1 Prise (Jod-)Salz, Kräuter

Knochen oder Fleisch auskochen. ¼ l Brühe abnehmen, aufkochen. Geschälte, gewaschene, kleingeschnittene Kartoffeln einlegen, Salz zufügen und zugedeckt 10–30 Minuten kochen lassen. Dabei soll die Brühe möglichst fast völlig verkochen. Zum Schluß mit Kräutern bestreuen. Für Kinder, die noch nicht kauen können, die Kartoffeln grob zerquetschen.

Brühkartoffeln mit Gemüse und/oder Fleisch
Ab 7–8 Monate

2–3 Kartoffeln, ½ l Fleisch-, Knochen- oder Gemüsebrühe,
50–100 g beliebiges Gemüse oder 50 g Fleisch,
etwas (Jod-)Salz und Butter (falls kein Fleisch gekocht wurde), Kräuter

Brühkartoffeln nach einem der obigen Rezepte zubereiten. Gleichzeitig beliebiges Gemüse oder Fleisch mitkochen. Mit Salz und Butter abschmecken. Dann mit Kräutern überstreuen und servieren.
Es eignen sich gut: Flageolets, Blumenkohl, Brokkoli, Rosenkohl, Rind- oder Hühnerfleisch, Erbsensuppe (die über die Kartoffeln gegossen wird), Möhren mit Mais und Porree, Bohnen, Chinakohl, ab dem zweiten Lebensjahr Wirsing und Weißkohl.

Kartoffelgemüse
Ab 8–10 Monate

2–3 Kartoffeln, 1 EL Butter,
1 EL Mehl Type 1050, ⅛–¼ l Brühe oder Wasser, je 1 Prise (Jod-)Salz, frischgeriebene Muskatnuß und Zwiebelpulver, 1–2 TL saure Sahne, Kräuter, nach Belieben
1 EL feingewiegtes Fleisch,
1 kleine, gewürfelte Gewürzgurke

Kartoffeln mit Schale kochen, abpellen, in feine Würfel schneiden. Aus Butter und Mehl eine helle Mehlschwitze zubereiten, mit der Brühe bis zur gewünschten Konsistenz aufgießen, würzen und gut durchkochen. Sahne darin verrühren, nicht mehr kochen. Kartoffeln, Kräuter und die übrigen Zutaten untermengen.

Béchamelkartoffeln
Ab 10–12 Monate

2–3 Kartoffeln, 50 g Vorder- oder Hinterschinken, 1–2 TL Butter,
1 EL feingehackte Zwiebel,
1–2 TL Mehl Type 1050, ½ Tasse Brühe oder Wasser, ½ Tasse Milch, etwas (Jod-)Salz, Kräuter

Kartoffeln mit Schale kochen, abpellen, in feine Würfel schneiden. Schinken fein würfeln oder wiegen. Butter in einem Topf zerlassen, Schinken, Zwiebel und das Mehl darin anrösten, zuerst mit Brühe, dann mit Milch aufgießen. Dabei mit dem Schneebesen kräftig schlagen, damit sich keine Klumpen bilden. Auf kleiner Stufe ca. 10 Minuten durchkochen, leicht salzen. Zum Schluß Kartoffeln und Kräuter untermengen.

Kartoffelsuppe
Ab 6–7 Monate

Kalbsknochen (Suppenknochen),
2–3 Kartoffeln, 1 kleine Möhre, Suppengrün,
je 1 Prise (Jod-)Salz und frischgeriebene Muskatnuß, reichlich Kräuter,
nach Belieben etwas feingewiegtes Fleisch

Knochen einige Stunden auskochen. Von der Brühe ¼–½ l abnehmen. Darin die geschälten, gewaschenen, gewürfelten Kartoffeln und Möhren, das geputzte, gewaschene und sehr fein geschnittene Suppengrün 20–30 Minuten kochen. Mit Salz, Muskat und Kräutern abschmecken. Nach Belieben Fleisch untermischen.

Milch-Kartoffelsuppe
Ab 5–6 Monate

2–3 Kartoffeln, 1–2 Lorbeerblätter,
¼ l Milch, 1 EL feingewürfelte Fleischwurst, Kräuter,
etwas (Jod-)Salz,
1 Teelöffelspitze Butter,
nach Belieben
1 EL steifgeschlagene Sahne

Kartoffeln dünn schälen, waschen, vierteln und in wenig Wasser mit den Lorbeerblättern ca. 30 Minuten kochen. Die Lorbeerblätter herausnehmen, Kartoffeln stampfen. Dann mit Milch aufgießen und mit dem Schneebesen zu einer sämig dicken Suppe rühren. Fleischwurst und Kräuter untermischen. Dann mit Salz und Butter abschmecken. Zum Schluß die Sahnehaube obenauf setzen.

Speckkartoffeln
Ab 12 Monate

2–3 Kartoffeln,
1 EL feingewiegter oder gewürfelter, durchwachsener Speck,
¼ l Fleisch-, Gemüsebrühe oder Wasser,
1 Prise (Jod-)Salz,
Kräuter

Kartoffeln dünn schälen, waschen, würfeln. Speck in einen Topf auslassen. Die Kartoffelwürfel zugeben, ebenfalls anrösten. Brühe darüber gießen und alles zugedeckt auf kleiner Stufe ca. 30 Minuten kochen lassen. Falls noch notwendig, etwas Salz zufügen. Mit Kräutern überstreut, servieren.

Reis

Reis wird heute in verschiedenen Arten und Qualitäten angeboten. Reis ist reich an Eisen, Kalium und anderen Mineralstoffen, Vitamin B_1 und B_2. Reis eignet sich wegen seines neutralen Geschmackes als Beilage zu den unterschiedlichsten Speisen, ob süß, salzig oder sauer.
Zur Kinderernährung empfehle ich neben dem Rundkornreis für Milchspeisen am liebsten den Parboiled Reis oder Naturreis.

Rundkornreis
Wird auch oft Milchreis genannt und findet in der Säuglings- und Kinderernährung Verwendung für Milchbreie und Süßspeisen. Er ist weicher als Langkornreis, zerfällt leicht beim Kochen und wird breiig.

Parboiled Reis
Ist ein geschälter, gelbfarbener Langkornreis. In einem besonderen Verfahren werden die Vitamine aus der Silberhaut des ungeschälten Naturreises zu ihrem größten Teil in den Reiskern gepreßt. Deshalb ist Parboiled Reis in seinen Inhaltsstoffen (Vitaminen) dem Naturreis fast gleichwertig.
Außerdem bleibt er körnig und locker, auch wenn er zu stark und zu lange gekocht oder aufgewärmt wird. Er regt dadurch die Kaulust des Kindes an. Er läßt sich gut im Kühlschrank 1–2 Tage aufbewahren.
Parboiled Reis wird vor der Zubereitung nicht gewaschen, denn ihm haften keine Stärkepartikel an. Dies ist auch ein Grund, weshalb er nicht matschig wird. Das gelbe Korn wird beim Kochvorgang völlig weiß. Verwenden Sie drei Teile Wasser auf 1 Teil Reis zum Kochen, dann bleibt kein Wasser übrig, welches Sie abschütten müssen. Bedenken Sie, daß in dem Wasser wertvolle Inhaltsstoffe gelöst sind. Auf ½ Tasse Reis nehmen Sie also 1½ Tassen Wasser. Oder auf 1 Eßlöffel Reis 3 Eßlöffel Wasser. Wenn der Reis noch nicht gar, das Wasser jedoch verkocht ist, gießen Sie ein wenig Wasser nach. Den Reis niemals kräftig kochen, sondern auf kleinster Stufe ca. 30 Minuten ausquellen lassen. Den Topf nicht schließen.

Naturreis
Ist meist ungeschälter Langkornreis und besitzt noch das nährstoff- und vitaminreiche Silberhäutchen. Naturreis ist dunkler als geschälter Reis und bedarf einer Kochzeit von 40–45 Minuten. Leider wird er leicht matschig beim Kochen. Es gibt heute auch ungeschälten Rundkornreis.

Langkornreis herkömmlicher Art
Ist weiß, geschält und enthält weniger Vitamine und Mineralstoffe als Parboiled oder Naturreis. Diese Reisart wird auch in Kochbeuteln angeboten.

▷ In einer ausgewogenen Mischkost sollte Reis als Kohlenhydratlieferant seinen festen Platz haben.

Parboiled Reis
Ab 5 Monate

Grundrezept
1–2 EL Reis, die dreifache Menge Wasser oder Brühe

Reis ungewaschen ins sprudelnd kochende Wasser geben. Bei älteren Kindern 1 Prise (Jod-)Salz zugeben. Auf kleiner Stufe unbedeckt 25–35 Minuten ausquellen lassen. Das Wasser soll völlig aufgesogen werden. Altersentsprechend fein oder grob pürieren oder ab 12 Monate körnig anbieten. Der Reis kann 1–2 Tage im Kühlschrank aufbewahrt werden.

Apfelreis
Ab 5–6 Monate

1–2 EL Reis, die dreifache Menge Wasser, 1 großer oder 2 kleine Äpfel, einige Aniskörner, 1 TL Zucker oder Zimtzucker

Reis kochen. Äpfel waschen, schälen, entkernen, zerkleinern und 15 Minuten vor Ende der Garzeit mit den Aniskörnern zum kochenden Reis geben. Auf einem Teller püriert oder unpüriert anrichten und mit Zucker oder Zimtzucker bestreuen.

Mandarinenreis
Ab 7 Monate

1–2 EL Reis, die dreifache Menge Wasser, ½ kleine Dose Mandarinen mit Saft, 2 TL Speisestärke, 1 EL Wasser

Reis kochen. Mandarinen in ein Sieb geben, den Saft auffangen und in einem Topf erhitzen. Die Speisestärke in Wasser anrühren und unter Schlagen in den kochenden Saft geben. Aufkochen, bis der Saft eindickt. Vom Herd nehmen. Den Reis mit den Mandarinenscheiben vorsichtig vermengen, die Sauce darüber gießen. Für Kinder unter 12 Monaten nach Bedarf pürieren.

Reis mit frischem Gemüse
Ab 5 Monate

1–2 EL Reis, die dreifache Menge Wasser oder Brühe,
100 g beliebiges Gemüse,
z. B. Tomaten, Erbsen, Zucchini, Auberginen, Blumenkohl, Paprikaschoten usw., 1 Prise (Jod-) Salz, Kräuter, nach Bedarf etwas Speisestärke

Reis kochen. Gemüse gut vorbereiten, waschen und zerschneiden. Während der letzten 15 Minuten im Reis mitgaren. Nach Bedarf noch etwas Wasser angießen. Mit Salz und Kräutern abschmecken. (Falls der Reis körnig auf den Tisch gebracht wird, kann bei reichlicher Flüssigkeit mit etwas angerührter Speisestärke gebunden werden.) Altersgemäß püriert servieren. Ideen für Gemüsezusammenstellungen finden Sie unter der Rubrik »Gemüse und Gemüsespeisen« auf S. 72ff.

Reis mit Tiefkühlgemüse
Ungewürztes, tiefgekühltes Gemüse ab 5 Monate
Pfannengemüse ab 8–12 Monate

1 Rezept Parboiled Reis,
100 g Tiefkühlgemüse oder pfannenfertiges Tiefkühlgemüse, Kräuter

Reis kochen, tiefgekühltes Gemüse in wenig heißes Wasser geben und weich kochen oder Pfannengemüse (für Kinder ab 12 Monate) in eine Pfanne geben und 5–10 Minuten dünsten. (Beachten Sie die Packungshinweise!) Zum Schluß Reis und Kräuter dazugeben und je nach Kaufähigkeit des Kindes pürieren.

Reis mit Dosengemüse
Ab 7 Monate

1 Rezept Parboiled Reis,
100 g Gemüse aus der Dose,
evtl. 1 Stückchen Butter,
Kräuter

Reis in Knochenbrühe kochen. Gemüse in ein Sieb geben, gut mit Wasser überspülen und abtropfen lassen. Mit dem Reis vermischen und erwärmen. Nach Belieben ein Stückchen Butter unterrühren. Mit Kräutern bestreuen und je nach Alter, püriert oder unpüriert, servieren.
Dosengemüse sollten Sie nur in Ausnahmefällen verwenden. Wählen Sie besser frisches oder tiefgekühltes Gemüse.

Reis mit Schinken und Erbsen
Ab 6–7 Monate

1 Rezept Parboiled Reis,
2–4 EL frische oder tiefgekühlte Erbsen, 30–50 g gekochter Schinken, Kräuter

Reis kochen. Nach 15 Minuten die Erbsen zugeben. Den Schinken fein würfeln und mit den Kräutern unter den Erbsenreis mischen. Altersgemäß pürieren.

Reis mit Huhn
Ab 5–6 Monate

1–2 EL Reis, die dreifache Menge Wasser oder Brühe, 50 g gegartes Hühnerfleisch, 1 EL Butter,
1 EL Mehl Type 1050,
¼ l Brühe oder Wasser,
Zitronensaft, (Jod-)Salz, Kräuter

Reis kochen. Hühnerfleisch fein wiegen. Aus Butter und Mehl eine helle Mehlschwitze zubereiten, mit Brühe oder Wasser aufgießen und 5 Minuten zu einer dicken Sauce einkochen lassen. Mit Zitronensaft, wenig Salz und Kräutern abschmecken. Fleisch und Reis dazugeben. Altersgemäß pürieren.

Naturreis
Ab 5 Monate

Grundrezept
1–2 EL Reis, die dreifache Menge Wasser oder Brühe

Reis waschen und ins sprudelnd kochende Wasser geben. Mit einem Tuch

den Topf abdecken und den Reis auf kleinster Stufe 40–45 Minuten ausquellen lassen. Das Wasser soll völlig aufgesogen sein. Altersentsprechend fein oder grob püriert oder körnig anbieten.
Verwenden wie Parboiled Reis.

Rundkornreis (Milchreis)

Ab 5 Monate

Grundrezept
40 g Rundkornreis, ¼ l Milch,
1 Prise (Jod-)Salz,
Wasser nach Bedarf

Reis in ein Sieb geben und gründlich abspülen. Milch mit Salz aufkochen, Reis einrühren. Topf zudecken und den Reis ca. 30 Minuten auf kleinster Stufe ausquellen lassen. Dabei gelegentlich mit einem Holzlöffel umrühren, damit er nicht ansetzt. Gegen Ende der Kochzeit, wenn die Milch bereits aufgesogen ist, evtl. etwas Wasser angießen. Altersentsprechend fein oder grob püriert oder körnig füttern. Für Kinder, die noch keine Vollmilch bekommen, mit Halb- oder Zweidrittelmilch zubereiten.

Früchtereis

Ab 5 Monate

1 Rezept Milchreis,
ungespritzte Zitronenschale (Trockengewürz), 50–100 g beliebige, zerkleinerte Früchte (besonders gut schmecken Beeren), 1–2 TL Zucker

Milchreis mit der Zitronenschale ca. 30 Minuten weich kochen, ganze Kringel von Zitronenschalen nach dem Garen wieder herausnehmen. Gewaschene, zerkleinerte Früchte und nach Bedarf Zucker untermischen. Altersentsprechend pürieren.
Bei Obst aus gesüßten Konserven nicht mehr zusätzlich zuckern.
Schmeckt warm und kalt.

Kalter Himbeerreis

Ab 10–12 Monate

15–30 g Rundkornreis, ⅛ l Milch,
1 Prise (Jod-)Salz,
2–5 EL Himbeeren
(frisch oder tiefgefroren)
Für die Sauce
2 EL Himbeeren
(frisch oder tiefgefroren),
½ Tasse Wasser,
1 TL Speisestärke,
1 TL Zitronensaft, 1 TL Honig

Milchreis kochen. Tiefgefrorene Himbeeren 5 Minuten vor Beendigung der Kochzeit zugeben. Frische, gewaschene Himbeeren erst danach. Himbeerreis auskühlen lassen. Für die Sauce Himbeeren und Wasser aufkochen, angerührte Speisestärke unter Schlagen hineingeben. Sauce aufkochen lassen. Mit Zitronensaft und Honig abschmecken. Die heiße Sauce über den abgekühlten Reis gießen und sofort servieren.

Kalter Mandarinenreis

Ab 8–10 Monate

20 g Rundkornreis, ⅛ l Milch,
1 Prise (Jod-)Salz,
½ Dose Mandarinen (ca. 50 g)
mit Saft, 1 TL Speisestärke,
½ kleine Banane

Milchreis kochen, auskühlen lassen, dann breiig rühren oder pürieren. Nach Bedarf etwas abgekochtes Wasser zugeben, denn die Masse sollte cremeartig und nicht dick wie Pudding sein. Mandarinen in ein Sieb geben, Saft auffangen, mit Speisestärke verrühren und unter ständigem Rühren aufkochen. Vom Herd nehmen und die feingewürfelte Banane in die Sauce geben. Mandarinen und Reismasse vermischen, auf einen Teller geben und mit der Sauce übergießen.

Kalter Bananenreis mit Schokoladensauce

Ab 12 Monate

30 g Rundkornreis,
¼ l Milch,
1 Prise (Jod-)Salz,
½ kleine Banane,
1 TL Zitronensaft,
1 TL Zucker
Für die Sauce
2 EL Naturjoghurt,
2 TL Instant-Kakaopulver,
1 TL geriebene Nüsse,
1 TL Zuckerperlen

Milchreis kochen, auskühlen lassen. Banane in feine Scheiben schneiden oder würfeln. Mit Zitronensaft und Zucker unter den Reisbrei mengen. Auf einen Teller geben, eventuell pürieren.
Joghurt und Kakaopulver miteinander verschlagen, über den Brei gießen und mit Nüssen und bunten Zuckerperlen bestreuen.

> Am ersten Geburtstagsfest Ihres Kindes wird dieses Abendgericht bestimmt heißhungrige Abnehmer finden.

Nudeln

Nudeln werden aus Mehl und Eiern hergestellt und sind in allen erdenklichen Formen auf dem Markt. Nudeln sind für Kinder immer eine begehrte, interessante Mahlzeit. Es gibt z. B. rote und grüne Nudeln (ihr Teig wurde mit Tomatenmark bzw. Spinatwasser gefärbt), Spätzle oder gefüllte Nudeln.
Nudeln machen nicht dicker als andere Nahrungsmittel, die im Übermaß genossen in gleicher Weise Übergewicht fördern. Es kommt auf die Kombination an. Nudelgerichte mit kalorienarmen Beilagen aus Fleisch, Gemüse oder Fisch, können auch figurbewußte Eltern mitessen. Viele der oben genannten Nudelarten gibt es als Vollkornprodukte. Vollkornnudeln enthalten höhere Anteile an Vitaminen, Mineral- und Ballaststoffen, da zur Herstellung hoch ausgemahlene Mehle verwendet wurden. Deshalb sind die Nudeln von einer dunklen, bräunlichen Farbe, die sich mit dem Kochen jedoch weitgehend verliert. Diese Nudeln sind etwas teurer als Nudeln aus weißem Mehl. Wegen ihres kräftigeren Geschmacks sind sie jedoch eine Bereicherung für den Kostplan. Verwenden Sie deshalb, auch wenn Sie es bisher noch nicht taten, hin und wieder Nudeln aus vollem Korn. Besonders gut machen sie sich in Nudelsalaten.
Für ein schnelles Mittag- oder Abendessen sind Nudeln die ideale Beilage, denn sie sind in 7–12 Minuten gar. Setzen Sie dem Kochwasser stets einen Schuß Öl zu, damit die Nudeln nicht aneinander kleben.
Der Bedarf an gekochten Nudeln je Kind liegt bei 20–50 g, je nach persönlicher Konstitution des Kindes und entsprechend den Beilagen, die die Nudelmahlzeit ergänzen. Da Nudeln sich nicht völlig fein pürieren lassen, sondern stets etwas körnig bleiben, bieten Sie Ihrem Baby Nudelgerichte etwa ab dem sechsten Monat an. Zwischen dem achten und zwölften Monat belassen Sie die Nudeln noch ein wenig gröber und im zweiten Lebensjahr, können Sie unpüriert erst kleine, später größere Nudeln anbieten.

Gemüseeintopf mit Nudeln
Ab 6 Monate

120 g beliebiges Gemüse (z. B. Möhren, Erbsen, Tomaten, Porree, Mangold usw.), ¼ l Wasser oder Brühe, 1–2 EL kleine Suppennudeln, Kräuter

Gemüse gut putzen, waschen und kleinschneiden. In Wasser oder Brühe zum Kochen bringen. 15 Minuten vor Ende der Kochzeit die Nudeln dazugeben. Zum Servieren Kräuter untermischen und den Eintopf pürieren.

Nudeln mit Huhn
Ab 7 Monate

¼ l Hühnerbrühe (nach Belieben verdünnt), 2 EL kleine Suppennudeln, 1 kleine Möhre, 1 EL feingewiegtes, gekochtes Hühnerfleisch, Kräuter

Hühnerbrühe (Hühnerfleisch kochen, von der Brühe ¼ l abnehmen) aufkochen, die Nudeln hineingeben. Die Möhre schälen, waschen, fein raspeln und mitkochen. Nach ca. 15 Minuten das feingewiegte Hühnerfleisch und die Kräuter untermischen, pürieren.

Nudeln mit Rindfleisch
Statt Hühnerbrühe und -fleisch ¼ l Fleischbrühe (nach Belieben verdünnt) und 1 EL feingewiegtes, gekochtes Rindfleisch verwenden.

Nudeln mit Hackfleisch-Kräuter-Sauce
Ab 12 Monate

30 g beliebige Nudeln, reichlich leicht gesalzenes Wasser
Für die Sauce
1 TL Keimöl, 50 g mageres Hackfleisch (Tatar), ⅛ l Wasser, 1–2 TL Speisestärke, 2 EL Kräuter

Nudeln ca. 15 Minuten weich kochen.
In einer Pfanne Öl erhitzen, Fleisch darin anbraten, mit etwas Wasser aufgießen. Speisestärke in wenig kaltem Wasser glattrühren, die Sauce damit binden. Gut durchkochen, dann die Kräuter unterrühren.

Kleinkind in einem Kinderstuhl, der auch beim Füttern und Essen verwendet werden kann.

Nudeln mit Tomatensauce
Ab 8–12 Monate

30 g beliebige Nudeln, Wasser, (Jod-)Salz, Butter
Für die Sauce
1 EL Butter, 1 EL Mehl Type 1050, Wasser oder Brühe, Tomatenmark, Kräuter, 1 Prise (Jod-)Salz

Nudeln (Spaghetti und Makkaroni am besten vorher einige Male durchbrechen) in reichlich kochendes, ganz leicht gesalzenes Wasser geben. Etwas Öl zugeben und das Wasser sprudeln lassen, damit die Nudeln nicht klebrig werden. 8–15 Minuten kochen lassen. Butter und Mehl anschwitzen und so viel Wasser oder Brühe angießen, bis eine dicke Sauce entstanden ist. Nach und nach so viel Tomatenmark (kein Ketchup) einrühren, bis die Sauce schmackhaft und würzig ist. Mit Kräutern und Salz abschmecken. Nudeln in ein Sieb geben, abtropfen lassen, mit einem kleinen Stück Butter verrühren (damit sie nicht kleben). Mit Sauce übergießen, servieren. Eventuell grob pürieren.

Schulkind beim Frühstück.

Abwandlungen
Ab dem 12. Monat

▷ In der Butter feingewiegte Zwiebel mit anbraten.
▷ In die fertige Sauce feingewürfelte Fleischwurst geben.
▷ In die fertige Sauce feingewürfeltes, hartgekochtes Ei geben.
▷ In die Sauce Zwiebel, Champignons und saure Gurke (Gewürzgurke), alles sehr fein gewiegt oder gewürfelt, geben.
▷ Mit dem Mehl 30–50 g Tatar anbraten.
▷ Nudeln auf den Teller geben, mit der Soße vermengen, dann feingeriebenen Käse (Gouda, Parmesan) darüber streuen.

Eiernudeln
Ab 9 Monate

30 g beliebige Nudeln,
etwas (Jod-)Salz,
1 Ei, 1 EL Milch,
2 EL Champignons
(frisch oder konserviert),
1 kleine Gewürzgurke,
1 TL Keimöl,
Kräuter

Die Nudeln in reichlich leicht gesalzenem Wasser 15 Minuten sprudelnd kochen, abgießen. Das Ei mit der Milch verschlagen. Champignons fein schneiden (frische Pilze vorher waschen und putzen), Gewürzgurke fein hacken. In einer Pfanne das Keimöl erhitzen, Champignons und Gurke hineingeben, kurz andünsten. Dann die abgegossenen Nudeln untermischen. Das Ei darübergießen und auf kleiner Stufe 1–2 Minuten stocken lassen. Mit Kräutern bestreut servieren.

Nudelkuchen
Ab 9 Monate

30 g feine Nudeln, ¼ l Wasser,
3–4 EL beliebiges, hauchfein geschnittenes Gemüse, z. B. Sojakeimlinge, Möhren, Champignons, Spinatblätter, Gemüsezwiebel,
1 EL Erbsen, 1 Ei, 1 EL Milch,
1 TL Keimöl, 1 Tomate,
etwas Petersilie und Schnittlauch

Die Nudeln in der Flüssigkeit kochen, bis sie aufgesogen ist. In dieser Zeit das Gemüse putzen, waschen und schneiden. Tomate heiß waschen, enthäuten und fein hacken. Das Ei mit Milch und feingehackten Kräutern verschlagen. In einer kleinen Pfanne das Keimöl erhitzen. Gemüse und Erbsen hineingeben, kurz andünsten, dann die Nudeln zumischen. Die Eiermilch darübergießen und auf kleiner Stufe stokken lassen. Teller auf die Pfanne dekken, den Nudelkuchen wenden und nochmals in die Pfanne gleiten lassen. Nach 1 Minute auf den Teller geben, mit der feingehackten Tomate bestreuen und servieren.

Kost für das kranke Kind

Keine Mutter und kein Vater sollte nach Gutdünken an seinem Kind herumdoktern. Die Regel ist: Je kleiner das Kind, desto empfindlicher und anfälliger für Infektionen ist es. Treten jedoch im Befinden des Kindes Unregelmäßigkeiten auf, die den Eltern nicht verständlich sind, sollten sie den Arzt aufsuchen. Unpäßlichkeiten, die sich länger als ein oder zwei Tage hinziehen, gehören unter ärztliche Kontrolle.
Deshalb können die folgenden Ratschläge den Arztbesuch niemals ersetzen, sondern nur als Erste-Hilfe-Maßnahmen gelten. Oft hilft eine sofortige, gezielte Umstellung der Kost auf ganz bestimmte Nahrungsmittel. Damit sollen die körpereigenen Heilkräfte des kleinen Patienten unterstützt und seinem Organismus die dafür benötigten Stoffe zugeführt werden.

Appetitlosigkeit / Weinen beim Schlucken
Wenn diese Erscheinungen plötzlich auftreten, leidet das Kind vielleicht an Erkältungssymptomen wie Ohrenschmerzen, Schluckbeschwerden durch Hals- und Rachenentzündung, Kopf- oder Bauchschmerzen. Wenn das Kind mehr als zwei Mahlzeiten verweigert und verweint, sollten Sie es dem Arzt vorstellen. In der Zwischenzeit bieten Sie dem Kind hin und wieder nur ganz schwach gesüßten Fencheltee an.

Bauchschmerzen / Blähungen
Das Kind schreit, zieht die Beine an den Bauch, läßt sich auf dem Arm nicht beruhigen, schreit bei Veränderung der Körperstellung eher noch mehr. Kochen Sie ihm aus einem Teebeutel Fenchel und einem halben Teelöffel Kümmel ½ l Tee, den Sie warm und ganz schwach gesüßt anbieten.
Das Kind im Bettchen auf die Seite legen und den Bauch mit einer Wärmflasche warm halten. Überlegen Sie, welche Speisen das Kind zu sich genommen hat. Verdächtig sind Erbsen in größeren Mengen, Bohnen, Kohl, Pflaumen, Kirschen, sehr frisches Brot oder frischer Kuchen und Gummibärchen oder ähnliche Gummibonbons. Vermeiden Sie das verdächtige Nahrungsmittel oder geben Sie es zukünftig nur in kleinen Mengen. Hat sich nach zwei Stunden keine Besserung im Befinden des Kindes eingestellt, empfiehlt es sich, einen Arzt aufzusuchen.

Durchfall
Gestillte Babys leiden kaum unter Durchfall, auch wenn sie fünfmal oder öfter täglich dünnen Stuhlgang haben. Erst wenn er wäßrig, übelriechend und grünlich wird, liegt eine Verdauungsstörung vor.
Flaschenkinder leiden häufiger an Durchfällen. Daran sind Infektionen oder Ernährungsfehler schuld.
Gleich ob beim Flaschen- oder Brustkind, setzt man am besten sofort die Milchnahrung ab. Da Durchfall starke Flüssigkeitsverluste verursacht, geben Sie dem Kind in kurzen Abständen dünnen Fenchel- oder Schwarztee mit der Flasche oder mit der Pipette. Zukker unbedingt vermeiden, er verschlimmert den Durchfall. Notfalls mit etwas Süßstoff süßen. Der Säugling oder das Kleinkind erhält außer Tee nun sechs Stunden lang keine Nahrung. Ist während dieser Zeit kein Durchfall mehr aufgetreten, kann man schrittweise in kleinen Mengen Nahrung reichen.
Vorzüglich hat sich die Fütterung mit Möhren-/Karottensuppe bewährt. Hier das Rezept für einen Tag mit vier Mahlzeiten:
500 g Karotten/Möhren schälen, waschen, zerschneiden und ca. 30 Minuten weich kochen. Pürieren. Den Brei in ein Meßgefäß füllen. Mit abgekochtem Wasser bis zur 1 l-Markierung auffüllen und mit zwei Teelöffelspitzen (Jod-)Salz vermischen. Zudecken, kühl stellen und zu jeder Mahlzeit ¼ l angewärmte Möhren-/Karottensuppe reichen.
Dies wiederholt man am zweiten Tag und ergänzt nun die Nahrung mit einem feingeriebenen Apfel ohne Zukkerzusatz und etwas Zwieback.
Am dritten Tag bereiten Sie aus Nährzucker und Reisflocken mit Wasser einen Reisschleim, der mit 1 Prise (Jod-) Salz gewürzt wird. Diesen Brei geben Sie morgens und abends, tagsüber Möhren-/Karottensuppe oder -brei, Zwieback und geriebenen Apfel oder pürierte Banane.
Vorausgesetzt, daß bisher kein Durchfall mehr aufgetreten ist, können Sie in den nächsten Tagen dazu übergehen, den Reisschleim mit Milch statt mit Wasser zu kochen, wobei erst Eindrittel-, dann Zweidrittel-, dann Vollmilch verwendet wird, falls das Kind vor der Erkrankung schon Vollmilch erhielt.
Alle Speisen ausschließlich mit Nährzucker süßen. Schließlich werden die Mahlzeiten erweitert, bis wieder die übliche Nahrung gereicht wird.
Meiner Erfahrung nach wirkt keine der fertigen »Heilnahrungen« derart prompt wie ein Tag Karottensuppe mit der sich anschließenden, oben beschriebenen Diät.
Falls der Durchfall länger als sechs Stunden dauert, Arzt aufsuchen!

Durchfall mit Erbrechen
Sofort alle Nahrung absetzen, höchstens etwas ungesüßten, verdünnten Schwarztee anbieten. Sofort den Arzt aufsuchen, da diese Erkrankung den Körper des Kindes austrocknet und deshalb lebensgefährlich ist.

Erbrechen
Hierunter fällt nicht das Spucken oder Aufstoßen von Nahrung nach Mahlzeiten, auch nicht das einmalige Erbrechen, sondern das fortdauernde Erbrechen größerer Nahrungsmengen. Häufig liegt eine Infektion des Magen-Darm-Traktes vor, die nur der Arzt diagnostizieren kann. Bei anhaltendem Erbrechen alle Nahrung absetzen, höchstens etwas ungesüßten Fencheltee (Teebeutel) anbieten und möglichst unverzüglich einen Arzt aufsuchen.

Fieberhafte Erkältungen / Kinderkrankheiten
Wenn Ihr Baby oder Kleinkind und ebenso das ältere Kind erhöhte Temperatur 38–38,5 Grad oder Fieber ab 38,5 Grad aufweist, geben Sie ihm zwischen den Mahlzeiten reichlich Fencheltee (Teebeutel) oder Säfte, denn der Körper verbraucht viel Flüssigkeit. Die Flüssigkeitszufuhr nur einschränken, wenn der Arzt es empfohlen hat.
Fieber ist oft eine Begleiterscheinung von Erkältungen oder Kinderkrankheiten. Suchen Sie den Arzt auf, er wird die Ursache feststellen.
Ihr Kind wird, wenn es krank ist, keinen oder nur wenig Appetit haben. Zwingen Sie es nicht zum Essen, aber bieten Sie ihm Speisen, die es bevorzugt, in kleinen Portionen an. Jedes Kind, auch der erst sechsmonatige Säugling, hat besondere Vorlieben für bestimmte Speisen. Wenn das Kind zu jeder Mahlzeit auch nur einige Löffelchen zu sich nimmt, können Sie zufrieden sein.
Manche Kinder lieben Kartoffelbrei mit Ei, andere Bananenquark, Auflauf mit Obst oder Pfannkuchen. Es gibt fast so viele Lieblingsspeisen, wie dieses Buch Rezepte enthält.

Grundsätzlich gilt:
▷ Die Speisen sollten sehr leicht verdaulich sein, d. h. eiweißreich und fettarm.
▷ Die Speisen sollten liebevoll und mit Phantasie angerichtet werden.
▷ Die Speisen sollten mit wenig Salz, aber mit reichlich frischen oder tiefgefrorenen Kräutern gewürzt werden.
▷ Die Speisenreste sollten, nachdem der kleine Patient gesättigt ist, sofort aus dem Zimmer genommen und fortgeworfen werden.
▷ Bieten Sie zum Essen ein Gläschen rohen, frisch gepreßten Obst- oder Gemüsesaft an.

Verstopfung
Diese Störung tritt beim Kind, das Muttermilch erhält, nicht auf. Sie wird meistens durch Ernährungsfehler hervorgerufen, oft erhält der Organismus nicht in ausreichender Menge Ballaststoffe (unverdauliche Bestandteile der Nahrung), die die Darmentleerung fördern.
Beim Flaschenkind fügt man der Nahrung täglich 1–3 Teelöffel Malzsuppenextrakt oder Honig hinzu. Auch kann mit Malz- oder Milchzucker gesüßt werden. Füttern Sie keinen Brei mit Kakao, Schokolade, Apfel oder Banane. Auch Heidelbeeren sind wenig empfehlenswert. Bereiten Sie ballaststoffreiche Getreidebreie aus Schrot, Brot oder Hirse, und Rohkost, Joghurt oder Quark zu. Auf die gleiche Art können Sie ihr zur Verstopfung neigendes Kindergarten- oder Schulkind ernähren. Reichen Sie mehrmals täglich rohen Gemüsesaft. Verstopfung kann als Warnsignal gewertet werden und fordert eine Umstellung der Ernährungsgewohnheiten. Bereiten Sie Ihrem Kind einmal täglich eine Müslimahlzeit mit rohem Obst oder Gemüse zu.

Wundsein / Ausschlag
Wenn das Baby einen wunden Popo hat, stellen Sie für einige Tage die Kost leicht um.
▷ Geben Sie keine säurehaltigen Nahrungsmittel wie Obst oder Fruchtsäfte.
▷ Bieten Sie als Getränk Möhren-/Karottensaft an.
▷ Bereiten Sie dem Kind täglich eine Möhrenspeise.
▷ Lassen Sie das Kind möglichst ungewickelt, aber mit eingecremtem Po strampeln und krabbeln. Das Zimmer muß warm sein.

Falls sich das Wundsein nach ein bis zwei Tagen noch nicht entscheidend gebessert hat, sollten Sie den Arzt aufsuchen.
Ausschlag bekommen kleine Kinder manchmal von bestimmten Obstsorten, vor allem von Orangen und Erdbeeren. Lassen Sie das verdächtige Nahrungsmittel weg, bis sich der Ausschlag gebessert hat. Geben Sie es nur noch in kleinen Portionen und mit anderen Speisen gemischt. Falls nach Absetzen des verdächtigen Nahrungsmittels keine Besserung eintritt, empfiehlt sich ein Arztbesuch.

Gemüse und Gemüsespeisen

Gemüse ist ein unersetzlicher Bestandteil in der Ernährung eines Kindes. Erhält es keinerlei Gemüsespeisen, dann stellen sich gesundheitliche Störungen durch Vitamin- und Mineralstoffmangel ein. Außer Vitaminen, Mineralstoffen und Spurenelementen führt Gemüse dem Organismus Wasser, Eiweiß und Kohlenhydrate zu. Dabei ist der Anteil dieser Stoffe unterschiedlich, weshalb es nicht genügt, nur ein oder zwei Gemüsearten zu füttern. Vielmehr muß die ganze Palette des Angebotes – soweit es dem Kind altersgemäß entspricht – genutzt werden. Dabei soll die folgende Beschreibung der verschiedenen Gemüse helfen. Geben Sie Ihrem Kind nun nicht von einem Tag auf den anderen mehrere Gemüse, sondern gewöhnen Sie es nach und nach an diese neuen Nahrungsmittel. Zuerst werden die milden Möhren und Kartoffeln zubereitet, die schon zum Ende des ersten Halbjahres gegeben werden können. Im Verlauf des zweiten Halbjahres und darüber hinaus, macht man das Kind mit den anderen Gemüsen bekannt. In den ersten 12–18 Monaten sollten Sie darauf achten, ob Ihr Kind auf blähende Gemüsesorten wie Kohl und Hülsenfrüchte empfindlich reagiert. Verwenden Sie diese dann nur in sehr kleinen Mengen in Mischgemüse-Gerichten. Gemüse sollte nicht auf Vorrat, sondern nur für die anstehende Mahlzeit zubereitet werden. Kochen Sie immer nur so viel, wie das Kind verzehren soll. Füttern Sie Ihrem Kind keine aufgewärmten Gemüsereste. Gemüsereste können nach starkem Erhitzen in der Erwachsenenküche verwendet werden, und sollte sich hier kein Abnehmer finden, werfen Sie die Reste besser weg. Denn durch Garung und Lagerung sind bereits viele Inhaltsstoffe verloren gegangen oder zerstört. Beim Erwärmen nitratreicher Gemüsereste verwandelt sich außerdem Nitrat in das giftige Nitrit. Dies kann Vergiftungserscheinungen (Blausucht) auslösen. Da der Nitratgehalt eines Gemüses nicht bekannt ist, verzichtet man besser auf das Aufwärmen, besonders bei Spinat. Aber auch bei anderen Gemüsen wie Möhren, Blumenkohl, Pilzen, Rote Bete, Kohlrabi, Kopfsalat usw. besteht die Gefahr einer Nitritvergiftung. Dabei besteht kein Unterschied zwischen Gemüse aus dem Supermarkt oder dem Bio-Laden. Besonders empfindlich reagieren Kinder im ersten Halbjahr.

Vorbereitung des Gemüses

Zuerst wird das Gemüse gründlich aber kurz gereinigt, jedoch keinesfalls längere Zeit gewässert. Nach Möglichkeit schwenken Sie das Gemüse zuerst in heißem Wasser und spülen dann kalt nach. Dadurch wird ein großer Teil der äußerlich anhaftenden Schadstoffe entfernt. Dabei das Gemüse nicht drücken. Gut abtropfen lassen oder trockenschleudern. Anschließend sofort zubereiten und servieren.

Die Zubereitung sollte zum Schutz der Inhaltsstoffe ebenfalls kurz und schonend erfolgen. Dabei ist Dünsten besser als Kochen in viel Wasser. Alle Inhaltsstoffe erhält der Organismus durch rohes Gemüse. Bringen Sie deshalb in der Ernährung Ihres Kindes sowohl gegartes als auch rohes Gemüse in ausgewogenem Verhältnis auf den Tisch.

Jedes Gemüse kann für sich allein oder mit einer Beilage aus Kartoffeln, Reis oder Nudeln als vollständige Mahlzeit angeboten werden. Als Ergänzung fügt man hin und wieder etwas Fleisch, Fisch oder Ei hinzu. Die kürzeste Zubereitungszeit liegt bei 5–10 Minuten. Als zeitsparend erweist es sich, stets etwas Reis, einige Nudeln oder Pellkartoffeln gegart im Kühlschrank vorrätig zu haben.

Konserviertes Gemüse aus Dosen und Gläsern sollte nur verwendet werden, wenn frisches Gemüse nicht erhältlich ist. Besser ist es, tiefgefrorenes Gemüse zu verwenden. Es lohnt sich Vorratspakete einzulagern bzw. selbst einzufrieren, aus denen man je nach Bedarf kleine oder größere Mengen entnehmen kann.

Konservengemüse hat einen weniger hohen Wert als tiefgefrorenes bzw. frisches Gemüse. Es sollte in der Kinderernährung nur selten verwendet werden, da bei dieser Art der Konservierung mehr wertvolle Inhaltsstoffe zerstört werden, als beim Tiefgefrieren. Gemüse aus der Dose sollte in ein Sieb gegeben und gründlich mit kaltem Wasser abgespült werden, damit die salzige Aufgußflüssigkeit entfernt wird. Gemüsewasser aus der Dose sollte nicht mitverwendet werden, da es beträchtliche Mengen Salz enthält.

Salate

Kopfsalat wird heute leider unter starkem Einsatz von Spritzmitteln angebaut, weshalb ich seine Zubereitung für Babys und Kinder nicht befürworte. Allerdings gibt es schon häufiger Gemüsehändler, die unbehandelten Salat und anderes ungespritztes Gemü-

se anbieten. Am besten ziehen Sie Salat im eigenen Garten, dann können sie ihn ihrem Baby schon zum Ende des ersten Halbjahres füttern.
Das gleiche gilt für die anderen Salatsorten wie Feldsalat, Eisbergsalat, Pflücksalat, Endiviensalat. Die zarten, ungespritzten, gut gewaschenen Blätter können dem Kind erst püriert, später klein zerrissen angeboten werden. Falls Sie den Salat nicht selbst anbauen können und auch keinen entsprechenden Händler in Ihrer Nähe haben, sollten Sie nach Babykost-Gläschen greifen. Völlig auf Salat verzichten sollten Sie bei der Ernährung Ihres Kindes nicht. Salat ist ein wichtiger Vitamin- und Mineralstoffspender und versorgt den menschlichen Organismus mit Chlorophyll (dem Blattgrün). Dieser Stoff ist für den Organismus ungemein wichtig, was nur wenig bekannt zu sein scheint. Er fördert Blutbildung, Sauerstoffversorgung in den Körperzellen, Stoffwechsel, Darmtätigkeit und zahlreiche andere Körperfunktionen. Chlorophyll ist nicht nur im Salat enthalten, sondern in allen grünen Gemüsen. Bieten Sie deshalb Ihrem Kind regelmäßig ein »Grünes Gericht« an. Falls Ihr Kind keinen Salat mag, versuchen Sie immer wieder, ihm dieses Nahrungsmittel schmackhaft zu machen. Dafür sollten Sie mit gutem Beispiel vorangehen und Salat auch als Dekoration verwenden, die Kinder besonders gerne verspeisen.
Vor der Zubereitung sollten Salatsorten gründlich gereinigt werden. Man löst die Blätter vom Strunk und legt sie einige Minuten (höchstens 20 Minuten) in kaltes Salzwasser, dadurch lösen sich anhaftende Räupchen und anderes Ungeziefer. Dann die Blätter noch zweimal in reichlich Wasser spülen (eventuell unter fließendem Wasser abspülen). Man läßt sie abtropfen, reißt sie sehr klein und püriert sie schnell unter Zugabe von etwas Joghurt, abgekochter Milch. Werden die Blätter zu lange püriert, entfalten sie leicht Bitterstoffe. Ab dem 8.–10. Monat, wenn Zähnchen vorhanden sind, reißen Sie die Blätter nur noch in winzige Schnipsel. Salat kann warm und kalt zubereitet werden.

Verwendung von Gemüse nach dem Lebensalter

Lebensalter	Gemüseart
4–5 Monate	Möhren/Karotten, Kartoffeln, Blumenkohl, Fenchel, Brokkoli, Kohlrabi, Salat, kleinste Mengen verschiedener Gemüse in einem Gericht;
6 Monate	Erbsen, Tomaten, Sellerie, Spinat, Spargelköpfe, Rote Beten, Champignons, Chinakohl;
7 Monate	Steckrüben, Mangold, Wurzelpetersilie, Rübstiel;
8 Monate	Schwarzwurzeln, Rosenkohl, Flageolets (Bohnenkerne), verschiedene Keime und Sprossen (z. B. Grüne Mungobohne, Sojakeimlinge, Alfalfasprossen);
10 Monate	Rhabarber, Bohnen, Zucchini, Auberginen, Gurken, Zwiebeln in kleinen Mengen;
12 Monate	Paprika, Radieschen, Rettich, Zuckermais, Chicorée, Wirsing, Melone, Kürbis;
14–18 Monate	Rotkohl, Weißkohl, Wildpilze, Schalotten (Gemüsezwiebeln in größeren Mengen).

Champignonragout

Ab 8 Monate

100–130 g Champignons, 1 TL Butter, ½ TL Mehl Type 1050, Wasser, 2 EL saure Sahne, Kräuter

Champignons vorsichtig putzen und waschen. Abtropfen lassen. In einer Pfanne Butter zerlassen, Pilze hineingeben, anbraten. Mit Mehl bestäuben, mit einem Holzlöffel mehrmals wenden, wenig Wasser dazugießen und zugedeckt 10–15 Minuten dünsten. Ab und zu umrühren und evtl. Wasser nachgießen. Die Pilze sollen nicht im Wasser schwimmen, es darf lediglich der Topfboden bedeckt sein. Dann vom Herd nehmen, saure Sahne und Kräuter einrühren. Sehr große Pilze grob pürieren.
Zu Kartoffelbrei servieren.

Champignonragout überbacken

Ab 11–12 Monate

140 g Champignons, 1 TL Butter, ½ TL Mehl, 2 EL saure Sahne, 1 TL Kräuter, 1 Scheibe milder Käse

Champignons putzen, waschen und fein schneiden. Abtropfen, in der zerlassenen Butter unter Wenden andünsten. Nach 5 Minuten das Mehl darüber stäuben und etwas Wasser angießen. Den Topf zudecken und 5–10 Minuten dünsten, bis das Wasser aufgesogen ist.
Vom Herd nehmen, saure Sahne und Kräuter untermischen und das Ragout in eine feuerfeste Form geben. Die Käsescheibe darüberlegen und im Backofen ca. 5 Minuten überbacken, bis der Käse geschmolzen ist.

Champignonragout mit Schinken
Ab 12 Monate

100 g Champignons,
1 EL feingewiegter Schinken,
1 Tomate, 1 Gewürzgurke,
1 TL Butter,
2 EL saure Sahne, Kräuter

Champignons putzen, waschen, abtropfen lassen und feinblättrig schneiden. Schinken fein wiegen. Tomate heiß waschen, enthäuten und vierteln. Gewürzgurke fein würfeln. Butter zerlassen, Champignons andünsten, Schinken zugeben und wieder 2 Minuten dünsten. Mit der Tomate ablöschen. Gewürzgurke zugeben und weitere 5 Minuten unter Wenden dünsten. Dann saure Sahne und Kräuter untermischen und servieren.
Oder zu Kartoffelbrei, Nudeln oder Reis reichen.

Champignons mit Rührei
Ab 11–12 Monate

1 Ei, 1 EL Milch, 1 Prise (Jod-)Salz, 1 EL Kräuter, 50–100 g Champignons, Butter oder Keimöl, 1 Teelöffelspitze Zwiebelpulver

Ei mit Milch, Salz und Kräutern gut verschlagen. Die geputzten, gewaschenen und feingewiegten Pilze in ½ Teelöffel Fett andünsten. Mit Zwiebelpulver bestreuen. 5–10 Minuten unter gelegentlichem Wenden auf kleiner Stufe dünsten. Bei Bedarf etwas Wasser zugeben. Wenn es verdunstet ist, wieder etwas Fett zugeben und das verschlagene Ei über die Pilze gießen. Stocken lassen. Nach Bedarf pürieren.

Butterchampignons
Ab 6 Monate

100–140 g Champignons,
1–2 TL Butter,
1 Prise (Jod-)Salz,
1 TL Zitronensaft,
1 TL Kräuter

Champignons putzen, waschen und abtropfen lassen. In einer Pfanne Butter zerlassen. Pilze fein wiegen oder schneiden und zur Butter geben. Mit Salz und Zitronensaft verrühren und einige Minuten unter Wenden auf kleiner Stufe dünsten. Kräuter zugeben. Für Kinder unter 9 Monaten pürieren. Als Beilage eignet sich Kartoffelbrei.

Champignongerichte lassen sich in Minuten zubereiten, wenn Sie Champignons aus Glas oder Dose verwenden. Zuvor müssen diese aber gut mit Wasser abgespült werden.

Möhren-Mischgemüse
Ab 4–14 Monate

2 Möhren (ca. 50 g),
60–100 g beliebiges Gemüse, Wasser oder Knochenbrühe, nach Belieben
1–2 EL Fleisch, Ei oder Fisch,
1–2 TL Kräuter, 1 Prise (Jod-)Salz,
etwas Butter oder Sahne, nach Bedarf
etwas Speisestärke

Gemüse waschen, schälen, zerteilen und in wenig Wasser (oder Knochenbrühe) 25–40 Minuten gar kochen. Die übrigen Zutaten hinzufügen. Bei sehr flüssiger Konsistenz (nur in Ausnahmefällen, nicht täglich und regelmäßig) mit etwas angerührter Speisestärke binden. Pürieren.

Vorschläge für Möhren-Mischgemüse

Ab 4–6 Monate	Möhren mit Kartoffeln und Kohlrabi
	Möhren mit Erbsen, Blumenkohl, Kartoffeln
	Möhren mit Porree, Sellerie, Spargel, Reis
	Möhren mit Erbsen und Champignons
	Möhren mit Chinakohl und Kartoffeln
	Möhren mit Brokkoli, Fenchel, Kartoffeln
Ab 7–8 Monate	Möhren mit Mangold, Wurzelpetersilie, Nudeln
	Möhren mit Schwarzwurzeln und Kartoffeln
	Möhren mit Tomaten und Flageolets
	Möhren mit Kartoffeln und Keimlingen
	Möhren mit Rosenkohl und Kartoffeln
Ab 10–12 Monate	Möhren mit Gurken, Zwiebeln, Aubergine, Reis
	Möhren mit Bohnen und Kartoffeln
	Möhren mit Erbsen, Mais, Paprika, Nudeln
Ab 14–18 Monate	Möhren mit Waldpilzen und Kartoffeln/Reis
	Möhren mit Kartoffeln und Schalotten/Gemüsezwiebeln/Frühlingszwiebeln
	Möhren mit Weißkohl und Kartoffeln

Möhrenbrei mit Knochenmark
Ab 7 Monate

1 Kalbsknochen oder Markknochen,
80–130 g Möhren, 1 EL Kräuter,
1 Prise (Jod-)Salz

Knochen mit kaltem Wasser bedekken, zum Kochen aufsetzen und mehrere Stunden auskochen. Von der Brühe ¼ l abnehmen und darin die geschälten, gewaschenen und kleingeschnittenen Möhren 30–40 Minuten weich kochen. Das Mark aus dem Knochen nehmen und mit den Kräutern zu den Möhren geben. Alles pürieren und mit Salz würzen.

Möhrenbrei mit Fisch/Fleisch

Ab 5–7 Monate

80–130 g Möhren, 50 g Fleisch (Tatar, Zunge, Lende, Filet, Kochfleisch, Geflügel oder Wild) oder Fisch (tiefgefroren oder frisch),
1 EL Kräuter, 1 Prise (Jod-)Salz, bei magerem Fleisch/Fisch etwas Butter oder Sahne

Möhren schälen, heiß waschen, kleinschneiden und in wenig Wasser zum Kochen aufsetzen. Rohes Fleisch oder Fisch nach ca. 10 Minuten Kochzeit auf die Möhren legen und 10–20 Minuten weitergaren. Beim Fisch vorher sorgfältig die Gräten entfernen. Bereits gegartes Fleisch oder gegarten Fisch erst beim Pürieren zugeben. Gemüse und Fleisch mit Kräutern, Salz und Butter vermischen und pürieren.

Spinat mit Kartoffelbrei und Ei

Ab 6 Monate

2 Kartoffeln, 100 g frischer Spinat oder 3 EL aus einem Kinderkost-Gläschen,
je 1 Prise (Jod-)Salz,
frischgeriebene Muskatnuß und Zwiebelpulver, 1 EL süße oder saure Sahne, Milch, Butter, 1 Ei

Kartoffeln mit Schale kochen. Spinat waschen und in wenig heißem Wasser ca. 10 Minuten kochen, pürieren, mit Salz, Muskat, Zwiebelpulver und Sahne abschmecken. Kartoffeln pellen, stampfen, mit Milch, Salz und etwas Butter verrühren. Das Ei entweder in etwas Butter als Spiegelei ausbacken oder, für Kinder unter 12–14 Monaten, unter den Spinat rühren.

Spinatbrei gekocht

Ab 6–7 Monate

100–150 g Spinat (frisch oder aus dem Gläschen), 2 TL Butter, 2 TL Mehl Type 1050 (550),
⅛–¼ l Kalbsknochenbrühe oder Wasser, 1 EL Sahne,
je 1 Prise (Jod-)Salz und frischgeriebene Muskatnuß

Frischen Spinat verlesen, waschen und in wenig Wasser ca. 10 Minuten kochen, pürieren und warm halten. Aus Butter und Mehl eine helle Mehlschwitze zubereiten, mit Brühe oder Wasser aufgießen und mit Sahne und Gewürzen abschmecken. Spinat untermengen.

Spinat-Gemüsebrei mit Ei

Ab 5–6 Monate

Spinat und beliebiges anderes Gemüse (ca. 130 g), 1 Kartoffel, 1 Eigelb,
1 EL Milch, je 1 Prise Zucker und Zwiebelpulver, Kräuter

Gemüse gründlich vorbereiten, waschen und in wenig Wasser 20–30 Minuten garen. Die geschälte, gewaschene und fein gewürfelte Kartoffel mitkochen. Alles pürieren. Das Eigelb mit der Milch verschlagen und unter den Gemüsebrei rühren. Mit Gewürzen und Kräutern abschmecken.

Spinat mit Rührei

Ab 8–10 Monate

100–150 g Spinat (frisch oder aus dem Gläschen), 1 kleine Kartoffel, je 1 Prise (Jod-)Salz, Zwiebelpulver, Zucker und frischgeriebene Muskatnuß,
Zitronensaft, etwas Butter, 1 Ei

Frischen Spinat verlesen, waschen und in wenig Wasser ca. 10 Minuten weich kochen, pürieren und warm halten. Kartoffel schälen und roh in den Spinat reiben. Mit Gewürzen und Zitronensaft abschmecken. In einer Pfanne etwas Butter zerlassen. Das Ei hineinschlagen und mit einer Gabel verschlagen. Den Spinat in den Teller füllen und das Rührei darübergeben.

Spinat mit Fleisch

Ab 10–12 Monate

50 g Hackfleisch vom Rind,
100 g Spinat, 1 kleine Kartoffel,
nach Belieben 1 kleine Gewürzgurke,
je 1 Prise (Jod-)Salz, Zwiebelpulver und frischgeriebene Muskatnuß,
1 EL Sahne

In einer Pfanne das Fleisch möglichst ohne Fett anbraten. Spinat und Kartoffel waschen, zerkleinern (sehr fein) und zum Fleisch geben. Etwas Wasser zufügen. Dann die gehackte Gurke. Mit einem Holzlöffel vorsichtig wenden und ca. 10 Minuten dünsten. Mit Gewürzen und Sahne vermischen.

Spinatpfannkuchen
Ab 10–12 Monate

1 Ei, 1 EL Mehl Type 1050,
1 EL Milch, 1 EL Wasser,
1 Prise (Jod-)Salz, etwas Butter,
½–1 Gläschen Spinat

Ei mit Mehl, Milch, Wasser und Salz verschlagen. In einer kleinen Pfanne etwas Butter zerlassen und die Eimischung hineingießen. Auf kleinster Stufe stocken lassen. Währenddessen Spinat erhitzen, auf den Eierpfannkuchen streichen, zusammenklappen und sofort servieren.

Erbsenbrei

Aus frischen Erbsen (Tiefkühlerbsen)
Ab 6–8 Monate

100 g Erbsen (frisch
oder tiefgefroren),
Butter,
1 Prise Zucker, Kräuter

Frische Erbsen aus den Schoten pellen, in wenig heißem Wasser 20–30 Minuten kochen. Im Gemüsewasser pürieren. Mit etwas Butter, Zucker und reichlich Kräutern abschmecken.

Aus konservierten Erbsen
Ab 6–8 Monate

100 g Erbsen (Glas oder Dose),
Butter, Kräuter

Erbsen in ein Sieb gießen, mit Wasser abspülen und in einem Topf mit wenig Wasser einmal aufkochen lassen. Pürieren. Mit Butter und reichlich Kräutern abschmecken.

Aus Trockenerbsen
Ab 7–8 Monate

40 g gelbe oder grüne Trockenerbsen,
Suppengrün,
je 1 Prise (Jod-)Salz und Zucker,
Butter,
Kräuter

Trockenerbsen über Nacht einweichen. Am anderen Tag in dem Einweichwasser mit etwas Suppengrün zum Kochen aufsetzen. Kochzeit für ungeschälte Erbsen ca. 2 Stunden, für geschälte Erbsen 1 Stunde. Dann die Erbsen durch ein Haarsieb streichen, nach Bedarf mit etwas Wasser glattrühren. Mit Salz und Zucker, etwas Butter und reichlich Kräutern abschmecken.

Gemischtes Erbsengemüse
Ab 5–6 Monate

50 g Erbsenbrei nach obigen Rezepten,
50 g beliebiges Gemüse
(z. B. Möhren, Fenchel,
Blumenkohl, Kohlrabi usw.),
1 Kartoffel, nach Belieben
1–2 EL feingewiegtes Fleisch

Aus 50 g Erbsen einen Brei zubereiten. Während der Kochzeit von frischen oder Trockenerbsen das gereinigte, kleingeschnittene Gemüse und die geschälte, gewaschene, kleingeschnittene Kartoffel zufügen.
Bei konservierten Erbsen Kartoffeln und Gemüse extra kochen. Pürieren, Fleisch untermengen, abschmecken.

Erbsengemüse
Ab 9 Monate

50–80 g Erbsen (frisch oder
tiefgefroren), 1 TL gehackte Zwiebel,
1 TL feingewiegter Räucherspeck,
1 Tasse Wasser oder Brühe,
½ TL Speisestärke, 1 EL saure Sahne,
je 1 Prise (Jod-)Salz und Zucker,
Kräuter

Erbsen aus den Schoten pellen. Tiefgefrorene Erbsen unaufgetaut verwenden. Zwiebel und Speck in einem Topf auslassen. Erbsen dazugeben und mit Wasser oder Brühe aufgießen. Auf kleiner Stufe ca. 30 Minuten zugedeckt kochen. Gelegentlich umrühren. Dann die Speisestärke mit der sauren Sahne glattrühren und in das Gemüse rühren. Einmal aufkochen lassen und mit Salz, Zucker und Kräutern abschmecken.

Erbspüree
Ab 8 Monate

50–100 g Erbsen (frisch, tiefgefroren
oder konserviert), 2 Kartoffeln,
etwas (Jod-)Salz, Petersilie,
je 1 Prise Zwiebelpulver und
Zucker, Butter,
Semmelbrösel

Frische oder tiefgefrorene Erbsen in wenig Wasser ca. 30 Minuten kochen. Konservierte Erbsen nur erwärmen. Kartoffeln mit Schale ebenfalls kochen. Abpellen und zerteilt zu den Erbsen geben. Alles durch ein Sieb passieren und mit den Gewürzen und Kräutern abschmecken. Butter in einer Pfanne zerlassen, Semmelbrösel darin aufschäumen lassen und über den Brei gießen.

Kartoffel-Fenchel-Erbsen-Gemüse mit Kalb-/Kaninchenfleisch
Ab 6 Monate

2–3 Scheiben Fenchel, 2 Kartoffeln, ¼ l Brühe oder Wasser, 2 EL Erbsen (tiefgefroren oder frisch), 50 g gegartes Kalb- oder Kaninchenfleisch, Kräuter

Fenchelscheiben vorbereiten und würfeln. Kartoffeln dünn schälen, waschen und fein würfeln. Brühe aufkochen und Gemüse hineingeben. Zugedeckt ca. 15 Minuten kochen lassen, dann die Erbsen zugeben. Nach weiteren 10 Minuten Kochzeit das feingewiegte Fleisch und die Kräuter untermischen. Pürieren.

Fenchel-Butterschinken-Gemüse
Ab 8 Monate

2 kleine Kartoffeln, 2–3 Scheiben Fenchel, ¼ l Brühe oder Wasser, 50 g Kochschinken, 1 TL Butter, 1 EL Kräuter, evtl. etwas angerührte Speisestärke oder Instant-Getreideflocken

Kartoffeln schälen, waschen, fein würfeln. Fenchelscheiben vorbereiten und würfeln. In der kochenden Brühe 20–30 Minuten garen. Schinken fein würfeln oder wiegen. Butter zerlassen und den Schinken darin wenden, nicht braten. Kräuter zugeben und mit dem Schinken 1 Minute dünsten, dann mit dem Gemüse vermengen. Altersgemäß pürieren. Sollte der Brei zu flüssig sein, mit etwas angerührter Speisestärke oder mit Instant-Getreideflocken binden.

Fenchel-Mischgemüse
Ab 5–6 Monate

*1–2 Kartoffeln, 1–2 kleine Möhren,
2 Scheiben Fenchel,
¼ l Wasser oder Knochenbrühe,
1 EL Erbsen
(frisch oder tiefgefroren),
1 EL Petersilie,
evtl. Butter*

Kartoffeln und Möhren schälen, waschen, kleinschneiden. Fenchelscheiben vorbereiten und würfeln. Alles in die kochende Brühe geben. Nach 5 Minuten Kochzeit Erbsen zufügen. Weitere 10 Minuten kochen lassen. Petersilie waschen und wiegen, zum Gemüse mischen und alles pürieren. Bei der Verwendung von Wasser etwas Butter unterrühren.

Fenchel-Karotten-Reis mit Kalb-/Kaninchenfleisch
Ab 7 Monate

*2–3 Scheiben Fenchel, 2 Möhren (Karotten), 1–2 EL Parboiled Reis,
¼ l Wasser oder Brühe,
50 g gegartes Kalb- oder Kaninchenfleisch, 1 EL Kräuter*

Fenchelscheiben vorbereiten und würfeln. Möhren schälen, waschen und fein raspeln oder würfeln. Beides mit dem Reis in kochende Brühe geben. Zugedeckt ca. 30 Minuten leicht kochen. Fleisch fein wiegen. Mit den Kräutern unter das Gemüse rühren und altersgemäß pürieren.
Wenn Sie kein gegartes Fleisch vorrätig haben, können Sie z. B. ein Stückchen Kalbsschnitzel in Alufolie dünsten, während das Gemüse kocht.

Fenchelreis mit Huhn
Ab 5–6 Monate

*2–3 Scheiben Fenchel,
¼ l Hühnerbrühe oder Wasser,
1–2 EL Parboiled Reis,
2 EL gegartes Hühnerfleisch,
Kräuter*

Fenchelscheiben vorbereiten und würfeln. Hühnerbrühe oder Wasser zum Kochen aufsetzen. Fenchel und beim Aufkochen den Reis zugeben. Zugedeckt ca. 30 Minuten auf kleiner Stufe garen. Dann Fleisch und Kräuter zufügen und altersgemäß grob oder fein pürieren.

Porreetopf
Ab 11–12 Monate

*½ Stange Porree, 1 Möhre,
1 Kartoffel, 1 Tomate,
1 Gewürzgurke,
1 TL Keimöl, 50 g Hackfleisch (Tatar),
je 1 Prise (Jod-)Salz und Zwiebelpulver,
1–2 EL saure Sahne, Kräuter*

Porree waschen und in feine Scheiben schneiden. Möhre und Kartoffel schälen, waschen und fein würfeln. Tomate heiß waschen, enthäuten und würfeln. Gewürzgurke würfeln. In einem Topf Öl erhitzen, Hackfleisch anbraten, mit der Tomate ablöschen, Möhre, Kartoffel, Porree und Gewürzgurke zugeben und andünsten. Dann würzen und wenig Wasser angießen. Zugedeckt 15–20 Minuten weich dünsten. Gelegentlich umrühren und Wasser angießen. Zum Schluß Sahne und Kräuter verrühren und unter den Porreetopf mischen. Nach Bedarf pürieren.

Kohlrabigemüse
Ab 5–6 Monate

1–2 Kohlrabi (130 g), einige zarte Kohlrabiblättchen, 1 kleine, gekochte Pellkartoffel, 1 TL Sahne, je 1 Prise frischgeriebene Muskatnuß und (Jod-) Salz

Kohlrabi schälen, waschen und in feine Streifen schneiden (oder hobeln), dann in wenig kochendem Wasser ca. 20 Minuten weich kochen. Die Blättchen gut waschen und fein wiegen. Kohlrabi abgießen, Blättchen zugeben und pürieren. Dann Kartoffel, Sahne und Gewürze zufügen. Kurz pürieren. Wenn der Brei zu dick ist, etwas Kohlrabiwasser aufgießen.

Kohlrabi gedünstet
Ab 6 Monate

1–2 Kohlrabi (130 g), einige zarte Kohlrabiblättchen, 1 TL Butter oder Keimöl, 1–2 TL Mehl Type 1050, 1 Tasse Wasser, 1 EL Petersilie

Kohlrabi schälen, waschen und in Streifen schneiden. Die gewaschenen Blättchen fein wiegen. Butter zerlassen und beides darin andünsten. Unter Wenden mit einem Holzlöffel 5–10 Minuten dünsten. Gelegentlich etwas Wasser angießen. Dann das Mehl durch ein Sieb über das Gemüse stäuben. Gut vermischen und den Rest des Wassers zugießen. Auf kleiner Stufe 15 Minuten dünsten lassen. Dann die Petersilie waschen, fein wiegen und über das Gemüse streuen. Nach Bedarf pürieren.
Für ältere Kinder eignet sich als Beilage Kartoffelbrei mit Würstchen.

Kohlrabi mit Fleisch
Ab 6 Monate

1–2 kleine Kohlrabi, 1 Kartoffel, 50 g Tatar, reichlich Kräuter

Kohlrabi schälen, waschen und zerschneiden (hobeln). Kartoffel schälen, waschen und fein würfeln. In einen Topf so viel Wasser geben, daß der Boden bedeckt ist. Aufkochen lassen und das Tatar hineingeben. Dann Kohlrabi und Kartoffel zufügen. 10 Minuten kochen lassen. Bei Bedarf etwas Wasser nachgießen. Zum Schluß die Kräuter darüberstreuen. Altersgemäß pürieren.

Kohlrabigemüse mit Schinken
Ab 7 Monate

1–2 Kohlrabi (130 g), einige zarte Kohlrabiblättchen, 1 EL Petersilie, 30–50 g Kochschinken, 1–2 gekochte Pellkartoffeln, 1 EL Butter, 1 EL Mehl Type 1050, je 1 Prise (Jod-)Salz, Zucker und frischgeriebene Muskatnuß, 1 EL süße Sahne

Kohlrabi schälen und waschen. In feine Würfel oder Streifen schneiden und in wenig Wasser 20–30 Minuten weich kochen. Kohlrabiblättchen und Petersilie waschen und wiegen. Schinken ebenfalls fein wiegen. Kartoffeln pellen und würfeln. Aus Butter und Mehl eine helle Mehlschwitze zubereiten, mit Kohlrabiwasser aufgießen. Gut durchkochen. Die Sauce soll recht dick sein. Das Kohlrabigemüse und alle anderen vorbereiteten Zutaten, die Gewürze und die Sahne unter die Sauce mengen. Bei Kindern unter 12 Monaten nach Bedarf pürieren.

Kohlrabigemüse mit Frikadelle
Ab 10 Monate

50 g mageres Rinderhack (Tatar), 1 Eiweiß, je 1 Prise (Jod-)Salz und frischgeriebene Muskatnuß, 1 TL Keimöl
Kohlrabigemüse
1 Kohlrabi, 1 Kartoffel, 1 Tasse Wasser, 1–2 TL Speisestärke, 1 Prise frischgeriebene Muskatnuß, 1–2 EL Kräuter, 1 Teelöffelspitze Butter

Aus Rinderhack, Eiweiß, Salz und Muskat eine Frikadelle mischen, formen und in dem heißem Öl von beiden Seiten braten.
Kohlrabi und Kartoffel schälen, waschen, fein würfeln und in Wasser ca. 15 Minuten weich kochen. Speisestärke in wenig Wasser glattrühren und unter das Gemüse mischen. Aufkochen und mit Muskat und Kräutern abschmecken. Butter darin verrühren. Mit der Firkadelle anrichten. Altersgemäß grob oder fein zerteilen.

Blumenkohl/Brokkoli gekocht
Ab 5–6 Monate

80–130 g Blumenkohl, Wasser, 1–2 EL Instant-Getreideflocken, 1 Teelöffelspitze Butter, je 1 Prise (Jod-) Salz und frischgeriebene Muskatnuß

Gereinigten Blumenkohl in Röschen teilen, in wenig kochendes Wasser legen und 15 Minuten weich kochen. Pürieren. Getreideflocken, Butter und Gewürze untermischen.
Bei Kindern ab 9 Monaten kann man eine Beilage aus Kartoffelbrei mit feingewiegter Fleischwurst reichen.

Blumenkohlgemüse/ Brokkoligemüse

Ab 6 Monate

80–130 g Blumenkohl,
2 TL Butter,
2 TL Mehl Type 1050 (550),
1 TL Zitronensaft,
je 1 Prise (Jod-)Salz
und frischgeriebene Muskatnuß,
1 TL süße Sahne,
Kräuter

Gereinigten Blumenkohl in kochendes Wasser legen und 15–20 Minuten weich kochen. In dieser Zeit aus Butter und Mehl eine dicke Mehlschwitze zubereiten. Mit Gemüsewasser bis zur gewünschten Sämigkeit aufgießen. Mit Zitronensaft, Salz, Muskat, Sahne und Kräutern abschmecken. Die Kohlröschen hineingeben. Nach Bedarf pürieren.

Blumenkohl/Brokkoli mit Semmelbröseln

Ab 7–8 Monate

80–130 g Blumenkohl,
je 1 Prise (Jod-)Salz und
frischgeriebene Muskatnuß,
1 TL Butter,
1 TL Semmelbrösel

Gereinigten Blumenkohl in wenig kochendes Wasser geben. Nach 15–20 Minuten Kochzeit abtropfen lassen, in kleine Röschen teilen oder pürieren. Würzen. Butter in einer Pfanne zerlassen, Semmelbrösel einstreuen, aufschäumen lassen und über das Gemüse geben.
Als Beilage zu diesem Gemüse eignet sich Kartoffelbrei.

Rosenkohlgemüse gekocht

Ab 7–8 Monate

50 g Rosenkohl, 2–3 Kartoffeln,
½ TL Butter, je 1 Prise (Jod-)Salz und
frischgeriebene Muskatnuß, Kräuter

Vom Rosenkohl die äußeren Blättchen entfernen, waschen und in wenig Wasser ca. 20 Minuten weich kochen. Gleichzeitig die Kartoffeln mit Schale kochen. Die Kartoffeln pellen, fein würfeln. Rosenkohl im Gemüsewasser pürieren, die Hälfte der Kartoffeln mitpürieren. Butter, Salz, Muskat und Kräuter untermischen und zum Schluß die restlichen Kartoffelwürfel.

Rosenkohlgemüse mit Schinken
50 g Kochschinken fein wiegen oder mitpürieren. 1 EL Sahne, 1 EL Wasser und 1 TL Speisestärke glattrühren, ins Gemüse mischen und einmal aufkochen. Zum Schluß die Kräuter zugeben.
Ab 8–10 Monate.

Rosenkohl mit Butter und Käse

Ab 8–10 Monate

50 g Rosenkohl, frischgeriebene
Muskatnuß, 1 TL Butter, Kräuter,
1 EL geriebener, milder Käse
(Gouda)

Rosenkohl putzen, waschen und in wenig Wasser ca. 20 Minuten weich kochen. Abgießen und zerteilen oder pürieren, würzen. Butter zerlassen, Kräuter darin verrühren, über den Kohl gießen, den Käse darüberstreuen.
Zu Kartoffelbrei servieren.

Rosenkohlgemüse gedünstet

Ab 10–12 Monate

50 g Rosenkohl,
1 TL Butter,
1 TL durchwachsener Speck,
je 1 Prise (Jod-)Salz und
frischgeriebene Muskatnuß

Rosenkohl putzen und waschen. In einem Topf Butter zerlassen. Den feingewiegten Speck darin knusprig braten, dann den Rosenkohl zugeben, mit einem Holzlöffel mehrmals wenden und andünsten. Etwas Wasser zufügen und zugedeckt ca. 20 Minuten weich dünsten. Den Rosenkohl zerteilen, mit Salz und Muskat abschmecken.
Zu Kartoffelbrei (aus 60–100 g Kartoffeln) servieren.

Rote-Bete-Topf

Ab 6–7 Monate

1–2 Rote Beten (ca. 100 g),
1 Kartoffel, 1 TL Speisestärke,
½ Tasse Knochen- oder Fleischbrühe
oder Wasser,
je 1 kräftige Prise Zucker
und (Jod-)Salz,
1 EL feingewiegter Sauerampfer,
2 EL saure oder süße Sahne

Rote Beten waschen, kochen, schälen und fein würfeln. Kartoffel mit Schale kochen, dann pellen und fein würfeln. Speisestärke in die Fleischbrühe einrühren und unter Rühren aufkochen, mit Zucker, Salz und Sauerampfer abschmecken. Dann die Roten Beten und Kartoffel in die Sauce geben und zum Schluß die Sahne unterrühren. Nicht mehr kochen lassen. Nach Bedarf pürieren.

Rote Bete mit Apfelsauce
Ab 6 Monate

1 großer oder 2 kleine Äpfel,
1 TL Zucker, einige Anissamen,
1 kleine, gekochte oder rohe Rote Bete,
1 EL süße oder saure Sahne

Äpfel waschen, schälen, entkernen, vierteln und in sehr wenig Wasser mit Zucker und Anis aufkochen und 10 Minuten auf kleiner Stufe dünsten. Dann die Apfelstücke zerdrücken, so daß ein grober Brei entsteht. In den Brei die gekochte und geschälte (oder rohe) Rote Bete raspeln, vermischen. Mit saurer Sahne oder geschlagener Sahne anrichten. Für Kinder unter 12 Monaten entsprechend pürieren.

Bohnengemüse aus Brechbohnen (Buschbohnen)
Ab 10–12 Monate

100 g Bohnen, 1–2 Kartoffeln,
¼ l Brühe oder Wasser,
nach Belieben frisches Bohnenkraut,
nach Bedarf angerührte Speisestärke
1 Prise (Jod-)Salz,
Kräuter

Frische Bohnen putzen (evtl. Fäden abziehen), waschen und in kleine Stücke brechen. Kartoffeln schälen, waschen, würfeln. Beides in die kochende Brühe geben und zugedeckt 20–30 Minuten weich kochen. Frisches Bohnenkraut im Ganzen mitkochen, dann herausnehmen. Kartoffelstückchen leicht zerdrücken. Falls die Sauce noch zu flüssig ist, mit etwas angerührter Speisestärke binden. Mit Salz und Kräutern abschmecken. Nach Bedarf pürieren.

Bohnengemüse in Brennsauce
Ab 10–12 Monate

100 g grüne oder gelbe Brechbohnen
(frisch oder aus der Dose)
Sauce
1 EL Butter,
1 EL Mehl Type 1050 (550),
¼ l Wasser oder Brühe,
je 1 Prise (Jod-)Salz und Majoran,
1 TL Zitronensaft,
1 EL Petersilie

Bohnen putzen, waschen, in Stücke brechen, 20–30 Minuten weich kochen und abgießen. Dosenbohnen kalt abspülen.
Aus Butter und Mehl eine hellbraune Mehlschwitze zubereiten, mit Wasser oder Brühe aufgießen und zu einer dicken Sauce einkochen. Mit Salz abschmecken. Dann Bohnen, Majoran, Zitronensaft und Petersilie zufügen. Zu Kartoffelbrei servieren oder allein in püriertem Zustand als Hauptgericht füttern.

Gemischter Bohnentopf
Ab 10–12 Monate Foto S. 102

50 g grüne Bohnen,
1 Möhre, 1 Kartoffel,
1 fingerlanges Stück Porree,
¼ Paprikaschote, 2 Tomaten,
frisches Bohnenkraut,
50 g Hackfleisch,
1 TL Keimöl, je 1 Prise Majoran,
Thymian und (Jod-)Salz,
½ Tasse Wasser,
Kräuter

Bohnen putzen, waschen. Möhre schälen, waschen. Kartoffel schälen, waschen, würfeln. Porree waschen und in feine Ringe schneiden. Paprikaschote waschen. Möhre und Paprika in feine Streifen hobeln. Tomaten heiß waschen, enthäuten, zerteilen. Bohnenkraut waschen.
Hackfleisch in einem Topf in heißem Keimöl anbraten. Mit den Tomaten ablöschen. Möhre, Kartoffel und Paprika zugeben und unter ständigem Wenden andünsten. Dann Porree, Bohnen und Gewürze untermischen. Wasser angießen und zugedeckt 20–30 Minuten unter gelegentlichem Wenden köcheln lassen. Bohnenkraut obenauf mitdämpfen. Vor dem Servieren mit den Kräutern überstreuen. Altersgemäß pürieren.

Schnittbohnensuppe
Ab 10–12 Monate

100 g flache Schnittbohnen,
(Jod-)Salz,
1 EL Butter,
1 EL Mehl Type 1050,
Gemüsewasser,
je 1 Prise frischgeriebene Muskatnuß,
Bohnenkraut,
Zwiebelpulver
und (Jod-)Salz,
1 EL saure Sahne,
1 TL Zitronensaft,
1 EL Petersilie

Bohnen putzen, waschen und schräg in längliche Streifen schneiden. In leicht gesalzenem Wasser 30–45 Minuten weich kochen. Aus Butter und Mehl eine helle Mehlschwitze zubereiten. Mit Gemüsewasser aufgießen. Die Gewürze zugeben und alles gut durchkochen. Dann die Bohnen und die restlichen Zutaten zugeben. Altersgemäß pürieren.

Brühkartoffeln mit Flageolets und Fleisch

Ab 8–10 Monate

50 g Kochfleisch (Rind), ¼ l Wasser oder Brühe, 2 Kartoffeln, 50–80 g Flageolets (Dose), etwas Bohnenkraut, 1 Prise (Jod-)Salz, Kräuter

Fleisch waschen und in einen Topf mit kochendem Wasser geben und weich kochen. Nach ca. 60 Minuten die Kartoffeln schälen, waschen, würfeln und zu der kochenden Brühe geben. Nach ca. 15 Minuten Kochzeit die Flageolets zufügen. Fleisch herausnehmen, fein wiegen und wieder in die Brühe geben. Würzen, nach Bedarf pürieren, mit Kräutern bestreuen.

Flageolets mit Kartoffeln

Ab 10 Monate

2 kleine Kartoffeln, 100 g Flageolets (Dose), 1 Tasse (¼ l) Brühe oder Wasser, 1 TL Speisestärke, 1 EL Sahne (Wasser), 1 Teelöffelspitze Bohnenkraut, 1 EL Petersilie, 1 Prise (Jod-)Salz

Kartoffeln mit Schale weich kochen. Flageolets in ein Sieb gießen, abspülen. In einem Topf Brühe oder Wasser erhitzen. Die Speisestärke in der Sahne glattrühren, in die kochende Brühe einlaufen lassen und unter Rühren aufkochen. Die Sauce mit Kräutern und Salz abschmecken, nochmals gut durchkochen, dann vom Herd nehmen. Flageolets in die Sauce geben. Kartoffeln pellen, fein würfeln und ebenfalls zugeben. Eventuell pürieren.

Flageolets mit Hackfleisch

Ab 11–12 Monate

1 Kartoffel, 100 g Flageolets (Dose), 1 TL Keimöl, 50 g Hackfleisch (Tatar), 1 TL Mehl Type 1050, 1 Prise Bohnenkraut, Kräuter, 1 EL saure Sahne

Kartoffel mit Schale kochen. Die Flageolets in ein Sieb gießen und abspülen. Kartoffel pellen und würfeln. In einer Pfanne Keimöl erhitzen, das Hackfleisch darin knusprig braten. Mehl darüber stäuben und alles mehrmals wenden, dann etwas Wasser zugießen und einmal aufkochen. Dabei ständig wenden. Gewürze, Flageolets und Kartoffel untermischen. Schließlich die Sahne untermengen.

Überbackene Flageolets

Ab 12 Monate

100 g Flageolets (Dose), 1 Tomate, Butter für die Form, 2 EL gegarter Parboiled Reis oder 2 gekochte Pellkartoffeln, 1–2 EL feingeriebener, milder Käse (Gouda), Kräuter

Flageolets in ein Sieb gießen und gut abspülen. Tomate heiß waschen, enthäuten und kleinschneiden. Eine feuerfeste Form gut mit Butter ausreiben. Flageolets mit Reis oder gepellten und feingewürfelten Kartoffeln vermischen und in die Form füllen. Mit Tomatenstückchen bedecken. Den Käse darüber streuen. Bei milder Hitze (180 Grad) im Backofen überbacken. Anschließend mit Kräutern bestreuen und servieren.

Nudelpfanne mit Flageolets

Ab 8 Monate

1 TL Keimöl, Fleisch- oder Wurstreste, 3–4 EL gekochte Nudeln (für kleine Kinder, z. B. Sterne oder Buchstaben), 3 EL Wasser, 1 TL Ketchup oder Tomatenmark, 100 g Flageolets (Dose), Kräuter

In einem Topf Öl erhitzen, Fleisch- oder Wurstreste und Nudeln darin anbraten. Wasser und Ketchup vermischen und damit Nudeln und Fleisch ablöschen. Vom Herd nehmen, abgespülte Flageolets zugeben. Mit Kräutern abschmecken.

Selleriegemüse

Ab 6–7 Monate

50–100 g Sellerie, ¼ l Wasser, 1 Teelöffelspitze (Jod-)Salz, 1 Eigelb, 1 EL Sahne, 1–2 TL Speisestärke, Zitronensaft, Kräuter, nach Belieben 50 g Tatar oder anderes feingewiegtes Fleisch

Sellerie waschen, schälen, in Würfel schneiden und in einem Topf mit leicht gesalzenem Wasser 20–30 Minuten weich kochen. Eigelb mit Sahne und Speisestärke glattrühren. Vorsichtig, unter Rühren in das Gemüse einlaufen lassen. Aufkochen. Mit Zitronensaft und Kräutern abschmecken. Altersgemäß pürieren.
Wenn Fleisch untergemischt werden soll, im Gemüse während der letzten 10 Minuten mitkochen.
Man kann es auch in wenig Butter oder Keimöl anbraten und anschließend zum fertigen Gemüse geben. Altersgemäß pürieren.

Spargel mit Gemüse
Ab 6 Monate

*1 Kartoffel, 1 Möhre,
ein Röschen Blumenkohl,
¼ l Brühe oder Wasser,
je 1 Prise (Jod-)Salz und Zucker,
einige Spargelköpfe, 1 Teelöffelspitze
Butter, 1 TL Petersilie*

Kartoffel und Möhre waschen, schälen und kleinschneiden. Blumenkohl waschen. In die Brühe geben und mit Zucker und Salz 20 Minuten kochen. Spargelköpfe (frische) und Butter zugeben und noch 10 Minuten leicht kochen (bei Spargelköpfen aus dem Glas entfällt das Kochen). Zum Schluß die Petersilie zugeben und pürieren.

Spargelgemüse mit Schinken
Ab 8 Monate

*100 g frischen Spargel, je 1 Prise
Zucker und (Jod-)Salz, 1 EL Butter,
1 EL Mehl Type 1050, 1 EL saure
Sahne, 1 TL Zitronensaft, etwas Butter,
Kräuter, 50 g Hinterschinken ohne
Fettrand*

Spargel waschen, schälen (vom Kopf abwärts), dabei holzige Teile entfernen. In kochendes, mit Salz und Zukker versetztes Wasser geben. 30 Minuten leicht kochen, dann herausnehmen und in 1 cm große Stücke schneiden. Aus Butter und Mehl eine helle Mehlschwitze zubereiten, mit Spargelwasser aufgießen und gut durchkochen. Mit Sahne, Zitronensaft, Butter und Kräutern abschmecken. Den Schinken fein wiegen und mit dem Spargel in die Sauce geben. Für Kinder unter 12 Monate pürieren.

Spargelköpfe in Holländischer Sauce
Ab 12 Monate

*100–150 g Spargel (frisch),
je 1 Prise (Jod-)Salz und Zucker*
Sauce
*¼ l Spargelbrühe, Gemüsebrühe
oder Fleischbrühe, 1 Eigelb,
2 EL (20 g) Weizenmehl Type 550,
30 g Butter, Zucker,
1 TL Zitronensaft,
1 EL saure Sahne,
1 gekochte Pellkartoffel*

Frischen Spargel waschen, putzen (vom Kopf abwärts), dabei holzige Teile entfernen. In kochendes mit Salz und Zucker versetztes Wasser legen und 30 Minuten weich kochen. Dann abtropfen lassen und die Köpfe abteilen.
In einem kleinen Topf ¼ l der abgekühlten Spargel-, Gemüse- oder Fleischbrühe mit dem Eigelb kräftig mit einem Schneebesen schlagen. Unter weiterem Schlagen das Mehl einrieseln lassen. Dann den Topf auf kleinster Stufe vorsichtig erwärmen. Währenddessen unbedingt weiterschlagen, bis die Masse dick ist. (Einfacher ist es, die Sauce im Wasserbad zu erwärmen.) Dann die Butter in Flöckchen unterschlagen. Die Sauce nicht weiter erwärmen, niemals kochen! Mit Zukker, Zitronensaft und Sahne abschmecken.
Die Spargelköpfe in einem Rest Spargelbrühe erwärmen. Die Kartoffel pellen und auf einen Teller würfeln, die Spargelköpfe dazugeben. Alles mit Sauce übergießen.
Satt frischem Spargel können auch konservierte Spargelköpfe verwendet werden. Die Spargelstangen können Sie im Kühlschrank aufbewahren und anderntags z. B. das Mittagessen nach dem obigen Rezept zubereiten.

Rippenmangold in Holländischer Sauce
Statt des Spargels 100–150 g kleingeschnittenen Rippenmangold verwenden.
Als Beilage eignet sich Kartoffelbrei oder Butterreis.

Blumenkohl/Brokkoli in Holländischer Sauce
Statt des Spargels 100 g gut gereinigten Blumenkohl oder Brokkoli verwenden und in wenig Wasser 15–20 Minuten weich kochen.

Spargelpüree
Ab 6 Monate

*1–3 Kartoffeln, Spargelreste,
Spargelbrühe, Kräuter, Zitronensaft,
je 1 Prise (Jod-)Salz und Zucker*

Die Kartoffeln mit Schale kochen, dann abpellen und zerteilen. Die erwärmten Spargelreste mit etwas Spargelbrühe dazugeben, Kräuter darüberstreuen und alles fein pürieren. Mit Zitronensaft, Salz und Zucker sehr sparsam abschmecken.

Spargel-Butter-Püree
Ab 6 Monate

*150 g Spargel (Reste oder frisch),
2–3 EL Spargelbrühe, etwas
Zitronenmelisse,
je 1 Prise (Jod-)Salz, Zucker,
frischgeriebene Muskatnuß,
1 TL Butter, 1 Blatt Sauerampfer*

Spargel frisch zubereiten und in ungewürztem Wasser kochen oder Spargelreste kleinschneiden und erhitzen. Abtropfen lassen und in Spargelbrühe fein pürieren. Gewaschene Zitronenmelisse dazugeben und nochmals pürieren. Mit Butter und Gewürzen abschmecken.

Schwarzwurzelbrei

Ab 7 Monate

100 g Schwarzwurzeln,
1 gekochte Pellkartoffel,
1 Teelöffelspitze Butter,
1 Prise frischgeriebene Muskatnuß,
Kräuter

Schwarzwurzeln waschen, 30 Minuten kochen, abtropfen, schälen und in Stücke schneiden. Schwarzwurzeln mit der abgepellten Kartoffel pürieren. Butter, Muskat und Kräuter unterrühren.

Schwarzwurzelgemüse

Ab 7–8 Monate

1–2 gekochte Pellkartoffeln,
50–100 g gegarte Schwarzwurzeln (frisch oder aus der Dose),
je 1 Prise (Jod-)Salz, Zucker und frischgeriebene Muskatnuß,
Kräuter,
nach Belieben 50 g Schinken, Putenbrust,
Fleischreste oder Fisch

Kartoffeln abpellen und zu den Schwarzwurzeln geben. Gewürze, Kräuter und Schinken, Fleischreste oder Fisch zufügen. Alles altersgemäß pürieren.

Schwarzwurzeln in Sahnesauce

Ab 7 Monate

100–150 g gegarte Schwarzwurzeln (tiefgefroren oder aus der Dose),
1 EL Butter, 1 EL Mehl Type 1050,
⅛ l Brühe oder Wasser, je 1 Prise frischgeriebene Muskatnuß und (Jod-) Salz, 1 EL süße Sahne, 1 Eigelb,
1 TL Zitronensaft

Schwarzwurzeln in kleine Stücke schneiden. In einem Topf aus Butter und Mehl eine helle Mehlschwitze zubereiten, mit Brühe aufgießen, mit Salz und Muskat abschmecken. Sahne, Eigelb und Zitronensaft miteinander verschlagen und unter Rühren in die Sauce laufen lassen. Vom Herd nehmen, Schwarzwurzeln hineingeben, nach Bedarf pürieren.
Zu Kartoffelbrei servieren.

Schwarzwurzeln mit Hack-Haschee

Ab 10–12 Monate

100 g Schwarzwurzeln (Dose),
1 TL Keimöl, 50 g Hackfleisch (Tatar),
2 Tomaten (frisch oder aus der Dose),
1 Gewürzgurke, je 1 Prise (Jod-)Salz und Zwiebelpulver, 1 EL Sahne,
1 EL Kräuter

Schwarzwurzeln gut abspülen. Keimöl in einem Topf erhitzen, das Fleisch darin anbraten. Mit den enthäuteten und zerteilten Tomaten ablöschen. Auf kleiner Stufe 5 Minuten rühren. Gewürzgurke fein würfeln und zugeben. Mit Gewürzen, Sahne und Kräutern abschmecken. Zum Schluß die Schwarzwurzeln untermengen.
Zu Parboiled Reis oder Kartoffelbrei.

Gurke gedünstet

Ab 10 Monate

100 g Schlangengurke, 1 EL Schmalz oder Keimöl, 2 EL saure oder süße Sahne, 1–2 TL Speisestärke nach Bedarf, je 1 Prise (Jod-)Salz und Zucker, 1 TL frischer Dill, etwas Petersilie und Zitronensaft

Gurke waschen, dünn schälen, Scheiben abschneiden und würfeln. In einem Topf Schmalz erhitzen. Die Gurkenwürfel darin andünsten. Sofort auf kleinste Stufe stellen, zudecken und ohne Flüssigkeitszugabe 20–25 Minuten weich schmoren. Gelegentlich umrühren. Falls kein Gurkenwasser mehr vorhanden ist, etwas Wasser nachgießen. Die Sahne verschlagen. Wenn das Gurkengemüse fein püriert wird oder gebunden sein soll, die Speisestärke in der Sahne glattrühren, Salz und Zucker zugeben und alles unter das Gemüse rühren. Einmal aufkochen. Mit Dill, Petersilie und Zitronensaft abschmecken. Pürieren.
Kindern ab dem zweiten Lebensjahr mit Kartoffelbrei, Parboiled Reis und auch Bratkartoffeln anbieten.

Gurke überbacken

Ab 12 Monate

1 Rezept Gurke gedünstet,
2 EL geriebenen Käse (Gouda),
1 TL Semmelbrösel, Butter

Gedünstete Gurke in eine gut gefettete, feuerfeste Form füllen. Darüber zuerst Käse, dann Semmelbrösel streuen. Obenauf einige Butterflöckchen geben. Im heißen Backofen 5–10 Minuten überbacken.

Gurkentopf mit Fleisch/Fisch
Ab 12 Monate

50 g Fleisch oder Fischfilet,
1 TL Keimöl, 60 g Schlangengurke,
1 mittelgroße Gewürzgurke,
1 Pellkartoffel, 1 Tomate,
einige Champignons,
1 Scheibe von einer Zwiebel,
2 EL saure Sahne, 1 Prise Senfpulver,
Kräuter

Fleisch oder Fisch in dem Keimöl durchbraten, aus dem Topf nehmen. Gemüse vorbereiten und würfeln. Im restlichen Öl kurz andünsten. Nach ca. 5 Minuten das Fleisch wieder zugeben. Sahne, Senfpulver, Kräuter miteinander verschlagen und unterrühren.

Tomatenreis
Ab 6 Monate

30 g Parboiled Reis,
etwas (Jod-)Salz,
1–2 Tomaten,
1 Teelöffelspitze Butter,
Kräuter

Reis ungewaschen in der dreifachen Menge leicht gesalzenen Wassers zum Kochen aufsetzen. Auf kleiner Stufe bei offenem Topf ca. 30 Minuten ausquellen lassen. In dieser Zeit die Tomaten heiß waschen, enthäuten, würfeln und 15 Minuten vor Ende der Kochzeit dem Reis zusetzen. Mit Butter und Kräutern vermengen und pürieren.

Huhn in Tomatenreis
Tomatenreis zubereiten. Zum Schluß 50 g feingewiegtes Hühnerfleisch untermischen.

Das Fleisch kann von einem vorher zubereiteten Brathähnchen oder Kochhuhn abgenommen werden, es eignet sich auch ein Rest vom Vortag.

Tomatentopf
Ab 6 Monate

1 TL Keimöl, 1 TL Zwiebel,
2–3 Tomaten, 1 Prise (Jod-)Salz,
1–2 EL gekochte Vollkornnudeln,
Parboiled Reis oder Kartoffelbrei,
Kräuter

Öl erhitzen, die feingewiegte Zwiebel darin dämpfen, die heiß gewaschenen, enthäuteten und gewürfelten Tomaten zugeben. Alles vermischen, salzen, einige Minuten dünsten lassen und über die Nudeln (Reis, Kartoffeln) gießen. Mit Kräutern bestreuen. Nach Bedarf pürieren.

Tomateneintopf
Ab 7 Monate

2 Tomaten, 2 kleine Kartoffeln,
etwas Wasser,
1 Prise (Jod-)Salz,
1 EL Sahne,
1 EL Kräuter

Tomaten heiß waschen und enthäuten. Kartoffeln dünn schälen, waschen, fein würfeln und in einem Topf mit wenig Wasser und Salz zum Kochen aufsetzen. Nach 10 Minuten die gewürfelten Tomaten dazugeben. Weitere 5 Minuten leicht köcheln. Dann die Sahne steif schlagen. Gemüse nach Bedarf pürieren und mit Kräutern abschmekken. Auf einem Teller anrichten und mit einer Sahnehaube verzieren.

Italienische Tomatensauce
Ab 6–7 Monate

Mehrere Tomaten, 1–2 TL Keimöl,
1 TL feingewiegte Zwiebel,
je 1 Prise Oregano, (Jod-)Salz,
Zucker, Thymian

Tomaten waschen, überbrühen, enthäuten, würfeln. In einem Topf Keimöl erhitzen, Zwiebel andünsten, mit den Tomaten ablöschen. Etwas Wasser oder Brühe zugeben und mit den Gewürzen vermischen. Zugedeckt unter gelegentlichem Rühren einkochen lassen, bis eine dicke Sauce entstanden ist.
Diese Sauce schmeckt sehr gut zu Nudeln. Verwenden Sie für Ihr kleines Kind zuerst auch kleine Nudeln, z. B. Sternchen oder Buchstaben. Diese brauchen schon ab 8–10 Monate nicht mehr püriert werden.

Tomatenpüree
Ab 6 Monate

2–3 Tomaten,
1 TL Keimöl oder Butter,
1 TL feingewiegte Zwiebel,
je 1 Prise (Jod-)Salz und Zucker,
Kräuter

Tomaten heiß waschen, enthäuten und zerteilen. Fett erhitzen, Zwiebel kurz andünsten, dann mit Tomaten ablöschen. Unter Wenden 5 Minuten dünsten. Mit Salz, Zucker und Kräutern abschmecken.
Zu Kartoffelbrei servieren.

Tomaten mit Fisch
Ab 8 Monate

Etwas Butter oder Margarine, 100 g Kabeljaufilet (tiefgefroren oder frisch; den tiefgefrorenen Fisch unaufgetaut verwenden), 2 Tomaten, 1 EL saure Sahne, 1 TL Mehl oder Speisestärke

Eine kleine, feuerfeste Form mit Butter gut einfetten. Fisch hineinlegen. Tomaten heiß waschen, enthäuten und fein wiegen. Saure Sahne und Mehl verrühren, Tomaten zugeben. Diese Masse über den Fisch gießen. Die Form in den Backofen geben, 20–30 Minuten bei 180–200 °C backen. (Die Garzeit entsprechend den Angaben auf der Verpackung wählen). Beim Füttern auf Gräten achten.

Tomatenleber mit Reis
Ab 8 Monate

50 g Leber, Mehl, 1 Tl Keimöl, 2 Tomaten, 1–2 EL Parboiled Reis oder Nudeln, 1 Prise (Jod-)Salz, Kräuter

Leber waschen, Häute abziehen, in etwas Mehl wenden. Öl erhitzen, die Leber hineingeben, von beiden Seiten braten. Tomaten heiß abwaschen, enthäuten und achteln. Leber aus der Pfanne nehmen und die Tomaten hineingeben. Verrühren, nach einigen Minuten etwas Wasser angießen. Reis oder Nudeln in die Sauce geben und auf kleiner Stufe 30 bzw. 15 Minuten kochen lassen. Leber fein zerschneiden oder wiegen und unter die gare Speise mischen. Mit Salz und Kräutern abschmecken und nach Bedarf pürieren.

Zucchinigemüse
Ab 10 Monate

1–2 kleine Zucchini (100 g), ¼ l Brühe oder Wasser, 1 TL Tomatenmark oder -ketchup, 1 Prise (Jod-)Salz und Zwiebelpulver, 30 g gegarter Parboiled Reis, evtl. Speisestärke, Kräuter

Zucchini waschen, schälen, fein würfeln, raspeln oder in Scheiben schneiden, je nach Kaufähigkeit des Kindes. Brühe zum Kochen bringen. Zucchini, Tomatenmark, Gewürze einrühren und alles ca. 10 Minuten kochen lassen. Dann den Reis zufügen, nach Bedarf mit etwas angerührter Speisestärke binden und mit Kräutern abschmecken. Nach Bedarf pürieren. Bei Kindern im zweiten Lebensjahr kann der Reis auch separat auf dem Teller angerichtet werden oder durch Bratkartoffeln, Kartoffelbrei oder Nudeln ersetzt werden.

Überbackenes Zucchinigemüse
Ab 10 Monate

1–2 Zucchini (100 g), 1 Tomate, 1–2 TL Keimöl, je 1 Prise (Jod-)Salz, Zucker und Zwiebelpulver, 1 TL Zitronensaft, 1 EL saure Sahne, Kräuter, Fett für die Form, geriebener Käse

Zucchini waschen, Stiel und Spitze entfernen, schälen, in feine Scheiben schneiden oder raspeln. Tomate heiß waschen, enthäuten und würfeln. Keimöl in einem Topf erhitzen. Die Zucchini darin andünsten, mit der Tomate ablöschen. Auf kleinster Stufe, möglichst im eigenen Saft, zugedeckt ca. 10 Minuten schmoren. Dann mit Gewürzen, Zitronensaft, Sahne und Kräutern abschmecken. Eine feuerfeste Form gut ausfetten, das Gemüse hineinfüllen, den geriebenen Käse darüber verteilen und alles im heißen Backofen 10–15 Minuten überbacken.
Ab dem zweiten Lebensjahr ist eine Beilage aus Bratkartoffeln oder Kartoffelbrei lecker und sättigend. Davor füttert man das Gemüse zwar überbakken, jedoch püriert und ohne Beilage.

Zucchinipfanne
Ab 10–12 Monate

1–2 kleine Zucchini, 1 Scheibe von einer Zwiebel, 1 Tomate, 1 TL Keimöl, 50 g Hackfleisch (Tatar), 1 Tasse Brühe oder Wasser, 1–2 EL gegarter Parboiled Reis oder 1–2 gekochte Pellkartoffeln, 1 EL saure Sahne, Kräuter

Zucchini waschen, Spitze und Stiel abschneiden, dünn abschälen und in feine Scheiben schneiden. Zwiebelscheibe fein hacken. Tomate heiß waschen, enthäuten und fein hacken. In einem Topf Öl erhitzen und das Fleisch darin anbraten. Dann die Zwiebel kurz anrösten und die Zucchini andünsten. Tomate untermischen und Brühe angießen. Zugedeckt ca. 10 Minuten köcheln lassen. Dann den gegarten Reis oder die gepellten Kartoffeln in Würfeln unterheben. Zum Schluß mit saurer Sahne und Kräutern abschmecken. Altersgemäß pürieren.
Geben Sie noch eine gewürfelte Gewürzgurke hinzu, dann wird die Speise pikant.

Zucchini mit Rührei
Ab 10 Monate

1–2 kleine Zucchini,
1 gekochte Pellkartoffel,
1 TL Keimöl,
1 EL feingehackte Zwiebel,
je 1 Prise (Jod-)Salz und
Paprikapulver mild, Kräuter,
1 Ei, 1 EL Milch

Zucchini waschen, Stiel und Spitze entfernen, schälen und in feine Scheiben schneiden. Zwiebel fein hacken. Pellkartoffel pellen und würfeln. In einem Topf Öl erhitzen, Zwiebel und Zucchini darin andünsten. Unter Wenden 5–10 Minuten garen. Kartoffel, Gewürze und Kräuter untermischen. Ei und Milch miteinander verschlagen und über das Gemüse gießen. Stocken lassen und servieren. Für Kinder unter 12 Monaten nach Kaufähigkeit pürieren.

Auberginen gedünstet
Ab 8 Monate

100 g Aubergine,
1 TL Keimöl,
1 Prise (Jod-)Salz,
1 TL Zitronensaft,
2 EL Naturjoghurt,
Kräuter

Aubergine waschen und fein würfeln. In einem Topf Öl erhitzen, Aubergine hineingeben und dünsten. Mit Salz und Zitronensaft würzen. Wenig Wasser angießen und zugedeckt auf kleiner Stufe 30 Minuten schmoren. Joghurt und Kräuter miteinander verschlagen und unter das Gemüse rühren. Altersgemäß pürieren.

Paprikagemüse mit Reis
Ab 7–8 Monate

30 g Parboiled Reis, 1 Möhre, 1 kleine Paprikaschote, 1 EL Erbsen (tiefgefroren), etwas Butter, Kräuter

Reis nach dem Grundrezept (s. S. 63) zubereiten. Nach 10 Minuten Kochzeit die geschälte, gewaschene, in Scheiben geschnittene Möhre, die geputzte und kleingeschnittene Paprikaschote zufügen. Nach 20 Minuten Kochzeit die Erbsen. Wenn alle Zutaten gar sind, Butter und Kräuter unterrühren. Altersgemäß pürieren.

Paprika-Gurken-Gemüsepfanne
Ab 10–12 Monate

1 Paprikaschote, 5 Scheiben von einer Schlangengurke, 1 Tomate,
1 Scheibe Zwiebel,
1 TL Keimöl,
1–2 gekochte Pellkartoffeln oder
1–2 EL gegarter Parboiled Reis,
2 EL saure Sahne,
je 1 Prise (Jod-)Salz und Thymian,
1–2 TL Speisestärke, Kräuter

Paprika putzen, waschen, enthäuten und in feine Streifen schneiden. Gurke waschen, schälen, Scheiben abschneiden und würfeln. Tomate heiß waschen, enthäuten und würfeln. Zwiebelscheibe würfeln. Keimöl in einem Topf erhitzen. Gemüse hineingeben und unter Wenden andünsten. Nach einer Weile etwas Wasser angießen und zugedeckt ca. 15 Minuten dünsten lassen. Hin und wieder umrühren und evtl. Wasser nachgießen. Dann die gepellten und gewürfelten Kartoffeln oder den Reis untermischen. Saure Sahne mit Gewürzen und Speisestärke glattrühren, in das Gemüse einrühren, einmal kurz aufkochen und mit Kräutern abschmecken. Pürieren.

Mangoldbrei
Ab 6 Monate

100–150 g Mangold,
¼ l Kalbsknochenbrühe oder Wasser,
1 EL Milch oder Sahne,
1 TL Speisestärke,
je 1 Prise (Jod-)Salz
und frischgeriebene Muskatnuß

Die gut gewaschenen und abgetropften Mangoldblätter in der Brühe ca. 15 Minuten leicht kochen. Herausnehmen und abgetropft durch den Fleischwolf drehen oder pürieren. Die Brühe mit der in der Milch angerührten Speisestärke binden, mit den Gewürzen abschmecken und den Mangold wieder dazumischen.

Mangoldbrei mit Ei
Ab 5 Monate

Mangold und beliebiges anderes Gemüse (insgesamt ca. 130 g),
1 Kartoffel, 1 Eigelb,
1 EL Milch, Kräuter

Gemüse putzen, waschen und kleinschneiden. Kartoffel schälen, waschen und ebenfalls kleinschneiden. Alles in einem Topf mit wenig Wasser ca. 30 Minuten leicht köcheln lassen. Dann das Eigelb mit der Milch verschlagen. Die Kräuter zum Gemüse geben und alles pürieren. Zum Schluß die Eiermilch untermischen.

Mangoldbrei mit Rührei
Ab 8 Monate

1 Rezept Mangoldbrei,
1 Ei, Butter

Mangoldbrei zubereiten. In einer Pfanne wenig Butter zerlassen, das Ei hineinschlagen und mit einer Gabel verschlagen. Stocken lassen und mit dem Mangoldbrei anrichten.

Mangold mit Kartoffeln
Ab 6 Monate

100 g Blatt- oder Rippenmangold,
2 Kartoffeln,
¼ l Brühe oder Wasser,
je 1 Prise (Jod-)Salz und
frischgeriebene Muskatnuß,
Kräuter, evtl. Butter und Zitronensaft

Mangold gut waschen und zerkleinern, Kartoffeln schälen, waschen, fein schneiden und mit dem Mangold in die kochende Brühe geben. 20–30 Minuten leicht kochen. Dann pürieren. Mit Gewürzen und Kräutern abschmekken. Nach Belieben etwas Butter und Zitronensaft zumischen.

Mangold mit Brühkartoffeln und Fleisch
Ab 6–7 Monate

50 g Kochfleisch (Rind),
2 Kartoffeln,
100 g Mangold, 1 Prise (Jod-)Salz,
1 EL Kräuter (Sauerampfer,
Zitronenmelisse)

Fleisch waschen und in einem Topf mit Wasser zum Kochen aufsetzen. Nach ca. 60 Minuten die geschälten, gewaschenen und gewürfelten Kartoffeln und den gewaschenen, zerteilten Mangold zugeben. Weitere 30 Minuten kochen lassen. Dann pürieren, mit Salz und Kräutern abschmecken.

Chinakohl in Butter
Ab 7 Monate

100 g Chinakohl,
1 EL Butter,
je 1 Prise (Jod-)Salz und
frischgeriebene Muskatnuß,
Kräuter, 1 gekochte Pellkartoffel

Kohlblätter gründlich waschen, in Streifen schneiden und in wenig Wasser 5–10 Minuten leicht kochen. Abtropfen lassen und in der zerlassenen Butter wenden. Mit Salz, Muskat und Kräutern abschmecken. Die Kartoffel pellen und fein gewürfelt untermengen, grob belassen oder pürieren.

Chinakohl mit Kartoffeln
Ab 6 Monate

2–3 Kartoffeln,
3 Blätter Chinakohl,
¼ l Kalbsknochenbrühe,
Brühe oder heißes Wasser,
1 Prise (Jod-)Salz,
1 Msp Thymian

Kartoffeln mit Schale kochen. Kohlblätter gut waschen, in Streifen schneiden und in die leicht kochende Brühe (Wasser) geben. Nach ca. 5 Minuten die gepellten, feingewürfelten Kartoffeln zufügen. Alles zerstampfen, kurz pürieren, mit Salz und Thymian abschmecken.

Eine andere Möglichkeit der Zubereitung: Kartoffelbrei zubereiten. Den gekochten Chinakohl in der Brühe pürieren, unter den Kartoffelbrei mischen und würzen.

Chinakohl mit Kartoffeln und Zunge
30–50 g gekochte Zunge fein wiegen oder mitpürieren.

Chinakohl mit Kartoffeln und Fleisch
50 g gegartes Hühner-, Kalb- oder Kaninchenfleisch zerteilen und mitpürieren.

Chinakohl mit Fisch
Ab 6 Monate

50 g Fischfilet (z. B. Kabeljau
oder ein tiefgefrorenes Filetstück),
Zitronensaft,
(Jod-)Salz, 3 Blätter Chinakohl,
1 Möhre, 1 Kartoffel,
Kräuter

Fisch waschen, auf einen Teller legen, mit etwas Zitronensaft beträufeln und wenig Salz bestreuen. Während der Fisch zieht, das Gemüse vorbereiten, d. h. schälen, waschen und kleinschneiden.
In wenig Wasser zum Kochen aufsetzen. Nach ca. 10 Minuten Kochzeit etwas Wasser angießen, einmal umrühren und dann das sorgfältig entgrätete Fischfilet auf das Gemüse legen. Zugedeckt auf kleiner Stufe weitere 10–15 Minuten dünsten. Dann den Fisch abheben. Das Gemüse pürieren. Den Fisch zerteilen (dabei nochmals auf Gräten achten), mit den Kräutern zum Gemüse geben und nochmals kurz pürieren. Für Kinder ab 12–14 Monate unpüriert servieren.

Chinakohl mit Hackfleischsauce
Ab 12 Monate

2–3 Blätter Chinakohl,
1–2 gekochte Pellkartoffeln oder
1–2 EL gegarter Parboiled Reis,
je 1 Prise (Jod-)Salz
und frischgeriebene Muskatnuß
Für die Sauce
1 TL Keimöl, 50 g Hackfleisch,
1 Tomate, ⅛ l Wasser,
1–2 TL Speisestärke,
je 1 Prise Oregano (Thymian)
und Zwiebelpulver,
1–2 EL Kräuter

Chinakohlblätter waschen und in wenig Wasser 5–10 Minuten weich kochen.
Inzwischen die Sauce zubereiten. Dafür das Keimöl in einem Topf erhitzen, das Fleisch darin anbraten. Tomate heiß waschen, enthäuten und zerteilt zum Fleisch geben. Mit etwas Wasser ablöschen. Im restlichen Wasser die Speisestärke glattrühren und die Sauce damit binden. Würzen und nochmals gut durchkochen. Zum Schluß die Kräuter untermischen. Wenn die Sauce fertig ist, die abgetropften Kohlblätter wiegen oder mit den Kartoffeln oder dem Reis pürieren. Würzen, auf einen Teller geben und mit Sauce begießen.

Chinakohlpfanne
Ab 12 Monate

100 g Chinakohl, 1 TL Keimöl,
50 g Hackfleisch (Tatar), je 1 Prise
Thymian und frischgeriebene
Muskatnuß, 1 gekochte Pellkartoffel,
Kräuter

Kohlblätter waschen und in Streifen schneiden. In einem Topf Öl erhitzen und das Fleisch darin anbraten. Mit etwas Wasser ablöschen, Kohl und Gewürze zufügen. Unter Wenden 5–10 Minuten dünsten. Kartoffel pellen, fein würfeln und mit den Kräutern untermischen.

Brühkartoffeln mit Chinakohl und Fleisch
Ab 7–8 Monate

50 g Kochfleisch, 2 kleine Kartoffeln,
50–100 g Chinakohl, Kräuter

Fleisch waschen, in kochendes Wasser geben und weich kochen. Kartoffeln mit Schale weich kochen. Kohlblätter gut waschen und in Streifen schneiden. Wenn das Fleisch weich ist, aus der Brühe nehmen. Chinakohl hineingeben und kochen lassen. Fleisch kleinschneiden und Kartoffeln pellen. Fleisch wieder in die Brühe (es sollte mehr als ¼ l sein) geben und alles pürieren. Dann die Kartoffeln fein gewürfelt zugeben (falls das Kind unter 10 Monate ist, nochmals kurz pürieren). Mit Kräutern überstreut servieren.

Chinakohlgemüse
Ab 10–12 Monate

100–150 g Chinakohl, 1 TL Keimöl,
1 TL durchwachsener Speck oder
Bauchfleisch, ½ Tasse Fleischbrühe
(Wasser), 1 TL Speisestärke,
1 EL saure Sahne,
je 1 Prise (Jod-)Salz,
frischgeriebene Muskatnuß und
Zwiebelpulver, Kräuter

Kohlblätter gut waschen und in Streifen schneiden. In einem Topf Öl erhitzen. Speck oder Bauchfleisch darin knusprig braten. Kohl dazugeben und auf kleinster Stufe unter ständigem Wenden mit einem Holzlöffel 5–10 Minuten dünsten. Dabei gelegentlich etwas Fleischbrühe oder Wasser zugeben. Die Speisestärke in der Sahne glattrühren, in das Gemüse einrühren und kurz aufkochen. Vom Herd nehmen, würzen. Evtl. pürieren. Mit Kräutern bestreuen und zu Kartoffelbrei oder Röstkartoffeln servieren.

Stielgemüse
Ab 8 Monate

150 g Rübstiel,
¼ l Fleischbrühe,
1–2 Kartoffeln,
1–2 EL gegartes Kochfleisch
(dicke Rippe, Beinscheibe),
etwas (Jod-)Salz,
frischer Kräuter,
1 EL saure Sahne

Rübstiel verlesen. Blätter von den Stielen streifen. Zarte Blätter beiseite legen. Stiele und zarte Blätter dann gründlich waschen. Stiele in längliche Stückchen schneiden, Blätter wiegen. In der Fleischbrühe kochen. Kartoffeln schälen, waschen, fein würfeln und zum Rübstiel geben. Nach 15–20 Minuten Kochzeit das feingewiegte Kochfleisch untermischen, mit Salz und Kräutern abschmecken. Zum Schluß die saure Sahne unterrühren.

Ab 6 Monate
Rübstiel kann auch ohne Fleisch, nur mit Kartoffeln und Wasser, zubereitet werden.

Steckrübengemüse
Ab 7 Monate

100 g Steckrübe, ¼ l Knochenbrühe oder heißes Wasser, 1 TL Keimöl, 1 EL feingewiegter, durchwachsener Räucherspeck, 1 TL Mehl, 1 Prise Zucker, 1 EL Kräuter

Steckrübe schälen, waschen, fein würfeln oder raspeln, mit der Flüssigkeit aufsetzen und ca. 60 Minuten weich kochen. Im heißen Keimöl Speck anbraten, mit Mehl überstäuben, den Topf vom Herd nehmen und unter kräftigem Schlagen das vorher abgegossene Gemüsewasser zumischen. Aufkochen lassen. Kein Salz zufügen, nur mit Zucker und Kräutern abschmecken. Zum Schluß das Gemüse unterrühren. Nach Bedarf pürieren. Als Beilage eignet sich Kartoffelbrei.

Steckrübeneintopf
Ab 10 Monate

Für 3–4 Personen
200 g Kochfleisch (dicke Rippe, Beinscheibe), 1 kleine Steckrübe, 3–4 Kartoffeln, 3–4 EL Erbsen (frisch oder tiefgefroren), etwas (Jod-)Salz, Kräuter

Kochfleisch, am besten am Abend vorher, in heißem Wasser zum Kochen aufsetzen, dadurch bleibt es zart und saftig. Wenn es weich ist, nach 1–2 Stunden, bis zum nächsten Tag in den Kühlschrank stellen.
Steckrübe schälen, holzige Stellen entfernen, waschen und würfeln. Gemüse in der Fleischbrühe zum Kochen aufsetzen. Kartoffeln schälen, waschen, würfeln und nach 30 Minuten Kochzeit zusetzen. Weitere 30 Minuten kochen und probieren, ob die Rübenwürfel weich sind. Fleisch vom Knochen lösen und fein wiegen oder pürieren. Zum Gemüse geben. Erbsen ebenfalls untermengen. Weitere 5–10 Minuten köcheln lassen, dann mit Salz und Kräutern abschmecken. Altersentsprechend zerdrücken oder pürieren.

Buttermais
Ab 10–12 Monate

2–3 EL Maiskörner (Dose), 1–2 TL Butter, Kräuter

Die abgespülten und abgetropften Maiskörner werden in einer Pfanne mit zerlassener Butter geschwenkt und einige Minuten erhitzt. Dann mit Kräutern bestreuen.

Maisgemüse mit Porree
Ab 10–12 Monate

3 EL Mais (Dose), ¼ Stange Porree, 1 Tl Butter, ⅛ l Brühe, 2 EL saure Sahne, 1–2 TL Speisestärke, 1 Prise (Jod-)Salz, Kräuter

Mais abspülen und abtropfen lassen. Porree waschen und in sehr feine Scheiben schneiden. In einem Topf die Butter zerlassen, den Mais darin anbräunen, Porree zugeben, andünsten. Dann mit der Brühe aufgießen und zugedeckt ca. 10 Minuten dünsten. Sahne und Speisestärke glattrühren, ins Gemüse gießen und unter Rühren aufkochen. Mit Salz und Kräutern abschmecken. Altersgemäß pürieren.
Als Beilage Kartoffelbrei, Parboiled Reis oder Nudeln.

Kürbisgemüse
Ab 12 Monate

Für 4 Personen
1 kg Kürbisfleisch, 80 g durchwachsener Speck, 1 Zwiebel, 4 Tomaten, je 1 Teelöffelspitze (Jod-) Salz, Zucker und Paprika mild, 3–4 EL Petersilie

Kürbisfleisch von den Kernen befreien, von der Schale abheben und in Würfel schneiden. Speck fein würfeln. Zwiebel schälen und fein hacken. Tomaten heiß waschen, enthäuten und achteln. Dann in einem Topf den Speck auslassen und darin die Zwiebel anrösten. Tomate unterrühren und dann die Kürbiswürfel andünsten. Gewürze zufügen und das Gemüse zugedeckt auf kleiner Stufe möglichst ohne Zugabe von Wasser 20–30 Minuten weich schmoren. Petersilie fein wiegen und zum Schluß unter das Gemüse mengen.
Als Beilage Kartoffelbrei mit oder ohne Fleisch (z. B. Geschnetzeltes, Filet von Kalb oder Schwein, oder Braten).

Kartoffelbrei mit Sahnesalat
Ab 7–8 Monate

2 Kartoffeln, Salatblätter, ⅛ l süße Sahne oder Naturjoghurt, je 1 Prise (Jod-)Salz und Zucker

Aus den Kartoffeln einen lockeren Brei zubereiten. Salatblätter wässern, abspülen und fein zerreißen. Die Sahne schaumig schlagen, mit Salz und Zucker abschmecken, den Salat unterrühren, nach Bedarf pürieren und über den Kartoffelbrei gießen.

Salatbrei mit Obst
Ab 4–5 Monate

Salatblätter, 1 Banane, beliebiges Obst, 1–2 EL abgekochte Milch oder Naturjoghurt, 1 TL Honig

Salatblätter wässern, abspülen und fein zerreißen. Banane zerteilen, vorbereitetes Obst dazugeben und mit Milch oder Joghurt und Salat vermischen. Alles kurz pürieren und mit Honig süßen.

Rhabarberschaum
Ab 7 Monate

50–100 g Rhabarber,
1 Teelöffelspitze Zitronenschale (Trockengewürz oder frisch abgerieben), 1 TL Zucker,
1 Eiweiß

Rhabarber waschen, abziehen, kleinschneiden und in wenig Wasser 15 Minuten weich kochen. Zitronenschale mitkochen. Dann süßen, pürieren und erkalten lassen. Eiweiß sehr steif schlagen und unter das Rhabarbermus heben.

Rhabarber-Bananenbrei
Ab 7 Monate

50–80 g Rhabarber, 1 Banane, etwas Honig und Zitronensaft

Rhabarber waschen, abziehen, fein zerteilen und in wenig Wasser 10–15 Minuten weich kochen. In ein Haarsieb gießen. Banane zugeben. Beides durch das Sieb rühren. Mit Honig und Zitronensaft abschmecken.

Rhabarberjoghurt
Ab 7 Monate

50 g Rhabarber,
1 Teelöffelspitze Zitronenschale (Trockengewürz), 1 TL Zucker,
100 g Naturjoghurt

Rhabarber waschen, abziehen, kleinschneiden und mit Zitronenschale und wenig Wasser 15 Minuten kochen. Süßen und nach Bedarf pürieren. Mit Joghurt vermischen.

Rhabarberquark
Ab 7 Monate

50–100 g Rhabarber,
50 g Quark,
1 Eigelb,
1 TL Zitronensaft,
1 TL Honig, 1 TL Zucker,
Vanillemark

Rhabarber waschen, abziehen, in kleine Stücke schneiden und in wenig Wasser 15 Minuten weich kochen. Quark mit Eigelb, Zitronensaft, Honig, Zucker, Vanille schaumig schlagen. Zum Schluß das abgekühlte (evtl. pürierte) Rhabarberkompott unterheben.
Diese Zubereitung eignet sich als Haupt- oder Zwischenmahlzeit.

Rhabarbergrütze
Ab 8–10 Monate

50–100 g Rhabarber,
1 TL Zitronensaft,
20–30 g Vollweizengrieß, Sago oder Speisestärke,
1 TL Honig, 1 TL Zucker

Rhabarber waschen, abziehen, kleinschneiden und in wenig Wasser mit Zitronensaft 10–15 Minuten kochen. In ein feines Sieb geben und durchpassieren. Mit dem Saft wieder in den Topf geben und erhitzen. Grieß (Sago, angerührte Speisestärke) mit dem Schneebesen einrühren und unter ständigem Rühren 1–2 Minuten aufkochen. Süßen. In eine kalt ausgespülte Schüssel füllen, erkalten lassen und stürzen.
Milch oder Sahne dazu servieren.

Rhabarbercreme
Ab 10 Monate

50–100 g Rhabarber, 1 TL Zitronensaft oder etwas Zitronenschalengewurz,
1 Prise Ingwerpulver, 1 TL Zucker,
⅛ l Milch, 1 EL Instant-Vanillepuddingpulver, frische Sahne und beliebiges frisches Obst

Rhabarber waschen, abziehen und in kleine Würfel schneiden. In wenig Wasser 10–15 Minuten weich kochen. Mit Zitronensaft, Ingwer und Zucker abschmecken. Milch und Puddingpulver verschlagen, bis es halbsteif ist. Dann den Rhabarber unterheben. Süße Sahne schlagen und als Haube obenauf setzen. Mit frischem Obst (Beeren) rundherum belegen.

Rhabarberkompott
Ab 10 Monate

100 g Rhabarber,
Schale von ½ ungespritzten Zitrone,
2 TL Zucker, angerührte Speisestärke,
nach Belieben süße Sahne

Rhabarber waschen, abziehen und in dünne Scheiben schneiden. In einem Topf halb mit Wasser bedecken, die Zitronenschale zugeben und ca. 15 Minuten kochen. Süßen. Nach Bedarf mit etwas angerührter Speisestärke binden. Zitronenschale herausnehmen. Mit süßer Sahne verzieren und als Nachspeise oder Zwischenmahlzeit anbieten.

Melone
Ab 6–12 Monate

Die Frucht vom Stielende ausgehend halbieren. Dann die Hälften in schmale Schnitzel schneiden. An jedem Schnitzel erkennt man zuoberst eine Lage Kerne. Diese werden abgestreift. Das ist besonders einfach bei Honigmelonen. Bei Wassermelonen würde dabei viel Fruchtfleisch verloren gehen, so daß nur der gröbste Teil abgestreift und der Rest mit der Messerspitze herausgepikt wird. Nach dem Entfernen der Kerne schneidet man das Fruchtfleisch halbmondförmig aus der inneren Schale. Diese Halbmonde zerteilt man nach Bedarf in größere oder kleinere Stücke.

Melone mit Kartoffelbrei
Ab 10 Monate

100–150 g Melone,
2–3 Kartoffeln,
etwas Milch und Butter,
1 Prise (Jod-)Salz

Melone in kleine Stücke teilen. Kartoffeln mit Schale weich kochen, dann abpellen, quetschen und mit Milch, Butter und Salz zu einem Brei verschlagen. Zur Melone servieren. Dieses Gericht eignet sich als vollständiges Mittagessen.

Melone mit Bananensahne
Püriert ab 7 Monate
Unpüriert ab 12 Monate

100–150 g Melone,
½ Banane,
2 EL süße Sahne,
1 Prise Vanillezucker

Melone in kleine Stücke zerteilen. Banane mit der Sahne zu einer steifen Creme schlagen. Vanillezucker untermischen. Die Creme über die Melonenstückchen geben und vorsichtig mischen.

Gemüseeintopf mit Tomaten
Ab 7–8 Monate

50 g Fleisch
(Bratenreste, Filet, Lende),
1 Möhre, 1–2 kleine Kartoffeln,
2–3 Tomaten, 1 TL Butter oder
Keimöl, ⅛ l Brühe oder Wasser,
je 1 Prise (Jod-)Salz und
Zwiebelpulver, Kräuter

Fleisch fein schnetzeln. Möhre und Kartoffeln schälen, waschen und in feine Scheiben schneiden. Tomaten heiß waschen, enthäuten und würfeln. In einem Topf Butter zerlassen, Fleisch und Möhre darin andünsten. Die Kartoffeln zugeben und mit Brühe auffüllen. Zugedeckt auf kleiner Stufe ca. 15 Minuten köcheln lassen. Dann die Tomaten untermengen. Würzen. Noch 5 Minuten kochen. Mit Kräutern bestreuen. Altersgemäß pürieren.

Steirisches Wurzelfleisch
Ab 6 Monate

50 g Fleisch (Lende, Filet, Schnitzel),
2 kleine Möhren, 1 Scheibe Sellerie,
½ kleine Kohlrabi, 1 kleine Kartoffel,
¼ Stange Porree, je 1 Msp Majoran,
Thymian und Lorbeerpulver, 1 Prise
(Jod-)Salz, 2 EL tiefgefrorene Erbsen,
1 EL Petersilie

Fleisch sehr fein würfeln. Möhren, Sellerie, Kohlrabi und Kartoffel schälen, waschen und sehr fein würfeln. Porree waschen und in sehr feine Scheiben schneiden. Fleisch und Gemüse in eine Schüssel geben und mit den Gewürzen vermengen. In einen Topf geben und, knapp mit Wasser bedeckt, auf kleiner Stufe ca. 20 Minuten köcheln lassen. 10 Minuten vor Ende der Kochzeit Erbsen zufügen. Mit Petersilie bestreuen. Für Kinder, die noch nicht kauen können, mit einem Stückchen Butter altersgemäß pürieren.

Gemüseeintopf mit Rosenkohl
Ab 8 Monate

Kochfleisch (50 g), 2 Kartoffeln,
60–100 g Rosenkohl,
⅛–¼ l Fleischbrühe,
je 1 Prise Thymian, Majoran und
(Jod-)Salz, Kräuter

Fleisch in heißes Wasser geben und weich kochen. Kartoffeln schälen, waschen und fein würfeln. Rosenkohl putzen und waschen. ⅛–¼ l Brühe abnehmen, Kartoffeln und Rosenkohl darin ca. 20 Minuten weich kochen, würzen. Alles vermischen, mit Kräutern überstreuen und nach Bedarf pürieren.

Bunter Topf
Ab 7–8 Monate

2 Blätter Chinakohl, 1–2 kleine Möhren, 1–2 kleine Kartoffeln, 4 EL gewürfelte Schlangengurke, 1 EL gehackte Zwiebel, 1 TL Butter, 1 EL Rosinen, je 1 Prise (Jod-)Salz und Thymian, Wasser

Gemüse gut vorbereiten, putzen, waschen und in feine Streifen oder Würfel schneiden. In einem Topf Butter zerlassen. Möhren und Kartoffeln andünsten, dann Zwiebel, Chinakohl und Gurke, zum Schluß Rosinen und Gewürze zufügen. Unter ständigem vorsichtigen Wenden mit einem flachen Holzlöffel das Gemüse so lange dünsten, bis die Kartoffel- und Möhrenstückchen gar sind. Das dauert, je nachdem wie fein sie geschnitten wurden, 5–10 Minuten. Während dieser Zeit hin und wieder etwas Wasser angießen. Altersgemäß pürieren.

Kalbfleischeintopf
Ab 8 Monate

50 g Kalbfleisch zum Braten, 100 g Aubergine, 1 Stengel Bleichsellerie, 1 TL Keimöl, 1 TL feingehackte Zwiebel, ¼ l Wasser oder Brühe, 1–2 TL Tomatenmark oder 1 enthäutete Tomate, ½ TL Zitronensaft, je 1 Msp (Jod-)Salz und Zucker, 3–4 Kapern, Kräuter, 1 EL Petersilie

Fleisch fein schnetzeln. Aubergine waschen und würfeln. Bleichsellerie waschen und in feine Scheiben schneiden. Öl in einem Topf erhitzen. Zuerst das Fleisch darin anbraten, dann nacheinander das Gemüse andünsten: Zwiebel, Aubergine, Sellerie. Auf kleiner Stufe dünsten. Wasser oder Brühe mit Tomatenmark, Zitronensaft, Salz und Zucker verquirlen, Kapern zugeben und zum Gemüse geben. Zugedeckt auf kleinster Stufe 30–40 Minuten schmoren. Mit Kräutern und Petersilie bestreuen, nach Bedarf pürieren und servieren.

Bunte Gemüsepfanne
Ab 12 Monate

1 Möhre, 1 EL Sellerie, 1 Kartoffel, 1 Scheibe Zwiebel, 80 g grüne Buschbohnen, 50 g Mett oder Hackfleisch (Tatar), 1 Gewürzgurke, 1 TL Keimöl, ½ Tasse Wasser, je 1 Prise Liebstöckel, (Jod-)Salz und Paprikapulver (mild), 1 EL saure Sahne, Kräuter

Möhre, Sellerie und Kartoffel schälen und waschen. Zwiebel in hauchfeine Ringe teilen. Möhre in sehr feine Scheiben schneiden. Kartoffel fein würfeln. Sellerie fein hacken. Bohnen evtl. entfädeln und waschen. Hackfleisch zu kirschgroßen Bällchen formen. Gewürzgurke fein würfeln. Keimöl in einem Topf erhitzen. Die Fleischbällchen darin kurz anbraten, aus dem Fett nehmen. Hitze reduzieren und zuerst Zwiebel, dann Möhre, Kartoffel und Sellerie im Öl andünsten. Wasser angießen und Bohnen untermischen. Zugedeckt auf kleiner Stufe ca. 30 Minuten schmoren lassen. Dann Gewürze und Gewürzgurke zugeben. Weitere 5 Minuten schmoren. Vom Herd nehmen. Sahne und Kräuter verschlagen, unter das Gemüse rühren und zum Schluß die Fleischbällchen hineingeben. Möglichst unpüriert servieren. Nach Bedarf etwas zerdrücken.

Jugoslawischer Eintopf
Ab 10–12 Monate

30 g Hammelfleisch (ohne Fett), 30 g Schweinefleisch zum Braten, 2 kleine Kartoffeln, 1 Möhre, 1 Scheibe Zwiebel, ¼ Stange Porree, 1 TL Keimöl, je 1 Prise Thymian und (Jod-)Salz, 1 EL Kräuter

Fleisch fein schnetzeln. Kartoffel und Gemüse putzen, waschen und fein würfeln oder in feine Scheiben schneiden. In einem Topf Keimöl erhitzen, Fleisch darin anbraten, dabei mit Thymian und Salz bestreuen. Dann der Reihe nach die Gemüse zugeben und jeweils 2–3 Minuten unter vorsichtigem Wenden andünsten: Zwiebel, Möhre, Kartoffeln, Porree. ¼ Tasse Wasser zugeben, Topf schließen und alles 30–60 Minuten dünsten. Hin und wieder wenig Wasser nachgießen und umrühren. Mit Kräuter überstreuen. Möglichst unpüriert oder grob püriert servieren.

Vom Umgang mit Zucker

Zucker – gleich welcher Art – sollte nur in stark beschränktem Maß in der Kinderernährung Eingang finden. Zum Süßen der Nahrung kann man neben weißem Haushaltszucker zwischen braunem Rohzucker, Honig oder Zuckerrübensirup wählen. Honig und Zuckerrübensirup beinhalten Stoffe, die der industriell bearbeitete Zukker nicht aufweist, müssen jedoch ebenfalls in Maßen verwendet werden. Es genügen sehr kleine Mengen zum Süßen, denn, je niedriger die Geschmacksschwelle für »süß« bleibt, um so geringer ist das Verlangen nach Süßspeisen und Süßigkeiten. Das Empfinden und Schmecken von »süß« ist Gewohnheit. Eine wenig oder gar nicht gesüßte Nahrung kann trotzdem als süß empfunden werden, wenn die Geschmacksschwelle niedrig ist und der eigentliche Geschmack von Obst, Brot, Getreidekörnern noch wahrgenommen werden kann. Obst- und Rohkost enthalten Fruchtzucker, der einen natürlich süßen Geschmack vermittelt. Ist ein Kind mit Zucker »verwöhnt«, wird ihm der natürliche Zukkergehalt sicher nicht ausreichen. Es wird die Nahrung als sauer oder geschmacklos empfinden, und man kann es nur in kleinen Rückwärtsschritten – indem man den Zuckergehalt aller Speisen stetig verringert – wieder an natürliche Süße gewöhnen.
Zahllose gesundheitliche Beeinträchtigungen im Kleinkindalter und auch später, von Verdauungsstörungen bis zur Zahnfäule, können auf überreichlichen Zuckergenuß zurückgeführt werden. Manche Mutter wird nun einwenden, daß man dem Übel dadurch begegnen könne, statt Zucker teilweise künstliche Süßstoffe zu verwenden. Hiermit schafft man jedoch keine Abhilfe, da es in der Kinderernährung darum geht, die Geschmacksschwelle für »süß« niedrig zu halten. Es ist gleichgültig, ob das Kind sich mittels Zucker oder Süßstoff an die Geschmacksrichtung »süß« gewöhnt. Auch sind die Folgen starken Süßstoffgebrauchs medizinisch noch nicht befriedigend geklärt. Da es wichtig ist, die Speisen nicht oder nur wenig zu süßen, muß man daran bei den im Handel angebotenen Fertigbreien auch denken. Die Geschmacksskala dieser Breie reicht von »unerträglich süß« bis »wenig süß«. Wählen Sie nur solchen Fertigbrei, auf dessen Packung ein geringer Zuckergehalt vermerkt ist.
Wenn das Kind gesund und seine Verdauung normal ist, bietet sich das Süßen mit Rohzucker (braunem, industriell unbehandeltem Zucker aus Zukkerrohr) oder mit Zuckerrübensirup an.
Honig eignet sich ebenfalls zum Süßen. Jedoch reagieren manche Kinder auf ihn mit leichtem Durchfall. Deshalb gibt man ihn Kindern, die zu Verstopfung neigen. Seine gesunden Wirkstoffe gehen verloren, wenn er über 40 Grad erhitzt wird. Deshalb: Honig nicht erwärmen oder gar kochen, sondern erst in die mundgerecht abgekühlte Speise einrühren.
Für Säuglinge und Kinder, die unter Verstopfung leiden, eignet sich in kleinen Dosierungen auch der wenig süße Milchzucker oder besser noch Malzzucker. Neigt das Kind zu Durchfall, sollte man speziellen Nährzucker verwenden, den es in Apotheken gibt.
In Drogerien wird ein spezieller Kinderzucker angeboten, eine Mischung aus unterschiedlichen Zuckerarten und Süßstoff. Dieser Zucker ist trotz seines beträchtlichen Preises keinesfalls gesund für das Kind. Alle Kinder naschen gerne und werden kaum freiwillig auf angebotene Süßigkeiten verzichten. Eltern müssen sich darüber im klaren sein, daß sie mit ihrem Verhalten Vorbild sind. Je konsequenter sie den Genuß von Süßigkeiten einschränken, nicht nur beim Kind, sondern zuerst bei sich selbst, um so klarer prägt sich bei dem Kind die Regel ein, wann, wo, welche und wie viele Süßigkeiten gegessen werden können. Denn daß es nicht völlig ohne Süßigkeiten und süße Speisen und Gebäck geht, ist eine Realität. Solche Gelegenheiten sind Festtage, Geburtstagsfeiern, Kindergarten- und Schulbesuch.
Während das Kleinkind leicht von Süßigkeiten ferngehalten werden kann, ist dies beim Kindergartenkind schwerer möglich, da es andere Kinder erlebt, die Süßigkeiten essen, und dabei nicht abseits stehen möchte. Als Mutter oder Vater, die den Zuckerverbrauch ihres Kindes einschränken oder gar verbieten, eckt man bei Verwandten und Bekannten oft an. Man wird als »Rabenmutter« angesehen, weil man seinen Kindern nichts Gutes gönnt, oder man wird zu den »Alternativen« oder den »Grünen« in eine Schublade gesteckt.
Die eigene Einstellung kann man gerade bei Kindergeburtstagen demonstrieren, indem die Süßigkeiten ersetzt werden, z. B. durch Trockenobst, Nüsse, Honigschnitten, Vollkorngebäck und -kuchen und ähnliches (weitere Anregungen entnehmen Sie bitte dem Kapitel: »Vom Umgang mit Süßigkeiten« S. 98, 99) oder man bereitet gemeinsam Popcorn, Maroni, Bratäpfel zu.

Obst und Obstspeisen

Obst ist in der Ernährung des Menschen unerläßlich, denn es versorgt den Organismus mit lebensnotwendigen Stoffen z. B. Vitaminen. Obstspeisen sind Vitamin- und Flüssigkeitsspender, denn sie bestehen zum großen Teil aus Wasser (Saft). In der Kinderernährung gibt es mit Obst kaum Schwierigkeiten. Babys und Kinder mögen den frischen, saftigen Geschmack. Schon der 3–4 Monate alte Säugling kann Apfel- und Bananenmus erhalten. Mit den nächsten Wochen und Monaten kommen dann neue Fruchtsorten dazu, die man gut zusammen mit etwas Banane pürieren kann. Das mildert den unbekannten, säuerlichen Geschmack mancher Früchte, den der Säugling von der Milch her nicht kennt und deshalb vielleicht ablehnt. Außerdem macht ein Bananenzusatz den Fruchtbrei schön sämig, bindet den Saft. Außer Früchten in püriertem oder zerkleinertem Zustand, können auch frisch gepreßte Säfte (ohne Zusätze) gereicht werden. Man kann diese wie Fruchtmus der Milchnahrung oder den Milchbreien untermengen.

Wichtig ist, daß Saft oder Brei immer aus rohem Obst zubereitet werden, denn nur dann enthält er alle erwünschten Stoffe unvermindert und unzerstört. Kochen bewirkt einen Verlust besonders von Vitaminen, die licht-, luft- und temperaturempfindlich sind. Deshalb sollten Sie auf eine tägliche rohe Obstspeise nicht verzichten. Auch dann nicht, wenn Sie zu einer Mahlzeit gedünstetes Obst oder Obstkompott gereicht haben. Die tägliche Portion Obstrohkost braucht nicht groß zu sein. Eine Tagesmenge von 100 g läßt sich gut auf zwei Zwischenmahlzeiten, auf Müsli und Dessert oder ein Hauptgericht verteilen. Rohes Obst als Saft oder Brei enthält wenig Kohlenhydrate und Energie. Es sättigt nur für kurze Zeit und belastet den Organismus nicht. Rohe Obstspeisen sollten Sie möglichst nicht süßen. Ein an Zucker nicht gewöhntes Kind, empfindet die reine Fruchtsüße als ausreichend. Wenn dies einmal nicht der Fall ist, z. B. bei allen Obstsorten mit hohem Säureanteil, geben Sie ein wenig Honig, Sirup oder Rohzucker dazu.

Neben Auswahl und Zusammenstellung ist die sorgfältige Reinigung des Obstes wichtig. Waschen Sie das Obst in reichlich (nach Möglichkeit heißem) Wasser kurz, aber gründlich. Früchte mit rauher Schale leicht abrubbeln. Dann unter fließend kaltem Wasser nachspülen. So wird ein sehr großer Teil der Schadstoffe, die sich auf der Schale abgelagert hatten, entfernt. Nach dem Waschen werden die Früchte mit einem sauberen Tuch trocken gerieben und trotz der gesunden Stoffe, die meist direkt unter der Schale liegen, dünn geschält oder gehäutet. Zum Schälen empfiehlt sich ein Kartoffelschäler. Pfirsiche und Aprikosen lassen sich nach dem Waschen mit heißem Wasser sehr gut abhäuten. Empfindliche Früchte (z. B. Himbeeren, Brombeeren usw.) in kaltem Wasser gründlich waschen. Auch Obst aus Biokostläden und Reformhäusern sollte gründlich gewaschen werden. Wenn dieses Obst auch nicht gespritzt wurde, so war es doch während des Reifeprozesses den »natürlichen Umweltbelastungen« ausgesetzt. Diese Emissionen aus der Luft können nicht verhindert werden; auch das Obst im eigenen Garten bleibt davon nicht verschont. Exotische Früchte ermöglichen eine gesunde Ernährung auch im Winter, denn sie werden überwiegend während der Monate Oktober bis Mai angeboten und ergänzen das heimische Angebot. Zu dieser Zeit kommt einheimisches Obst aus Lagerbeständen, die zur Erntezeit im Spätsommer angelegt werden. Das Angebot beschränkt sich auf lagerfähige Obstsorten, d. h. Äpfel und Birnen. Die Zubereitung exotischer Früchte ist nicht komplizierter, als die einheimischer Obstarten. Sie sind sehr schmackhaft und haben teilweise sehr hohe Vitamingehalte.

Verwendung von Obst nach dem Lebensalter

Lebensalter	Obstart
2–3 Monate	Bananen, Zitronen/Limonen (Saft)
3 Monate	Äpfel
3–4 Monate	Aprikosen, Birnen, Guaven
4 Monate	Orangen, Avocados, Datteln, Erdbeeren, Granatäpfel, Himbeeren, Kakis, Mandarinen
4–5 Monate	Heidelbeeren
5 Monate	Johannisbeeren
5–6 Monate	Datteln, Grapefruits, Kapstachelbeeren, Kiwis, Litschis, Nektarinen, Pfirsiche
6–7 Monate	Passionsfrüchte, Weintrauben
8 Monate	Ananas, Cranberries, Kirschen (süß)
8–10 Monate	Mirabellen, Preiselbeeren
10 Monate	Pflaumen/Zwetschgen, Stachelbeeren

Frisches Obst

50–100 g beliebiges Obst,
nach Bedarf etwas Honig

Entsprechend dem Alter des Kindes eine oder mehrere Obstsorten auswählen. Das Obst vorbereiten, zerteilen oder pürieren und roh füttern.

Eingemachtes Obst (Obstkonserven)

50–100 g eingemachtes Obst,
nach Bedarf etwas Honig

Eingemachtes Obst altersgemäß pürieren. Evtl. süßen.

Fruchtgelee
Ab 7–8 Monate

¼ l Fruchtsaft (möglichst frisch gepreßt), 1 TL Zitronensaft,
1 EL Zucker (nur bei ungesüßtem Fruchtsaft),
2 Blatt weiße oder rote Gelatine oder die entsprechende Menge gemahlene Gelatine,
2 EL heißes Wasser,
etwas steife Schlagsahne oder Eiweiß

Fruchtsaft, Zitronensaft und Zucker verrühren. Gelatine in kaltem Wasser einweichen und dann in heißem Wasser sorgfältig auflösen. Durch ein feines Sieb in den Saft rühren. Alles gut durchmischen und in eine kalt ausgespülte Schale gießen. Stocken lassen und stürzen. Nach Belieben mit steifgeschlagener Sahne oder steifem Eiweiß anrichten.

Feine Fruchtcreme
Ab 8 Monate

Hierfür können rohe, eingeweckte oder tiefgefrorene Früchte verwendet werden.

80–100 g beliebige Früchte,
1 Ei,
1 EL Zucker,
⅛ l Fruchtsaft,
1 TL Zitronensaft,
2 Blatt Gelatine oder die entsprechende Menge gemahlene Gelatine,
2 EL heißes Wasser,
süße Sahne

Früchte vorbereiten, d. h. waschen, abtropfen lassen oder auftauen. Anschließend zerteilen und fein oder grob – je nach Kaufähigkeit des Kindes – pürieren. Ei aufschlagen. Eigelb und Eiweiß trennen. Eigelb mit Zucker, Frucht- und Zitronensaft schaumig rühren. Blattgelatine in kaltem Wasser einweichen, dann in einem Topf mit heißem Wasser im heißen Wasserbad oder auf einer angewärmten Herdplatte sorgfältig auflösen. (Gemahlene Gelatine läßt sich einfacher und schneller vorbereiten.) Die aufgelöste Gelatine durch ein Haarsieb in den Eischaum rühren, die Masse zum Erkalten ins kalte Wasserbad oder in den Kühlschrank stellen. Dann das Eiweiß steifschlagen, wenn die Creme zu stocken beginnt, zuerst das steife Eiweiß, anschließend die Füchte untermischen. Zum Schluß die süße Sahne steif schlagen, unter die Fruchtcreme mischen oder als Haube darauf setzen.

Rohe Fruchtcreme
Ab 4–6 Monate

50–100 g beliebige Früchte,
½ TL Honig oder Zucker,
nach Belieben geschlagene Sahne oder Eiweiß

Früchte gut waschen, zerteilen und pürieren. Wenn sie sehr sauer sind, leicht süßen und etwas steife süße Sahne oder Eiweiß dazugeben.

Obst-Sahnecreme
Ab 7 Monate

2 EL süße Sahne, 50 g beliebiges Obst,
1 TL Zucker oder Honig

Sahne steif schlagen. Gereinigtes und zerteiltes Obst hineingeben und pürieren. Nach Bedarf süßen.

Bananencreme
Ab 3 Monate

1 Banane, etwas Zitronensaft

Banane fein pürieren oder mit einer Gabel zerdrücken. Zitronensaft darüberträufeln und ungesüßt füttern.

Bananencreme mit Sahne
Ab 6 Monate

1 Banane, 1 TL Zitronensaft,
1 EL süße Sahne oder 1 Eiweiß

Banane fein pürieren, mit Zitronensaft vermischen. Sahne oder Eiweiß steif schlagen und die Bananencreme damit anrichten.

Apfelmus/Birnenmus
Ab 4–5 Monate

Äpfel (auch Falläpfel oder angeschlagene Äpfel) oder Birnen, etwas Zucker und Zitronensaft, nach Belieben je 1 Prise Nelken, Piment, Anis, Zimt

Äpfel oder Birnen waschen, dünn abschälen, entkernen und in wenig Wasser dünsten, durch ein feines Sieb streichen, mit Zitronensaft, Zucker und Gewürzen abschmecken.

Sahne-Apfelmus-Creme
Ab 8 Monate
½ Vanilleschote klopfen, aufschneiden, das Mark herauskratzen und unter das Mus mengen. ⅛ l Sahne steif schlagen und ebenfalls untermischen.

Apfelkompott
Ab 4–5 Monate

100 g Äpfel, ½ TL Zucker,
1 Teelöffelspitze Anis,
1 Teelöffelspitze Butter

Äpfel waschen, schälen, Kerngehäuse entfernen, zerschneiden, in einen Topf geben und halb mit heißem Wasser bedecken. Zucker und Anis darüber streuen. Zum Kochen bringen. Dann die Butter untermischen. Auf kleinster Stufe ca. 10 Minuten weich dünsten. Nach Bedarf pürieren.

Birnenkompott
Ab 4–5 Monate

100 g Birnen, ½ TL Zucker,
1 Msp Zimt, 1 TL Zitronensaft

Birnen waschen, schälen, entkernen, kleinschneiden und in wenig Wasser ca. 10 Minuten weich dünsten. Mit Zucker, Zimt und Zitronensaft abschmecken. Nach Bedarf pürieren.

Gemischtes Obstkompott
Je nach Obstart ab 4–7 Monate

100 g beliebige Früchte,
1 TL Zitronensaft, 1 TL Honig

Früchte sorgfältig vorbereiten, d. h. waschen, schälen, enthäuten, entkernen usw., und in wenig Wasser auf kleiner Stufe ca. 10 Minuten weich dünsten. Etwas abkühlen lassen und Zitronensaft und Honig untermischen. Nach Bedarf pürieren.

Aprikosenkompott/ Pfirsichkompott
Ab 5 Monate

100 g Aprikosen oder Pfirsiche,
1 TL Honig

Aprikosen heiß waschen, soweit möglich enthäuten, dann entkernen, zerteilen und in wenig Wasser ca. 10 Minuten weich dünsten. Nach Bedarf pürieren. Honig unterrühren.

Pflaumen-/Kirsch- oder Mirabellenkompott
Ab 7 Monate

100 g Pflaumen oder Kirschen (süß/sauer) oder Mirabellen,
1 TL Zucker oder Honig,
nach Belieben Vanillemark,
Zimt, Piment, Nelkenpulver

Obst heiß waschen, entkernen und in wenig Wasser 10–20 Minuten weich dünsten. Mit Zucker und Gewürzen abschmecken. Nach Bedarf pürieren.

Beerenkompott
Ab 4–5 Monate

100 g beliebige Beerenfrüchte (auch gemischt), etwas Zitronensaft, nach Belieben Honig,
Ingwer, Vanille,
Nelken, Piment

Beeren vorsichtig waschen, abtropfen lassen und in wenig Wasser ca. 10 Minuten vorsichtig dünsten. Anschließend mit Zitronensaft und etwas Honig abschmecken und nach Belieben würzen. Für Kinder unter 8 Monaten das Kompott durch ein Haarsieb streichen.

Dörrobstkompott
Ab 8 Monate

20–30 g Dörrobst (z. B. Apfelringe, Trockenpflaumen), Zitronenschale (frisch oder Trockengewürz),
1 TL Zucker, 1 Prise Zimt,
1 TL Speisestärke auf ¼ l Kompott

Obst einige Zeit einweichen, dann mit dem Wasser zum Kochen bringen. Zitronenschale, Zucker und Zimt zugeben. Nach ca. 30 Minuten Kochzeit das Kompott mit etwas angerührter Speisestärke binden. Nach Bedarf pürieren.
Dörrobstkompott schmeckt zu Fleisch, Kartoffelplätzchen oder Kartoffelklößen.

Fruchtjoghurt/Fruchtdickmilch
Ab 7 Monate

50–100 g Naturjoghurt oder Dickmilch, 1–2 EL Früchte, 1 TL Honig, Sirup oder Zucker, etwas Zitronen- oder Orangensaft

Joghurt oder Dickmilch schaumig schlagen. Die Früchte gut waschen, vorbereiten, pürieren und unter den Joghurt rühren. Mit Honig und Zitronen- oder Orangensaft abschmecken.

Fruchtquark
Ab 6 Monate

50 g Quark,
einige EL gekochte Milch,
1 TL Zitronensaft,
1 TL Honig oder Sirup,
2 EL Früchte

Quark und Milch zu einem dicken Brei verrühren. Zitronensaft und Honig zufügen. Früchte gut waschen, vorbereiten und püriert unter den Quark heben.

Obstsuppe/Obstkaltschale
Ab 4–5 Monate

Beliebiges Obst (ca. 50 g),
ungespritzte Zitronenschale,
1 TL Speisestärke (auf ¼ l Flüssigkeit),
Honig,
nach Belieben Zitronensaft,
Vanillemark, Zimt,
Piment, Ingwer, Anis,

Obst vorbereiten, d. h. sorgfältig waschen, schälen, entkernen, je nach Obstsorte. Dann zerkleinern und mit etwas kaltem Wasser zum Kochen aufsetzen. Von einer ungespritzten, gewaschenen Zitrone ein Stückchen Schale abschneiden und mitkochen. Nach 10–15 Minuten Kochzeit Speisestärke in wenig kaltem Wasser glattrühren und unter Rühren in die Obstsuppe fließen lassen. Nochmals aufkochen und etwas abkühlen lassen. (Für Kinder unter 12 Monaten die Suppe in ein Haarsieb geben und durchpassieren.) Honig zufügen und Gewürze nach Geschmack dazugeben. Die Obstsuppe warm servieren, die Zitronenschale vorher entfernen.
Für Kaltschale die Obstsuppe vollständig auskühlen lassen und dann noch einige Eßlöffel zerkleinerte oder feinpürierte Früchte untermischen. Nach Belieben mit steifgeschlagenem Eiweiß anrichten.

Konfitüre

Einer der vorrangigsten Gründe für das Zubereiten von Konfitüre im Haushalt ist der Verzicht auf chemische Zusätze. In modernen Geliermitteln sind diese leider häufig enthalten, z. B. Sorbinsäure.

1 kg Früchte,
knapp 1 kg Zucker,
Gewürze nach Belieben

Die Früchte – eine oder mehrere Sorten gemischt – gründlich reinigen und vorbereiten, d. h. entkernen, entstielen, häuten usw., je nach Fruchtart. Dann grob zerkleinern oder mit dem Pürierstab zermusen und in einen Topf geben. Zucker und Gewürze untermischen. Fruchtmus so lange kochen, bis es eingedickt ist, dabei öfter gut umrühren. Für die Gelierprobe einen Teelöffel Fruchtmus auf eine Untertasse geben, völlig abkühlen lassen und nachprüfen, ob die Konfitüre schon dick ist und nicht mehr fließt. Die Konfitüre dann in gereinigte, mit heißem Wasser nachgespülte Drehverschluß-Gläser randvoll einfüllen, zudrehen und umgedreht auf den Verschluß stellen, dadurch entweicht alle Luft.
Konfitüre eignet sich zum Einrühren in Milch, Joghurt, Dickmilch, Quark und ähnliche Süßspeisen. Saucen lassen sich mit ihr pikant abschmecken. Zum Ende des ersten Lebensjahres kann Konfitüre als Brotaufstrich in den Kostplan eingeführt werden.

Obst in Gläsern

Beliebiges Obst,
etwas Zucker,
Einmachgläser

Obst sehr gründlich reinigen und vorbereiten, d. h. häuten, entstielen, entsteinen usw. je nach Fruchtart. Einmachgläser sorgfältig reinigen und mit heißem Wasser nachspülen. Die Gummiringe 3 Minuten auskochen und bis zum Gebrauch in diesem Wasser liegen lassen. In die ausgespülten Gläser das Obst bis dreifingerbreit unter den Rand einfüllen. Dann zu ⅔ mit Wasser aufgießen, ca. 1 Eßlöffel Zucker darüberstreuen, den Gummiring auflegen und das Glas verschließen. Gläser in den Backofen stellen, zusammen mit einem kleinen Schälchen mit Wasser und bei ca. 180 Grad die Gläser so lange darinlassen, bis im Saft kleine Perlen aufsteigen. Ab diesem Zeitpunkt bzw. 5–10 Minuten später, nimmt man die Gläser heraus.

Vom Umgang mit Süßigkeiten

Süßigkeiten in der Ernährung sollen nach Meinung vieler Eltern, Großeltern, Tanten und Onkel, Erzieher und Lehrer stärken, beruhigen, den kleinen Hunger zwischen den Mahlzeiten stillen, neue Energien schenken, Ausdruck für Liebe und äußeres Zeichen für Belohnung sein. Sie werden als Erziehungsmittel eingesetzt, sie werden versprochen oder entzogen und als psychische Beruhigungspille verpaßt, wenn sich bei Eltern Zeitmangel oder ein schlechtes Gewissen eingestellt hat.

Früher beruhigte man Babys mit in Zucker oder Honig getauchten Schnullern oder, besonders auf dem Lande, mit kleinen Beutelchen, die Mohnsamen oder Zucker enthielten und dem Säugling wie ein Schnuller in den Mund gegeben wurden. Diese gesundheitsschädlichen, süßen Schnuller haben heutzutage ausgedient, doch gibt es bereits Ersatz. Das Nuckelfläschchen mit süßem Tee. Manche Kinder legen es den ganzen Tag nicht aus der Hand, gleich ob sie zu Hause spielen, im Freien herumlaufen oder in der Nacht zu Bett liegen. Die Folgen, Karies und andere organische Störungen, sind hinlänglich bekannt. Glücklicherweise beginnen viele Eltern nachzudenken, wie sie verantwortungsbewußt mit süßen Getränken und Süßigkeiten umgehen können.

Als Grundregeln können folgende Verhaltensregeln gelten:

▷ Vor dem 3. Lebensjahr Bekanntschaft mit den üblichen Süßigkeiten vermeiden. Diese Forderung auch gegenüber Verwandten und Bekannten vertreten und sich nicht überreden lassen.

▷ Bei Einladungen und Besuchen für das Kind, auch für das ältere Kind, die weniger gesüßten Kuchen und Gebäcke auswählen. Keine Süßigkeiten als Geschenke mitbringen.

▷ Alle Verwandten und Bekannten, die Süßigkeiten schenken oder dem Kind mitbringen wollen, darüber informieren, daß Süßigkeiten aus Zucker nicht erwünscht sind, den Freunden alternative Mitbringsel nennen, die sie dem Kind an Stelle des üblichen Naschwerks schenken können.

▷ Süßigkeiten und Zuckerwerk weder belohnend noch strafend als Erziehungsmittel einsetzen, sondern statt dessen einer gemeinsamen Freizeitbeschäftigung nachgehen, z. B. Spiele, Sport, Zoobesuch oder mit Büchern, Spielsachen, Kleidung oder auch »nur« mit Worten belohnen.

▷ Zuckerschnuller und Betthupferl erst gar nicht einführen, statt dessen schmusen, eine kleine Geschichte erzählen oder Gutenachtlieder singen.

▷ Bei Kinderfesten oder Einladungen mit gutem Beispiel vorangehen und Vollkornkuchen, Gemüse- oder Obstsalate und alternative Süßigkeiten anbieten.

▷ Ausnahmen sollten gestattet werden, wenn das Kind bei anderen zum Feiern eingeladen ist und dort in eine Außenseiterposition gedrängt würde.

Einen Überblick über kleine Zwischenmahlzeiten und Leckereien gibt folgende Aufstellung. Diese Leckereien sind auch als Mitbringsel für andere Kinder und als gutes Beispiel geeignet.

Dörrobst	Nicht geschwefelt und ohne Schokolade.
Fruchtschnitten	Reformhäuser führen verschiedene Sorten. Kaufen Sie ein gemischtes Päckchen, dann können Sie ausprobieren, welche Sorte Ihrem Kind am besten schmeckt.
Nüsse	Z. B. Haselnüsse, Walnüsse, Pekannüsse in kleinen Mengen (ab 2 Jahre).
Sonnenblumenkerne	
Puffreis	Ohne Schokolade aus Naturreis.
Frische Erbsen	Direkt aus der Schote gepellt – ist nur im Sommer möglich.
Müsliriegel	Wenn es unbedingt Schokolade sein soll, Müsliriegel sind süß durch Honig und stopfen deshalb nicht.
Maroni geröstet (Eßkastanien)	Eine köstliche Belohnung mit wertvollen Nährstoffen. Die Maroni werden auf der flachen Seite kreuzweise eingeschnitten, auf dem Rost in den Backofen geschoben und ca. 15 Minuten geröstet, danach gepellt. Mit das Schönste an dieser Belohnung ist die Beschäftigung mit dem Kind.
Bratäpfel	Äpfel waschen, Kerngehäuse aushöhlen und dann mit Rosinen oder/und etwas Pflaumenmus/Konfitüre füllen, bei 180–200 Grad im Backofen 20–30 Minuten braten, vorher die Schale mit etwas flüssiger Butter bestreichen.

Knäckebrot aus Vollkorn, Knusperbrot Vollkorngebäck	Evtl. mit Schoko-/Orangengeschmack.
Haferflocken	Geröstet mit Nußsplittern oder Kokosflocken.
Frischobst	
Dattelkonfekt	Datteln entkernen und pürieren, Mandeln in kochendes Wasser geben und abhäuten, abtrocknen, fein mahlen oder pürieren. Unter die Dattelmasse so viel Mandelmehl mischen, bis die Masse fest und trocken ist. Dann kleine Kügelchen formen und diese in Kokosflocken oder Sesam wälzen. Eignet sich gut als Mitbringsel.
Apfelringe	Äpfel schälen, Kerngehäuse aus dem unzerteilten Apfel bohren, den Apfel in dünne Scheiben schneiden, diese auf einen Faden reihen, der rechts und links im Backofen angebunden wird. Man kann die Scheiben auch auf den Grillrost legen. Bei 50–70 Grad trocknen.
Birnenringe	Wie Apfelringe herstellen.
Trockenpflaumen	Pflaumen waschen, entkernen, auf ein Blech in den Backofen geben und unter gelegentlichem Wenden bei 50–70 Grad trocknen.
Aprikosen	Wie Trockenpflaumen herstellen.
Birnen	Wie Pflaumen herstellen, in der Mitte vor dem Trocknen jedoch teilen.
Eiscreme	Z. B. Pflaumenmuseis: ¼ l süße Sahne fast steif schlagen, etwas Vanillemark untermischen, 4–5 Eßlöffel festes Pflaumenmus mit dem Pürierstab unterschlagen. Statt Pflaumenmus können auch zerteilte Trockenpflaumen oder Bananen unterpüriert werden.
Popcorn	In einem Topf 1–2 Teelöffel Kokosfett hoch erhitzen, Maiskörner einstreuen, sie dürfen nur nebeneinander liegen, Deckel auflegen und warten, bis die Körner gegen den Deckel springen, diesen unbedingt festhalten. Wenn das Springen nachläßt, den Topf vom Herd nehmen. Nach Belieben mit ein wenig Salz oder Traubenzucker bestreuen, oder ungewürzt mit Rosinen vermischen.
Krabbenbrot	Kroepoek, erhältlich im Regal mit asiatischen und chinesischen Lebensmitteln, wird zum Ausbacken in reichlich heißes Öl (Fritiertopf) gegeben und mit dem Schaumlöffel sogleich heruntergedrückt. Sekunden später bläht es zur vierfachen Größe auf, danach nimmt man es aus dem Fett, läßt es abtropfen.

Es läßt sich nicht immer vermeiden, dem Kind Zuckergenuß zu gestatten. Jedoch sollte man bei jedem Anlaß, sofern das Kind schon ein verständiges Alter erreicht hat, auf die Ausnahme von der Regel hinweisen und anschließend auf besonders sorgfältiges Zähneputzen bedacht sein.
Es ist verantwortungslos, Kinder mit Süßigkeiten »abzuspeisen«. Was gilt die schönste Schokolade, wenn liebevolle und geduldige Zuwendung und Zeit fehlen. Das Kind wird sich schwere Stunden versüßen und Kummerspeck ansetzen. Widmen Sie Ihrem Kind Zeit, schenken Sie ihm Beachtung, eine harmonische Familienatmosphäre und eine gesunde, vollwertige Ernährung. Für jedes Kind sind nur zehn Minuten ungeteilte Aufmerksamkeit von seiner Mutter/seinem Vater, Großvater, Großmutter, Onkel, Tante usw. sicher erstrebenswerter und »süßer« als jede Tafel Schokolade.

Nachspeisen

Nachspeisen dienen dazu, das Hauptgericht zu ergänzen. Es sind in diesem Alter jedoch keine großen Mengen, deshalb finden Sie hier nur eine kleine Auswahl. Sie können jedoch auch in anderen Kapiteln nachschlagen, was sich als Nachspeise eignet:

Ab 4–5 Monate
Apfelmus, S. 22, Obstbrei, S. 21
Vanille-Früchte-Creme, S. 22
Birnenmus, S. 22, Fruchtmus, S. 22
Winter-Fruchtmus, S. 22
Avocadocreme mit Obst, S. 22
Bananencreme, S. 95
Rohe Fruchtcreme, S. 95
Apfelkompott/Birnenkompott, S. 96
Gemischtes Obstkompott, S. 96
Aprikosenkompott/Pfirsichkompott, S. 96
Beerenkompott, S. 97
Obstsuppe/Obstkaltschale, S. 97
Ab 6–7 Monate
Obst-Milchsuppe, S. 35
Joghurtgelee/Quarkgelee, S. 35
Fruchtsaft-Quark, S. 36
Quarkspeise mit Früchten, S. 36
Quarkflammeri, S. 36
Rhabarber-Bananen-Brei, S. 90
Rhabarberjoghurt, S. 90
Melone mit Bananensahne, S. 91
Bananencreme mit Sahne, S. 95
Fruchtgelee, S. 95
Fruchtjoghurt/Fruchtdickmilch, S. 97
Fruchtquark, S. 97
Dörrobstkompott, S. 96
Rhabarbercreme, S. 90
Rhabarbergrütze, S. 90
Nußquark/Mandelquark, S. 36
Buttermilchkaltschale, S. 36

Auch Getränke eignen sich als Nachspeise, lesen Sie dazu den Text Getränke, S. 59/60.

Vanillecreme
Ab 8–10 Monate

¼ l Milch, 1 Prise (Jod-)Salz,
1 Eigelb, 1 EL Zucker oder Honig,
2 EL Speisestärke, etwas Vanillemark,
1 Eiweiß

Milch und Salz zum Kochen aufsetzen. Eigelb, Zucker, Speisestärke und Vanillemark klümpchenfrei verquirlen und in die kochende Milch einfließen lassen. Dabei mit dem Schneebesen kräftig rühren, bis die Masse dick ist und aufpufft. Vom Herd nehmen, das Eiweiß steif schlagen und unter die heiße Masse heben. In Schälchen füllen und erkalten lassen.

Schokoladencreme
Das Eiweiß steif schlagen und mit 3 EL geriebener Schokolade unter die Creme heben. In Schälchen füllen und erkalten lassen.

Früchte in Vanillepudding (Vanilleflammeri) Foto rechts
Ab 4–5 Monate

1 P Vanillepudding zum Kochen,
¼ l Milch, 50–100 g Beeren oder andere Früchte

Von der Milch einige Eßlöffel abnehmen und das Puddingpulver damit anrühren. Die restliche Milch zum Kochen aufsetzen. Mit dem Schneebesen das Pulver einrühren. Nochmals gut aufkochen und dann ins kalte Wasserbad zum Abkühlen stellen. Währenddessen die gewaschenen Früchte zerteilen und pürieren. Anschließend in den Vanillepudding mischen und nochmals kräftig durchschlagen.

Instant-Pudding und Cremespeisen
Ab 8–10 Monate

Diese Fertigspeisen werden mit Milch oder Sahne verrührt und sind in kürzester Zeit zubereitet. Sie sollten nicht zu häufig in der Kinderernährung verwendet werden, da der Zuckeranteil oft sehr hoch und unkontrollierbar ist. Selbstzubereitete Speisen haben den Vorteil, daß bekannt ist, welche Stoffe jeweils verwendet wurden.

Wackelpudding/Götterspeise mit Vanillesauce Foto S. 136

Für den Pudding
1 P Götterspeise
Für die Sauce
¼ l Milch, 1 Eigelb,
1 EL Zucker, ½ EL Speisestärke,
1 Prise (Jod-)Salz,
Mark von ½ Vanilleschote,
1 Eiweiß

Pudding nach den Angaben auf der Packung zubereiten. Am besten einen Tag vor dem Verzehr, da er mehrere Stunden zum Gelieren braucht.
Für die Sauce alle Zutaten außer dem Eiweiß in einem Topf verschlagen, unter Rühren erhitzen, bis die Masse einmal aufgepufft ist. Dann vom Herd nehmen und noch ein wenig rühren. Ins kalte Wasserbad stellen und abkühlen lassen. Währenddessen das Eiweiß zu steifem Schnee schlagen und vorsichtig unter die Sauce heben. Damit sich auf der Sauce keine Haut bildet, ab und zu umrühren.

Tropischer Obstsalat, Rezept S. 140;
Früchte in Vanillepudding, Rezept S. 100.

Ab

Das kleine Kind im 2. und 3. Lebensjahr

Mit dem ersten Geburtstag des Kindes endet die Babyzeit. Das Kind hat sich seit dem Tag seiner Geburt so stark verändert, daß es kaum wiederzuerkennen ist. Kopf und Gesicht sind ausdrucksvoller geworden, der Körper hat sich gestreckt. Das Kind steht, läuft seine ersten Schrittchen, plappert munter, spricht die ersten Worte, interessiert sich für seine Umwelt. Es nimmt regen Anteil am Tages- und Wochenrhythmus, zeigt Persönlichkeit.
Es braucht nun seine Eltern immer mehr als Erzieher und nicht mehr nur als Pfleger. Es möchte die Welt entdecken. Kinder in diesem Alter erinnern mich an einen trockenen Schwamm, der begierig Wasser aufsaugt. Sie sind allem aufgeschlossen und darauf angewiesen, daß die Eltern ihnen aufmerksam zuhören. Ihre Fragen mit Geduld beantworten, immer wieder nachfragen, was das Kind wissen möchte, wenn man es nicht sofort versteht. So entwickeln sich regelrechte Gespräche mit zwei- und dreijährigen Kindern, in denen nicht nur die Kinder, sondern auch die Erwachsenen etwas lernen können. Mit dem Sprechen und Erklären allein ist es jedoch nicht getan, wenn Eltern Ihrem Kind kein beispielhaftes Verhalten vermitteln können. Kinder leben in den ersten Jahren viel stärker von der Nachahmung, als von intellektueller Ansprache. So wie Mutter und Vater miteinander umgehen und mit ihrem Kind, das was Vater und Mutter tun und wie sie es tun, ist lebendiger Unterricht für das Kind. Oft lernt das Kind in dieser Zeit die für sein späteres Leben wichtigsten Umgangs- und Verhaltensformen.
In diesen Bereich gehören auch die Essens- und Tischgewohnheiten. Das einjährige Kind ahmt seine Eltern und Geschwister am Tisch nach. Es möchte allein mit Löffel und Gabel essen. Es ist nun Zeit ihm Tischmanieren beizubringen (s. auch »Rund um den Familientisch« S. 151).
Es ist von großer Bedeutung, spätestens jetzt einen festen Mahlzeitenrhythmus einzuführen. Die Hauptmahlzeiten sind Frühstück, Mittag- und Abendessen. Vormittags und nachmittags gibt man eine kleine Zwischenmahlzeit. Dazwischen soll dem Kind nichts zum Essen oder Naschen angeboten werden. Die genaue Uhrzeit ist von Familie zu Familie verschieden und muß nach ihren besonderen Gegebenheiten und Bedürfnissen gewählt werden. Es ist jedoch wichtig, diese Zeiten Tag für Tag einzuhalten – nicht auf die Minute genau, aber ungefähr. Zum Beispiel: Frühstück zwischen 7 und 8 Uhr, Zwischenmahlzeit 10 Uhr oder 10.30 Uhr, Mittagessen zwischen 12 und 13 Uhr, nachmittägliche Zwischenmahlzeit gegen 15 Uhr und Abendessen zwischen 17.30 und 18.30 Uhr.
Der Organismus des Kindes stellt sich auf diese Zeiten ein. Das bedeutet, daß der Magen zu bestimmten Zeiten Hungergefühle signalisiert. Wenn diese dann nicht befriedigt werden können – aus welchen Gründen auch immer – wird das Kind gereizt, aggressiv und man kann als Mutter oder Vater von ihm kein Verständnis dafür verlangen, warum denn nun kein Essen auf dem Tisch steht. Manche Eltern

Gemischter Bohnentopf, Rezept S. 80;
Blumenkohl-Brokkoli-Salat, Rezept S. 137.

speisen ihr Kind in solchen – nicht immer vermeidbaren – Situationen mit Süßigkeiten oder Pommes frites ab. Dies ist ungünstig. Wenn Eltern vermuten, daß sich die Essenzeiten nicht einhalten lassen, so sollten sie einen möglichst vollwertigen Ersatz vorbereiten. Es eignen sich sehr gut Vollkornschnitten, Knäckebrot, ein Stück Käse, Nüsse, Rosinen, frisches (gewaschenes) oder getrocknetes Obst, Zwieback. Es müssen nicht unbedingt Kekse oder Schokolade dem Kind angeboten werden (s. auch »Vom Umgang mit Süßigkeiten« S. 98/99).
Ab dem zweiten Lebensjahr kann man sein Kind auch hin und wieder bei der Zubereitung der Mahlzeiten zuschauen lassen. Wenn man dabei mit ihm spricht und Fragen beantwortet, kann es dabei viel lernen. Bei allen Arbeiten in der Küche setzen Sie Ihr Kind immer an einen gleichen – vorher sorgfältig ausgewählten – Platz, der möglichst alle Gefahrensituationen von vornherein vermeidet. D. h. das Kind z. B. nicht neben Herd, Wasserhahn oder der Abstellfläche für heiße Speisen plazieren. Kinder sind unberechenbar, und als Erwachsener kann man sich häufig nicht vorstellen, was kleine Kinder alles anstellen können. Sorgen Sie also vor, damit kein Unglück geschieht. Geben Sie Ihrem Kind ein ungefährliches Küchengerät in die Hände, z. B. einen Holzquirl, ein Sieb oder einen Holzlöffel. Wenn Sie an manchen Tagen wenig Zeit haben, beim Kochen auf Ihr Kind einzugehen, oder ihre ganze Aufmerksamkeit dem Essen zuwenden müssen, lassen Sie Ihr Kind lieber im Kinderzimmer spielen. Andernfalls besteht die Gefahr, daß das Essen mißlingt oder dem Kind etwas geschieht. Kinder brauchen unbedingte Aufmerksamkeit und wenn man ihnen diese nicht widmen kann, muß man sie aus dem Gefahrenbereich heraushalten. Und die Küche ist als Gefahrenbereich um so größer, je kleiner und unerfahrener ein Kind ist.
Im zweiten und dritten Lebensjahr lassen sich die Nahrungsmengen nicht mehr so genau bemessen, wie das während der ersten 12 Monate möglich war. Appetit und Nahrungsbedarf des Kindes hängen auch davon ab, wieviel es sich bewegt, wieviel Zeit es an der frischen Luft verbringt. Die Mengen sind also individuell unterschiedlich, es gibt jedoch Anhaltswerte. Die Milchhöchstmenge läßt sich auch weiterhin nach dem Gewicht des Kindes berechnen. Das Kind erhält nach der Grundregel 1/10 seines Körpergewichtes an Milch, aber täglich nicht mehr als 600 g. Wenn an manchen Tagen diese Menge überschritten wird, so gibt man am nächsten Tag weniger Milch und Milchspeisen. Bei Kindern, die noch gestillt werden, ersetzt man nach und nach die Brustmahlzeiten. Die Morgenmahlzeit behalten viele stillende Mütter gern noch über den 18. Monat hinaus bei. Trotzdem kann man das Kind anschließend beim Frühstück teilnehmen lassen. Allerdings wäre es falsch, ihm eine weitere Milchspeise anzubieten. Es empfiehlt sich in diesem Falle ein belegtes Schwarzbrot oder Obst. Genauere Informationen zum Abstillen finden Sie auf S. 28.
Neben Milch erhält das Kind täglich eine Gemüsemahlzeit mit Beilagen aus Kartoffel, Reis oder Nudeln und Fleisch, Fisch oder Ei. Außerdem Rohkost, die man sowohl als Vor- oder Nachspeise, als Haupt- oder Zwischenmahlzeit in unterschiedlichen Mengen anbieten kann. Daneben gibt man dem Kind täglich etwas frisches Obst oder ungesüßten Obstsaft. Kohlenhydrate, Fett und Eiweiß erhält das Kind, über den Tag verteilt, in den verschiedenen Mahlzeiten.
Auch der Flüssigkeitsbedarf der Kinder ist unterschiedlich, abhängig von seiner Aktivität und der Jahreszeit. Zu viel Flüssigkeit ist ebenso unzuträglich wie zu wenig. Im Sommer und Winter haben Kinder oft einen erhöhten Flüssigkeitsbedarf, durch Hitze oder trokkene Luft. Kinder im 2.–3. Lebensjahr äußern bereits ihren Durst und verlangen nach Wasser oder Saft. Leider ist heutzutage eine Unsitte zu beobachten, die nicht ohne gesundheitsschädigende Auswirkung bleiben kann: das ständige Anbieten von gesüßten Getränken bereits im Säuglingsalter (s. auch S. 59/60).
Im Leben des kleinen Kindes verändert sich die Kost zunehmend, je mehr Zähne es hat und je besser es kauen kann. Wurden die Mahlzeiten zu Beginn noch sehr fein püriert und gegen Ende des ersten Lebensjahres grob püriert oder zerdrückt angeboten, so benutzt man den Pürierstab jetzt recht selten. Das Kind kann kauen, möchte kauen und muß (!) kauen, damit sich sein Kiefer ausbildet und die Zähne gesund bleiben. Häufige Breimahlzeiten sind nur noch in Ausnahmefällen, z. B. bei Krankheit, angebracht.
Der Verdauungsapparat des kleinen Menschen ist nun so weit ausgebildet, daß er die unterschiedlichen Nahrungsmittel verarbeiten kann. Dem Kind können nun hin und wieder auch blähende Speisen (z. B. Kohl) in spezieller Zubereitung und in größeren Mengen angeboten werden. Das Kind wird Mitglied am Familientisch und

bedarf keiner Sonderbehandlung mehr (Ausnahmen sind scharf gewürzte oder sehr fette Speisen). Das vereinfacht das Familienleben, erleichtert Besuche und Urlaubsreisen. In der ersten Zeit stellen sich gelegentlich leichte Verdauungsstörungen ein, die, wenn sie keine krankhafte Ursache haben, durch kleine Veränderungen in der Nahrungszusammenstellung leicht zu beheben und auszugleichen sind (vergleiche hierzu: »Kost für das kranke Kind«, S. 70, und »Vom Umgang mit Zucker«, S. 92).
Die Altersangaben unter den Zubereitungsvorschlägen im folgenden Rezeptteil orientieren sich an der Verdauungsfähigkeit und einer dem Alter nach zunehmenden Kaufähigkeit. Wie im vorhergehenden Kapitel sind die Nahrungsmittel zu Gruppen zusammengefaßt.
Um Ihnen eine Vorstellung zu vermitteln, welche Lebensmittelmengen das Kind in diesem Alter etwa erhält, wurden Empfehlungen für die einzelnen Lebensmittelgruppen zusammengestellt. Diese Mengen müssen jedoch nicht auf das Gramm genau täglich erreicht werden.
Ein 2–3jähriges Kind sollte pro Tag 450–500 g Milch erhalten, wenn es keine Milch mag, kann sie durch die gleiche Menge Joghurt ersetzt werden. Jeweils 100 g Milch oder Joghurt können auch durch 15–20 g Käse oder 50 bis 60 g Quark ausgetauscht werden. Man darf jedoch nicht auf die Idee kommen, die gesamte Milchmenge durch 75–100 g Käse zu ersetzen, da ½ l Milch 18 g Fett enthält, im Gegensatz dazu enthalten 4 Scheiben Vollfett-Gouda etwa 28 g Fett. Mit 28 g Fett wäre die Hälfte des täglichen Bedarfes des Kindes bereits gedeckt.
Neben Milch dienen Wurst, Fleisch, Fisch und Ei als Eiweißlieferanten. Man kann seinem Kind pro Tag 25 bis 40 g Wurst und 50–60 g Fleisch geben. Die Wurst kann durch 1 Ei und das Fleisch durch 50–75 g Fischfilet ersetzt werden.
Als Brotaufstrich und zum Kochen und Backen dürfen 35 g Butter, Margarine oder Öl verwendet werden.
Als Kohlenhydratlieferanten dienen Brot, Mehl, Nährmittel, Kartoffeln und, in beschränktem Umfang, Konfitüre und Zucker. Angemessen für ein Kind in diesem Alter sind 110 bis 130 g Brot, 60–100 g Kartoffeln, 30 g Zucker und 7 g Mehl. Jeweils 10 g Brot können durch 7 g Knäckebrot oder Nährmittel, z. B. Haferflokken oder Grieß, ersetzt werden. Statt der Kartoffeln können Sie auch 30 g Reis oder Nudeln servieren. Jeweils 10 g Zucker entsprechen 15 g Honig oder Konfitüre. Zucker, Honig und Konfitüre muß ein Kind nicht erhalten. Sie müssen diese Mengen jedoch berücksichtigen, wenn Sie z. B. einen Kuchen backen. Auch das Mehl, das Sie zum Binden von Saucen und Suppen verwenden, die Nährmittel, die als Suppeneinlage, z. B. Sago, oder zur Herstellung von Nachspeisen, z. B. Speisestärke für Flammeri, verwendet werden, müssen Sie mitberechnen. Im Durchschnitt sind hierfür 7 g Mehl oder Nährmittel erlaubt.
Um den Vitamin- und Mineralstoffbedarf zu decken, sollten Sie Ihrem Kind pro Tag 125 g frisches Gemüse und 100 g frisches Obst geben. Das frische Gemüse können Sie durch 80–90 g tiefgekühltes oder konserviertes Gemüse ersetzen und statt des Obstes Ihrem Kind 100 g Obstsaft oder 200 g Gemüsesaft zu trinken geben.

Milch und Milchspeisen

Die Umstellung von verdünnter Milch auf Vollmilch sollte nun erfolgt sein, unabhängig davon, ob das Kind zu einer bestimmten Mahlzeit noch gestillt wird (z. B. früh morgens). Alle Breie und Speisen werden nun mit Vollmilch zubereitet. Sollte das Kind jedoch nach dem Essen unter Aufstoßen leiden, kann die Milch noch eine Zeitlang verdünnt oder mit etwas Zitronensaft gesäuert werden, den man unter Schlagen in die Milch eintropfen läßt. Die Milch gerinnt dadurch feinflockig und ist für das Kind leichter verdaulich.

Milchbrei
Ab 12 Monate

¼ l Milch, 1 Prise (Jod-)Salz,
beliebige Einlage, z. B.
3 EL (30 g) Vollweizengrieß oder
4 EL (30–40 g) Haferflocken mit Keim
oder 40 g Milchreis oder
2 EL (20 g) Speisestärke oder
20–30 g Nudeln,
nach Belieben etwas Zucker,
Honig, Nüsse,
Rosinen, Trockenfrüchte,
frisches, gemustes oder zerschnittenes
Obst, Obstsaft

Milch mit dem Salz aufkochen. Vom Herd nehmen und die gewünschte Einlage einrühren. Dann kurz aufkochen und leise weiterkochen oder ausquellen lassen. Anschließend die übrigen Zutaten untermischen.

Porridge
Ab 14–18 Monate

3 EL grobe Haferflocken
mit Keim,
1 Prise (Jod-)Salz,
⅛ l Milch,
1 TL Zucker,
½ Tasse lauwarme Honigmilch

Aus Haferflocken, Salz und Milch unter ständigem Rühren einen sehr dikken Brei kochen. Nach 5 Minuten in einen tiefen Teller oder eine Schale füllen, Zucker darüberstreuen und mit der Honigmilch begießen.

Buttermilch-Kaltschale
Ab 12–14 Monate

1 Scheibe (ca. 30 g) Vollkornbrot
oder Schwarzbrot,
½ l Buttermilch,
2 TL Zucker oder Honig,
1 TL Zitronensaft,
2 TL ungeschwefelte Rosinen

Schwarzbrot im Rührgerät zerbröseln, etwas Buttermilch zugießen, grob pürieren. Dann die restliche Milch und die anderen Zutaten zumischen.

Haferflockenjoghurt
Ab 12–14 Monate

100–150 g Naturjoghurt,
2 EL grobe Haferflocken mit Keim,
1 TL Honig,
1 EL Zitronensaft,
1 Tasse zerkleinerte beliebige Früchte,
1–2 TL geriebene Nüsse,
1 TL ungeschwefelte Rosinen,
1 EL Zucker

Joghurt gut verschlagen. Alle übrigen Zutaten in einer Schüssel miteinander mischen. Joghurt darübergießen und alles verrühren. Der Joghurt kann auch durch Dickmilch oder Sauermilch ersetzt werden. Achten Sie beim Kauf von Fertigprodukten darauf, daß keine chemischen Zusätze, Bindemittel oder Zucker enthalten sind. Machen Sie den Joghurt am besten selbst. Näheres dazu s. S. 32.

Quarkspeise
Ab 12 Monate

3–4 EL Quark (50–60 g), etwas Milch,
1 Eigelb, 1 Vanilleschote,
1 TL Honig oder Zucker,
nach Belieben frisches Obst

Quark gut verschlagen, mit Milch und Eigelb verrühren. Die Vanilleschote klopfen, das Mark herauskratzen und zum Quark geben. Mit Honig oder Zucker süßen und die Früchte untermengen.

Quarkaufstrich
Ab 12–18 Monate

1–2 EL Quark, 1 kleine Gewürzgurke,
1 TL Kräuter,
je 1 Prise (Jod-)Salz,
Paprikapulver mild,
Zwiebelpulver

Quark gut verschlagen, evtl. etwas Wasser zugeben. Gewürzgurke in feine Würfel schneiden, Kräuter fein wiegen und mit den Gewürzen unter den Quark mischen. Am besten schmeckt der Aufstrich auf einer gebutterten Scheibe Vollkornbrot.

Flammeri/Pudding
Ab 12 Monate

Was landläufig Pudding genannt wird, ist eigentlich ein Flammeri. Es gibt verschiedene Arten der Zubereitung, vom Kochen bis zum Verschlagen in kalter Milch. Pudding ist nicht nur eine Leckerei, die nach dem Hauptgericht gereicht wird, sondern ergänzt die Nährstoffzufuhr. Pudding (Flammeri) kann auch als vollwertiges Hauptgericht gereicht werden, z. B. an heißen Tagen oder Sommerabenden. Er wird von Kindern gern gegessen. Besonders Grießflammeri und Reispudding mit Früchten sind beliebte Zubereitungen. Als Hauptgericht müssen die Mengen größer sein als als Nachspeise.
Es werden verschiedene Puddingarten angeboten. Wenn Sie »Pudding ohne Kochen« bevorzugen, denken Sie daran, daß Rohmilch vorher abgekocht werden muß. Für die Zubereitung muß die Milch erst erkalten, bevor sie verwendet werden kann. Schneller Pudding lohnt sich also nur, wenn abgekochte, kalte Milch vorrätig ist. Der Vorteil selbst zubereiteter Puddings (Flammeris) liegt darin, daß dem Grundrezept verschiedene Zutaten zugefügt werden können. Außerdem kann der Zuckeranteil kontrolliert werden, dies ist bei Instant-Puddingpulver nicht möglich.

Grundrezept
1 EL Zucker,
2–3 EL Speisestärke,
¼ l Milch

Zucker und Speisestärke in 1–2 Eßlöffel kaltem Wasser glattrühren. Milch aufkochen lassen, vom Herd nehmen

und mit einem Schneebesen die angerührte Speisestärke hineinrühren. Flammeri (Pudding) unter Rühren noch einige Male aufkochen lassen. Abkühlen.
Für Kinder, denen die Puddinghaut unangenehm ist, vor dem Servieren die oberste Schicht mit einem Eßlöffel dünn abnehmen.

Schokoladenflammeri
Entweder 1 EL Kakao mit der Speisestärke anrühren oder 20 g Schokolade nach dem Kochen im Pudding auflösen. Abkühlen lassen.
Mit Obstsaft, Vanillesauce oder Kirschen servieren.

Vanilleflammeri
Das Mark von ¼ Vanilleschote mit der Speisestärke anrühren. Abkühlen lassen.
Mit frischem, kleingeschnittenen Obst oder eingeweckten Früchten servieren.

Zebraflammeri
Je einen Vanille- und einen Schokoladenflammeri kochen. Beide sofort nach dem Kochen abwechselnd in eine schmale hohe Glasschale füllen. Nach Belieben mit Obst, Sahne oder Keksen verzieren.

Geburtstagsflammeri
Beliebige Früchte gut waschen, schälen, entsteinen usw. In eine gründlich mit kaltem Wasser ausgespülte Glasschale zuerst einige Früchte füllen, eine Schicht Flammeri daraufgeben und alles mit Keksen und weiteren Früchten bedecken. Zum Schluß den restlichen Flammeri darübergießen. Erkalten lassen und stürzen. Nach Belieben verzieren.

Grießflammeri
Ab 12 Monate

¼ l Milch, 1 EL Zucker,
2–3 EL Vollkorngrieß (20–30 g),
1 TL Zitronen- oder Orangensaft

Milch mit Zucker aufkochen. Unter Schlagen Grieß in die kochende Flüssigkeit einrieseln lassen. Auf kleiner Stufe noch einige Minuten durchkochen und ausquellen lassen. Dann den Zitronensaft unterrühren. In Glasschälchen füllen. Mit Obstsaft oder Obstmus bedecken, erkalten lassen.

Grießauflauf
Ab 12–14 Monate

Für 2 Personen
½ l Milch, 1 Prise (Jod-)Salz,
125 g Vollkorngrieß, 1 Ei, 30 g Butter,
2 EL Zucker, 1 TL Zitronensaft,
1 Handvoll ungeschwefelte Rosinen,
Butter, Semmelbrösel

Milch mit Salz aufkochen. Unter Rühren den Grieß einrieseln lassen und zu einem dicken Brei kochen. Abkühlen lassen. Währenddessen das Ei trennen. Butter, Zucker und Eigelb in einer Schüssel schaumig schlagen. Eischnee mit Zitronensaft steif schlagen. Den abgekühlten Grieß gut durchrühren und die Butter-Ei-Masse einfließen lassen. Zum Schluß Rosinen und Eischnee unterheben. Eine feuerfeste Schüssel gut einfetten und mit Semmelbröseln ausstreuen, die Auflaufmasse einfüllen, mit Butterflöckchen belegen und im Backofen bei mittlerer Hitze ca. 45 Minuten backen.
Warm servieren mit frischem Obst, Kompott oder Fruchtmus.

Quark-Grieß-Auflauf
Ab 12–14 Monate

Für 3–4 Personen
½ l Milch, 1 Prise (Jod-)Salz,
1 TL Zitronenschale (Trockengewürz)
oder Schale von ½ ungespritzten Zitrone,
125 g Vollkorngrieß, 2 Eier,
60 g Zucker, 40 g ungeschwefelte
Rosinen, 40 g gemahlene Nüsse,
250 g Quark, Butter, Semmelbrösel

Milch, Salz und Zitronenschale aufkochen. Den Grieß unter Schlagen mit dem Schneebesen klümpchenfrei einlaufen lassen. Kräftig durchkochen, bis ein sehr dicker Brei entstanden ist. Abkühlen lassen. Eier trennen. Eigelb mit dem Zucker schaumig rühren. Rosinen und Nüsse zugeben. Den Quark durch ein Haarsieb in die Masse rühren. Alles vermischen. Eiweiß zu steifem Schnee schlagen. Den nochmals gut durchgeschlagenen, abgekühlten Grießbrei unter die Quark-Eimasse heben. Zum Schluß den Eischnee unterheben. Eine feuerfeste Form gut einfetten und mit Semmelbröseln ausstreuen. Dann die Grießmasse einfüllen, mit einigen Butterflöckchen belegen und im Backofen bei mittlerer Hitze ca. 45 Minuten backen.
Nach Belieben mit frischem Obst belegen und warm servieren.

Reisauflauf
Ab 12–14 Monate

Für 2 Personen
½ l Milch, 1 Prise (Jod-)Salz,
1 TL ungespritzte Zitronenschale (frisch oder Trockengewürz),
125 g Parboiled Reis oder Milchreis,
1–2 Eier, 40 g Butter, 2 EL Zucker,
250 g Äpfel oder anderes beliebiges Obst, 1–2 EL ungeschwefelte Rosinen

Milch mit Salz und Zitronenschale aufkochen. Reis hineingeben und ca. 30 Minuten weich kochen lassen, dann zum Auskühlen beiseite stellen. Eier trennen. Butter, Zucker und Eigelb schaumig rühren, den abgekühlten Reis untermischen. Eiweiß steif schlagen und unterheben. Die Äpfel waschen, schälen, entkernen und fein schneiden. Eine feuerfeste Form gut einfetten und abwechselnd die Auflaufmasse und die Äpfel und Rosinen einfüllen. Mit einigen Butterflöckchen belegen und bei mittlerer Hitze im Backofen ca. 45 Minuten backen. Zum warmen Auflauf schmeckt Vanillesauce.

Haferflockenauflauf
Statt Reis 130 g grobe Haferflocken mit Keim verwenden.

Milcheis/Sahneeis

Kalte Milchspeisen sind schwerer verdaulich als warme Zubereitungen. Deshalb wird die Zubereitung solcher Speisen erst im Laufe des zweiten Lebensjahres erfolgen. Eis können Sie selbst zubereiten, ohne die im Handel befindlichen Eispulver. Wenn Sie Ihre Milch beim Bauern holen, 12 Stunden im Kühlschrank stehen lassen und dann die Sahne abschöpfen, können Sie damit herrlich cremiges Sahneeis zubereiten. Es ist sehr locker und gefriert weniger hart als das mit Milch und Wasser bereitete Eis.

Sahneeis

Grundrezept
Süße Sahne, Geschmackszutaten, z. B. 1–3 EL Pflaumenmus oder Konfitüre

Sahne steifschlagen. Pflaumenmus unterschlagen. In eine Schale füllen, verschließen und gefrieren lassen.

Feine Eiscreme

Grundrezept
2 Eigelb, 4 EL Zucker,
1 P Vanillezucker, ¼ l Milch,
⅛ l steifgeschlagene, süße Sahne

Eigelb, Zucker, Vanillezucker und Milch in einem Topf mischen. Unter Rühren mit dem Schneebesen kochen, bis die Masse hochkommt. Vom Herd nehmen und abkühlen lassen (geht schnell im Wasserbad). Die steife Sahne unter die kühle Creme heben, alles in eine Schale füllen, verschließen und einfrieren.

Diese Grundrezepte können nun beliebig abgewandelt werden.

Schokoeis
50 g feingeraspelte oder im heißen Wasserbad aufgelöste Vollmilchschokolade unter das Eis ziehen. Für Schokoladensahneeis 2 Teelöffel Zucker und 2–3 Teelöffel Kakao- oder Schokoladenpulver in die geschlagene Sahne einrieseln lassen.

Haselnußeis
40 g Haselnüsse, fein gemahlen, unterrühren. Bei feiner Eiscreme die gemahlenen Haselnüsse vor dem Kochvorgang unterrühren.

Bananeneis
Vor dem Gefrieren eine kleine Banane pürieren und untermengen.

Erdbeereis
Vor dem Gefrieren pürierte Erdbeeren unter die Creme mischen.

Aprikosen-, Kiwi-, Meloneneis
Wie Erdbeereis.

Cassata
Feingehacktes Zitronat, Orangeat, beliebige kandierte Früchte und ungeschwefelte Rosinen untermengen.

Milchmischgetränke/ Milchshakes

Zur Zubereitung von Milchgetränken können neben Vollmilch auch andere Milcharten wie Magermilch, Buttermilch, Sauermilch und Kefir verwendet werden.
Für Kinder, denen der Eigengeschmack von Milch unangenehm ist, wird sich bestimmt eine Geschmacksvariante finden lassen, damit auch diese Kinder Milch erhalten.
Vor dem Gebrauch muß die Rohmilch abgekocht werden, auch wenn man ein kühles Getränk zubereiten will. Geben

Sie Ihrem Kind auf keinen Fall stark gekühlte Milch, das führt fast immer zu Magen-Darm-Störungen. Auch das kühle Getränk sollte Zimmertemperatur haben.
Beachten Sie die Regel der täglichen Milchhöchstmenge (500–600 g). Milch ist kein Durstlöscher, sondern ein Nahrungsmittel, das zusätzlich den Flüssigkeitshaushalt ausgleicht. Wenn Ihr Kind starken Durst hat, geben Sie ihm ungesüßten oder schwach gesüßten Tee.

Honigmilch

¼ l Milch, 1–2 TL Honig
(Fenchelhonig)

In die abgekühlte oder noch warme Milch den Honig einlaufen lassen und gut verschlagen.

Zitronenmilch/Orangenmilch

¼ l Milch, 1–2 EL frisch gepreßten
Zitronensaft oder Orangensaft,
1 TL Honig, 1 TL Zucker

Milch gut verschlagen und dabei langsam den Saft eintropfen lassen, dann Honig und Zucker untermischen.

Fruchtmilch

Beliebige Früchte,
¼ l Milch,
höchstens 1 TL Zucker oder Honig

Früchte sorgfältig vorbereiten und fein pürieren. Dabei nach und nach die Milch einlaufen lassen. Nach Bedarf etwas süßen. Viele Früchte enthalten ausreichend Fruchtzucker, so daß die Fruchtmilch nicht gesüßt werden muß. Fruchtmilch läßt sich sehr gut auch mit Sauermilch, Buttermilch oder Joghurt zubereiten.
Beliebte Obstarten sind: Bananen (sie machen die Milch sämig), Aprikosen, Erdbeeren, Himbeeren, Guaven, Kakis, Granatäpfel.

Schokoladenmilch

¼ l Milch,
20–30 g Vollmilchschokolade

Von der Milch 1 Eßlöffel abnehmen, in einem Topf erwärmen. Dann die Schokolade dazugeben, bis sie geschmolzen ist. Diese Mischung unter Schlagen in die kühle Milch einlaufen lassen.

Vanillemilch

¼ l Milch, 1–2 TL Zucker,
½ TL echter Bourbon-Vanillezucker
oder einige Tropfen flüssiger
Vanilleextrakt

Milch mit Zucker und Vanille schaumig schlagen.

Instant-Milchmischgetränke
Im Lebensmittelhandel werden zahlreiche Fertigmischungen für Kakao, Erdbeer-, Bananenmilch und ähnliches angeboten. Diese Mischungen bestehen häufig zum großen Teil aus Zukker (oft über 50%). Beachten Sie die Angaben auf der Verpackung und verzichten Sie besser auf solche Getränke.

Mehlspeisen

Eierpfannkuchen/ Palatschinken/ Eierplinsen
Ab 12–18 Monate

Für 2–4 Personen
⅜ l Milch oder
halb Milch, halb Wasser,
1 Prise (Jod-)Salz,
2 Eier,
100 g Weizenmehl Type 1050,
Keimöl,
nach Belieben Konfitüre
oder Zucker

Flüssigkeit in einer hohen Rührschüssel mit Salz und Eiern verschlagen. Dann eßlöffelweise das Mehl unterschlagen. Der Teig soll dünn, aber sämig sein. In einer Pfanne so viel Keimöl erhitzen, daß der Boden fettig ist. Dann vom Teig so viel einfließen lassen, bis durch leichtes Hin- und Herwenden der Pfanne der Boden mit einer dünnen Schicht bedeckt ist. Bei mittlerer Hitze (1–2 Minuten) backen lassen, bis der Teig fest und an der Unterseite knusprig hellbraun geworden ist. Wenden und kurz von der anderen Seite backen. Auf einen angewärmten Teller geben und im Backofen warm stellen, bis alle Pfannkuchen fertig sind.
Dann mit Konfitüre bestreichen oder mit Zucker bestreuen und zu einer dünnen Rolle einrollen.

Mit Puderzucker
Pfannkuchen einrollen. Puderzucker in ein Sieb geben und über die Pfannkuchen sieben.

Mit Konfitüre, Eis und Sahne
Pfannkuchen auf einen Teller geben, dünn mit Konfitüre bestreichen, 1 Eßlöffel Vanilleeis auf eine Hälfte setzen, mit steifer Sahne bedecken, die andere Hälfte darüberschlagen, mit Puderzukker dünn bestäuben.

Poffertjes
Den Teig in die geölte Poffertjespfanne gießen, die kleinen Pfannkuchen von beiden Seiten goldgelb backen, dann auf den Teller geben und dick mit Puderzucker bestäuben. Für Erwachsene können Sie vorher über die Pfannkuchen etwas Likör, besonders gut ist Grand Marnier, gießen.

Kirschenmichel
Ab 14–18 Monate

Für 3–4 Personen
¼ l Milch, 4 alte Brötchen,
2 Eier, 30 g Butter,
2 EL Zucker,
1 TL Zitronensaft,
400–500 g entsteinte Kirschen,
Fett für die Form

Milch in einem Topf leicht erwärmen. Brötchen hinein brechen und weichen lassen. In dieser Zeit die Eier trennen. Eigelb mit Butter und Zucker schaumig schlagen. Nach und nach dann die geweichten Brötchen und den Zitronensaft unterschlagen. Anschließend die entsteinten Kirschen untermengen. Eiweiß zu steifem Schnee schlagen und diesen vorsichtig unter die Auflaufmasse heben. Feuerfeste Form gut fetten, den Auflauf einfüllen, mit einigen Butterflöckchen belegen und im Backofen bei mittlerer Hitze ca. 45 Minuten backen lassen.

Kirschenbettelmann
Ab 14–18 Monate

Für 4 Personen
200 g Vollkornbrot oder Schwarzbrot,
1 Msp Zimt, 60 g Zucker,
60 g feingeriebene Mandeln,
½ TL Zitronenschale
(Trockengewürz), 200–300 g Kirschen,
etwas Butter, Puderzucker,
süße Sahne

Brot in einer Schüssel sehr fein zerbröseln und mit Zimt, Zucker, Mandeln und Zitronenschale vermischen. Kirschen waschen und entsteinen. Eine feuerfeste Form gut fetten, den Boden mit der Hälfte der Bröselmasse bestreuen, mit einigen Butterflöckchen belegen, die Kirschen drauflegen und mit dem Rest der Bröselmasse bedekken. Mit Butterflöckchen belegen, in den heißen Backofen schieben und ca. 45 Minuten backen lassen. Mit Puderzucker leicht bestäubt servieren und nach Belieben steifgeschlagene Sahne dazu reichen.

Milchnudeln
Ab 14 Monate

Für 3–4 Personen
½ l Milch, 1 Prise (Jod-)Salz,
1 EL Zucker, 1 Prise Vanillezucker,
1 TL Butter, 160 g Vollkornnudeln,
nach Belieben etwas Sahnequark,
Zimtzucker

Milch mit Salz, Zucker, Vanillezucker und Butter in einem Topf zum Kochen bringen. Währenddessen den Backofen vorheizen. Die kochende Milch in eine Auflaufform gießen, die Nudeln einrühren, in den heißen Backofen schieben. Bei mittlerer Hitze ca. 40 Minuten ziehen lassen. Den Quark mit wenig Wasser anrühren. Nudeln aus dem Ofen nehmen, auf dem Teller portionieren, 1 Eßlöffel Quark daraufhäufen, mit Zimtzucker bestreuen.

Obstpfannkuchen
Ab 14–18 Monate

¼ l Milch oder halb Milch, halb
Wasser, 1 Prise (Jod-)Salz, 2 Eier,
100 g Weizenvollkornmehl, beliebiges
Obst, Keimöl, Puderzucker

Milch, Salz und Eier miteinander verschlagen. Dann eßlöffelweise das Mehl zumischen. Der Teig soll sämig sein. Obst gut reinigen, schälen, entsteinen und in sehr feine Schnitzel (Streifen, Würfel) schneiden, unter den Teig heben. Keimöl in einer Pfanne erhitzen. So viel Teig in die Pfanne geben, daß sich ein fingerdicker Pfannkuchen ausstreichen läßt. Backen bis die Masse von der Oberseite gestockt und von der Unterseite knusprig goldbraun gebacken ist. Dann wenden und die Oberseite ebenfalls knusprig backen. Auf einen Teller legen, einmal zusammenklappen und, mit etwas Puderzukker bestäubt, servieren.

Kaiserschmarren
Ab 14–18 Monate

1 Ei, 2 EL Milch, 1 Prise (Jod-)Salz,
1 TL Zucker,
6 EL Weizenvollkornmehl,
1 EL ungeschwefelte Rosinen,
1 TL Butter oder Keimöl,
1–2 TL Preiselbeerkompott oder
Puderzucker

Ei mit Milch, Salz und Zucker verschlagen. Nach und nach das Mehl unterrühren, nach Belieben Rosinen zufügen. In einer Pfanne Butter erhitzen, den Teig hineingeben, auf kleiner Stufe stocken lassen. Den Pfannkuchen von beiden Seiten goldbraun backen. Dann mit dem Wender zerstoßen. Nochmals kurz durchrösten. Auf den Teller geben und mit Preiselbeeren vermischen oder mit Puderzucker bestäuben.

Grießschmarren

Ab 14 Monate

¼ l Milch,
1 Prise (Jod-)Salz,
4 EL Vollweizengrieß (60 g),
½ TL Zitronenschale (Trockengewürz) oder
1 EL Zitronen- oder Orangensaft,
1 Ei,
1 TL Zucker,
etwas Butter oder Keimöl,
Rosinen,
Kompott oder frisches Obstmus

Milch und Salz aufkochen. Vom Herd nehmen. Grieß einstreuen und unter Rühren aufkochen, bis ein dicker Brei entstanden ist. Etwas abkühlen lassen, dann die Zitronenschale oder -saft untermischen. Ei und Zucker miteinander verschlagen und unter den Brei mengen. In einer Pfanne Butter erhitzen, den Grießbrei darin ausstreichen und goldgelb backen. Wenden und die andere Seite ebenfalls goldgelb bakken. Dann mit dem Wender zerstoßen. Auf den Teller geben, mit Rosinen bestreuen und nach Belieben mit Kompott oder frischem Obstmus servieren.

Belegte Brote/Brötchen

Je nach Kaufähigkeit
ab 12 Monate

In diesem Alter können Sie zum Frühstück oder zum Abendessen belegte Brote oder Brötchen anbieten. (Rezepte zum Selberbacken von Brot und Brötchen finden Sie auf S. 39/40) Brot oder Brötchen aus Weißmehl sollte das Kind nur in Ausnahmefällen, z. B. bei Krankheit, sonntags oder feiertags, erhalten. Wichtig ist auch der Brotbelag. Es gibt unzählige Möglichkeiten, und jedes Kind entwickelt schon bald Vorlieben. Der Brot- oder Brötchenbelag sollte möglichst eiweiß-, vitamin- und mineralstoffreich, fettarm, wenig süß und leicht verdaulich sein. Fett kann leicht eingespart werden.
Sicher schmecken Marmelade, Wurst, Käse oder Quark leckerer auf einer gebutterten als auf einer ungebutterten Scheibe Brot. Jedoch kann man sich angewöhnen, das Fett zu »kratzen« und nicht dick aufzutragen. Die Kinder haben meist nichts dagegen. Und wenn es doch einmal gewünscht wird, gibt man ein gebuttertes Brot einmal ohne Belag oder mit Schnittlauch oder Kresse bestreut.
Wichtig ist es, sich darüber bewußt zu werden, was man eigentlich ißt. Wurst und Käse bestehen zu einem Großteil aus Fett. Aus Fett und Zucker bestehen die »gesunden« Schokoladenaufstriche fürs Kinderbrot. Viele Brotaufstriche enthalten neben Fett und Zukker reichlich Salz und chemische Konservierungsstoffe. Es geht aber auch ohne Zusatzstoffe, die immer auf der Verpackung angegeben sein müssen (die häufigsten sind: Sorbinsäure, Benzoesäure, Ameisensäure). Es ist widersprüchlich, sich in den ersten sechs Lebensmonaten des Kindes über die Zusammensetzung der Muttermilch, ihr Für und Wider zu streiten und andererseits, schon wenige Monate später – dem oft noch nicht völlig entwöhnten Kind – beliebige Nahrungsmittel anzubieten, die bei allem Wohlwollen nicht mehr als natürlich und gesund zu bezeichnen sind.
Wichtig ist nicht das, was das Kind in Ausnahmefällen, bei besonderen Anlässen, an Nahrung erhält, sondern das, was es Tag für Tag zu sich nimmt. Dies sollte eine gesunde und natürliche Nahrung sein, auch auf dem Butterbrot oder Brötchen.

1–2 Scheiben Vollkornbrot/
1–2 Vollkornbrötchen oder Vollkornknäckebrot,
Belag wie vorgeschlagen:

- ▷ wenig Butter mit fettarmem Frisch-, Schnittkäse, körniger Frischkäse
- ▷ wenig Butter mit fettarmem Quark und Honig oder Konfitüre oder Kräutern
- ▷ wenig Butter mit fettarmem Aufschnitt, z. B. Braten, Putenbrust, Roastbeef, deutsches Corned Beef, Aspikwurst, Lachsschinken, Sülzwurst, Frankfurter Würstchen, Zunge, Schinken
- ▷ wenig Butter mit geräuchertem oder eingelegtem Fisch, z. B. Bismarckhering, Brathering, Rollmops, Goldbarsch, mariniertes Heringsfilet, Hering in Gelee, Thunfisch ohne Öl (natur), Schellfisch, Seelachs
- ▷ wenig Butter mit frischem Gemüse, z. B. Gurken, Tomaten, Radieschen, Keimlinge, Kresse, Kräuter
- ▷ wenig Butter mit dekorierten Eierscheiben, z. B. mit Gewürzgurkenstreifen und Sardellen.

Haferflockenmüsli
Ab 14–18 Monate

2–3 EL grobe Haferflocken mit Keim, ½ Apfel,
1 TL ungeschwefelte Rosinen,
1 TL ganze, gehackte oder gemahlene Nüsse,
1 TL Sonnenblumenkerne,
1 TL Honig,
2–3 EL Naturjoghurt oder Milch oder Sauermilch

Haferflocken mit wenig Wasser verrühren und über Nacht im Kühlschrank weichen lassen oder frisch, d. h. ohne Einweichen, zubereiten. Apfel waschen, schälen, entkernen, fein raspeln und mit den Haferflocken vermischen. Dann alle weiteren Zutaten unterheben.

Hinweis
Mit zunehmendem Alter können weiterhin alle vorher vorgestellten Müslispeisen (s. S. 41 ff.) angeboten werden. Der einzige Unterschied besteht darin, daß die Zutaten nicht mehr so stark zerkleinert oder gar püriert werden. Je besser das Kind kauen kann, um so gröber beläßt man die Nahrung.
Die Grundrezepte für Frischkornmüsli und Frischkornbrei finden Sie auf S. 42/43. Diese Grundrezepte brauchen Sie zur Herstellung einer vollwertigen Mahlzeit nur mit Obst, Gemüse, Nüssen und Honig zu ergänzen.
Müsli kann man ab diesem Alter aus groben Haferflocken mit Keim zubereiten. In größeren Mengen können nun Steinobstarten verwendet werden, die wegen ihrer schwereren Verdaulichkeit während der ersten 12 Monate nur in sehr kleinen Portionen angeboten wurden.

Fleisch, Fisch, Ei

Fleisch

Sie können unter den verschiedensten Fleischarten, z. B. Rind, Schwein, Geflügel, Kalb, Wild, wählen. Neben Fleisch, das nur kurz gebraten werden muß, gibt es anderes, das man in größeren Stücken brät.
Für die tägliche Küche empfiehlt sich Fleisch, das in kürzester Zeit gart, z. B. Rinderlende, Schweinelende, Steak oder Schnitzelfleisch. Leicht läßt sich eine Mittagsmahlzeit herstellen, indem man eine kleine Menge Steak oder Schnitzelfleisch fein schnetzelt und unter das Gemüse mischt. Halten Sie die Fleischmenge in Grenzen (ca. 50–60 g). Achten Sie beim Herrichten der Speise darauf, daß Sie vom Gemüse und von der Sauce vor dem Würzen einige Eßlöffel für das Kind abnehmen. Auch jetzt sind stark gewürzte Speisen für das Kind nicht bekömmlich. Man kann auch alles mild abgeschmeckt auf den Tisch bringen und den Erwachsenen Gewürze zum Nachwürzen anbieten.
Sehr gerne werden von Kindern leicht süßliche, pikante Fleischspeisen gegessen, z. B. Schweinegeschnetzeltes mit Schmoräpfeln (S. 113) oder Filet mit Backpflaumen (S. 52). Auch die verschiedenen Wurstsorten lassen sich gut zubereiten. Milde Wurstsorten können gewürfelt einem Gemüsegericht Geschmack geben, und Wurstgulasch (S. 113) schmeckt Kindern oft besser als echtes Gulasch, das gründlich gekaut werden muß. Weitere äußerst vielseitige Zubereitungsmöglichkeiten ergeben sich mit Hackfleisch, das von allen Kindern sehr gern gegessen wird. Mag ihr Kind kein Gemüse, dann versuchen Sie es einmal mit einer Hackfleisch-Gemüse-Pfanne (S. 53).

Gebratenes Rindfleisch
Ab 18–24 Monate

Etwas Keimöl,
50 g Filet/Steakfleisch

Keimöl in der Pfanne erhitzen und das Fleisch darin von beiden Seiten einige Minuten braten. Man kann das Fleisch auch fein schnetzeln und dann braten.

Filet Stroganov
Ab 18–24 Monate

1 Scheibe (ca. 50 g) Rinder- oder Schweinelende,
1 TL Butter,
1–2 EL zerschnittene Champignons,
1 Gewürzgurke, 1–3 Tomaten (Dose),
je 1 Msp Zwiebelpulver,
Senf und (Jod-)Salz,
2 EL saure Sahne

Fleisch in feine, dünne Streifen schnetzeln. Butter zerlassen, das Fleisch hineingeben und unter Wenden 1–2 Minuten braten. Herausnehmen. In dem Fett dann die Champignons anbraten, Gewürzgurke zugeben. Tomaten heiß waschen, enthäuten, würfeln und untermischen. Mit den Gewürzen abschmecken. Das Fleisch untermengen und zum Schluß die Sahne zugeben. Nicht mehr kochen.
Als Beilage Bratkartoffeln oder Kartoffelbrei servieren.

Schweinegeschnetzeltes mit Schmoräpfeln
Ab 18 Monate

50 g Schweinelende/Schnitzelfleisch, 1 TL Keimöl, 1 Msp Thymian, 1–2 Äpfel, 1 EL saure Sahne

Fleisch in feine, dünne Streifen schneiden und in heißem Keimöl unter Wenden einige Minuten anbraten. Den Thymian einstreuen. Etwas Wasser angießen und zugedeckt auf kleiner Stufe schmoren. Äpfel waschen, schälen, entkernen und grob würfeln. Zum Fleisch geben. Nach 10 Minuten die Sahne dazugeben. Servieren.
Zu Kartoffelbrei reichen.

Frikadelle mit Möhrengemüse
Ab 18–24 Monate

100 g Möhren, 1 Kartoffel
Frikadelle
50 g Hackfleisch, 1 kleines Ei, je 1 Prise (Jod-)Salz, frischgeriebene Muskatnuß, 1 TL Kräuter, etwas Keimöl nach Belieben etwas angerührte Speisestärke, Petersilie

Möhren und Kartoffel schälen, waschen und fein würfeln. In wenig Wasser zum Kochen aufsetzen. Auf kleiner Stufe 30–45 Minuten weich kochen. In dieser Zeit die Frikadelle zubereiten. Dazu Hackfleisch mit Ei, Salz, Muskat und Kräutern verkneten und zu einer Frikadelle formen. In heißem Keimöl von beiden Seiten durchbraten. Aus dem Fett nehmen. Dieses mit etwas Wasser verschlagen und in das Gemüse gießen. Gemüse nach Belieben binden. Die Petersilie untermischen.

Wurstgulasch
Ab 12–14 Monate

100 g fettarme, leicht gewürzte Wurst am Stück, 1 EL Butter, 1 EL Mehl Type 1050, etwas Wasser oder Brühe, je 1 Prise (Jod-)Salz und Paprikapulver mild, Kräuter

Wurst in feine oder gröbere Würfel schneiden. Aus Butter und Mehl eine hellbraune Mehlschwitze zubereiten, mit Wasser aufgießen, würzen und gut durchkochen. Dann die Wurst hineingeben und die Kräuter unterrühren. Als Beilage Kartoffel-, Reis- oder Nudelzubereitungen servieren.

Gebratene Leber
Ab 18–24 Monate

50 g Leber (Schwein/Kalb/Geflügel), Mehl, Keimöl, etwas (Jod-)Salz

Leber waschen, abtupfen, in Mehl wenden und ins heiße Keimöl legen. Von beiden Seiten durchbraten. Salzen. Den Bratensatz zur Bereitung einer Sauce verwenden.
Als Beilagen eignen sich Kartoffelbrei und Zwiebelgemüse, Möhrengemüse, Apfelmus oder -kompott, Nudeln.

Königsberger Klopse
Ab 18–24 Monate

50 g Hackfleisch, 1 kleines Ei, je 1 Prise (Jod-)Salz, Zwiebelpulver und frischgeriebene Muskatnuß, 2–3 TL Butter, 2–3 TL Mehl Type 550 (1050), Brühe oder Wasser, einige Scheibchen Zwiebel, 1 TL Zitronensaft, 3–4 Kapern

Fleisch mit Ei und Gewürzen verkneten und zu einem Klops formen. Aus Butter und Mehl eine helle Mehlschwitze zubereiten. So viel Brühe oder Wasser angießen, daß eine sämige Sauce entsteht, Zwiebelscheiben, Zitronensaft, Kapern und den Fleischklops einlegen und auf kleiner Stufe zugedeckt ca. 30 Minuten kochen. Klops auf einen Teller geben. Die Sauce durch ein Sieb dazugießen. Kartoffelbrei dazu servieren.

Fisch

Nudel-Fisch-Auflauf
Ab 2 Jahre

50–80 g Fischfilet, 30–50 g Makkaroni, 1 EL Butter, 1 EL Mehl Type 1050, Butter, etwas (Jod-)Salz und Zitronensaft, nach Belieben Tomatenmark, Semmelbrösel

Fisch waschen, abtupfen (Gräten entfernen), säuern und 10 Minuten ziehen lassen. Wenig Wasser aufkochen, den Fisch hineinlegen und 10 Minuten ganz leise kochen lassen. Gleichzeitig die in Stücke gebrochenen Makkaroni kochen. Aus Butter und Mehl eine helle Mehlschwitze zubereiten, mit Fischsud aufgießen, bis eine sämige Sauce entstanden ist. Eine feuerfeste Form fetten. Den Fisch etwas zerpflücken und mit den Makkaroni abwechselnd einschichten. Die Sauce mit Salz und Zitronensaft und evtl. etwas Tomatenmark abschmecken und über den Auflauf gießen. Semmelbrösel darüberstreuen und mit einigen Butterflöckchen belegen. Im Backofen bei ca. 200 Grad 30 Minuten backen.

Fischfrikadelle mit Sauce
Ab 12 Monate

1 tiefgefrorene Fischfrikadelle, 1 EL Butter, 1 EL Mehl Type 1050, etwas Salz und Petersilie

Die gefrorene Frikadelle in die heiße Butter legen, von beiden Seiten braten. Warm stellen. Im Fett das Mehl rösten, mit Wasser aufgießen, bis eine dickliche Sauce entsteht. Dabei ständig mit dem Schneebesen schlagen. Salzen und nochmals aufkochen. Die Petersilie einrühren und zur Frikadelle und zu Kartoffelbrei servieren.

Seezunge gebraten
Ab 18–24 Monate

50–80 g Seezungenfilet, etwas Zitronensaft, (Jod-)Salz, Mehl, 1 EL Butter

Filet säubern, säuern, salzen, in Mehl wenden und in heißer Butter braten. Als Beilagen eignen sich Kartoffelbrei mit einer Gemüsebeilage aus enthäuteten und kurz gedünsteten Tomaten und Champignons.

Fischauflauf mit Gemüse
Ab 18–24 Monate

Für 4 Personen
300 g Fischfilet, 100–200 g beliebiges, gemischtes Gemüse, 2 EL Butter, 2 EL Mehl Type 1050, nach Belieben Tomatenmark, 1 Eigelb, etwas Zitronensaft, (Jod-)Salz, Butter, 4–6 EL gegarter Parboiled Reis, Semmelbrösel, nach Belieben geriebener Käse

Fisch waschen, abtupfen, säuern und 10 Minuten ziehen lassen. In wenig kochendes Wasser geben und 10 Minuten leise kochen. Herausnehmen und in größere Teile zerpflücken, dabei die Gräten entfernen. Das gereinigte, vorbereitete Gemüse kleingeschnitten in wenig Wasser weich kochen.
Aus Butter und Mehl eine helle Mehlschwitze zubereiten, mit Fischsud zu einer sämigen Sauce verkochen. Nach Belieben Tomatenmark untermischen. Eigelb mit Zitronensaft und Salz verschlagen und in die Sauce rühren. Nicht mehr kochen. Eine Auflaufform fetten, Fisch, gemischtes Gemüse und Reis abwechselnd einfüllen. Die Sauce über den Auflauf gießen, Semmelbrösel darüberstreuen und mit Butterflöckchen belegen. Im Backofen bei ca. 200 Grad 20 Minuten überbacken. Beim Anrichten nach Belieben mit Käse bestreuen.

Muscheln gedünstet
Ab 18–24 Monate

Muscheln sind ein interessanter und ungefährlicher Genuß bereits für das Kleinkind. Machen Sie mit Ihrem Sprößling einmal ein festliches Muschelessen, z. B. am Geburtstag.

Muscheln, Zwiebeln, Suppengrün, Pfeffer, (Jod-)Salz, Petersilie

Frische Muscheln in reichlich kaltem Wasser sehr gründlich waschen und bürsten, damit der Sand und anhaftende kleinere Schalen von anderen Muscheln entfernt werden. Anschließend jede Muschel unter fließendem Wasser noch einmal abspülen und mit einem kleinen Messer den schwarzen Bart, der zwischen den Schalen heraushängt, abziehen. Die offenen Muscheln wegwerfen, nur geschlossene Muscheln zubereiten. In einem großen Topf reichlich Wasser mit Zwiebeln, Suppengrün und Gewürzen aufkochen. Muscheln hineingeben. Den Topf schließen.
Nach einigen Minuten nachschauen, ob sich die Muscheln öffnen. Wenn sie weit geöffnet sind, auf den Tisch bringen. Jeder bedient sich aus der großen Schüssel. Eine Muschel aus der Schale lösen. Die leere Schale wie eine Zange benutzen.
Dazu gibt es gebuttertes Schwarzbrot.

Ei

Eier in kalter Kräutersauce
Ab 12 Monate

Für 2 Personen
2 Eier, 150 g Naturjoghurt, 3 EL Kräuter

Eier 8 Minuten kochen, abschrecken, pellen. Joghurt mit den Kräutern verschlagen. Die Eier würfeln und untermischen.
Als Beilage Kartoffeln, Rindfleisch oder Vollkornbrot.

Eier in warmer Kräutersauce
Ab 12 Monate

Für 2 Personen
2 Eier, 1 EL Butter, 1 EL Mehl Type 1050, etwas Milch, Wasser oder Brühe, 1 Msp (Jod-)Salz, 3 EL Kräuter

Eier 8 Minuten kochen, abschrecken, abpellen. Aus Butter und Mehl eine helle Mehlschwitze zubereiten, mit Milch zu einer dicken Sauce aufgießen. Würzen und gut durchkochen. Dann Kräuter und gewürfelte Eier untermischen.
Dazu schmecken Kartoffelbrei, Nudeln, Fleisch.

Eier in Tomatensauce
Ab 12–14 Monate

Für 2 Personen
2 Eier, 1 EL Butter, 1 EL Mehl Type 1050, Wasser, Tomatenmark, (Jod-)Salz

Eier 8 Minuten kochen, abschrecken und pellen.
Aus Butter und Mehl eine helle Mehlschwitze zubereiten. Mit Wasser unter Rühren zu einer sämigen Sauce aufgießen, mit Tomatenmark vermischen, salzen und gut durchkochen. Eier hineingeben.
Kartoffelbrei oder Nudeln als Beilage servieren.

Überbackenes Ei
Ab 12–14 Monate

1 Ei, Butter

Butter in einer Pfanne zerlassen. Das Ei hineingleiten lassen, knusprig braten. Mit dem Wender hochnehmen und umgekehrt in die Butter legen, so daß es auch von der Oberseite knusprig wird.
Diese Art des Spiegeleies eignet sich für alle Kinder, die weiches oder flüssiges Eigelb nicht mögen.

Omelett
Ab 12–14 Monate

1 Ei, 1 EL Milch, 1 Prise (Jod-)Salz, 1 TL Kräuter, Fett für die Pfanne

Das Ei mit den übrigen Zutaten verschlagen und in eine gefettete Pfanne gießen. Stocken lassen, auf einen Teller legen und in der Mitte zusammenklappen.
Das Omelett kann noch gefüllt werden mit:
feingewiegtem Schinken und Käse;
beliebigem gemischtem, gewürfeltem oder gewiegtem Gemüse;
beliebigem Beerenobst oder Obstkompott;
feingewürfeltem Fleisch und Kartoffelbrei.

Rührei
Ab 8–10 Monate

1 Ei, 1 EL abgekochte, kalte Milch, Kräuter, ½ TL Butter

Ei, Milch und Kräuter verschlagen (pürieren). In einer Pfanne Butter zerlassen, Eimasse hineingeben und stokken lassen. Dabei mit der Gabel etwas verrühren.

Kartoffeln, Reis, Nudeln

Kartoffeln

Bratkartoffeln/ Röstkartoffeln
Ab 12–18 Monate

2–3 gekochte Pellkartoffeln,
Butter oder Keimöl,
gehackte Zwiebel,
feingewiegter Bauchspeck,
etwas (Jod-)Salz,
Kräuter

Pellkartoffeln pellen und in Scheiben oder Würfel schneiden. Butter in der Pfanne zerlassen, Zwiebel und Bauchspeck darin rösten. Kartoffeln zugeben, mit Salz bestreuen und knusprig backen. Mit Kräutern bestreut, servieren.

Kartoffelrösti
Ab 12–14 Monate

1–2 gekochte Pellkartoffeln,
1 TL Butter oder Keimöl,
(Jod-)Salz

Kartoffeln pellen und grob reiben. Butter in der Pfanne zerlassen und die Kartoffeln hineingeben, salzen, einige Male wenden. Dann mit dem Wender zu einem flachen Pfannkuchen zusammenschieben, andrücken und rösten lassen, bis sich eine Kruste gebildet hat.

Kartoffelpizza

Foto S. 135

Ab 18–24 Monate

1–2 gekochte Pellkartoffeln, Keimöl, je 1 Msp (Jod-)Salz und Zwiebelpulver, 1 Ei, Kräuter, 1 Tomate, 2–3 dünne Salamischeiben, 1–2 EL geriebenen Käse

Kartoffeln pellen und in Scheiben schneiden. Etwas Keimöl in der Pfanne erhitzen, Kartoffeln hineingeben, mit Gewürzen bestreuen, mehrmals vorsichtig wenden. Das Ei mit den Kräutern verschlagen. Die Tomate heiß waschen, enthäuten und in Scheiben schneiden. Die Kartoffeln nochmals wenden, andrücken, mit Tomaten- und Salamischeiben belegen, dann das Ei darübergießen. Stocken lassen. Den Backofen einschalten. Die Pizza mit dem Käse bestreuen, in den Backofen schieben und 10 Minuten überbacken.

Bauernfrühstück

Ab 18–24 Monate

1–2 gekochte Pellkartoffeln, 1 Zwiebelscheibe, 1 Ei, Kräuter, etwas Keimöl, 1 TL feingewiegter Bauchspeck, 1 Prise (Jod-)Salz

Kartoffeln pellen und in Scheiben schneiden. Zwiebelscheibe fein wiegen. Das Ei mit den Kräutern verschlagen. In einer Pfanne Öl erhitzen, Kartoffeln, Speck und Zwiebel darin anbräunen. Mit dem Wender etwas andrücken und das Ei darübergießen. Mit Salz überstreuen. Stocken lassen. Einen großen flachen Teller über die Pfanne legen und beides mit Schwung wenden. Dann das Bauernfrühstück wieder in die Pfanne gleiten lassen und von dieser Seite ebenfalls bräunen. Wer sich das Wenden nicht zutraut, kann statt dessen die Pfanne in den Backofen stellen und bei 250 Grad ca. 5 Minuten überbacken.

Kartoffelauflauf

Ab 12–14 Monate

2–3 gekochte Pellkartoffeln, 1–2 kleine Eier, ¼ l Milch, (Jod-)Salz, 1 EL Speisestärke, Fett für die Form, 50 g feingewürfelte Wurst oder Bratenreste oder zerbröseltes Hackfleisch, Petersilie, 1 EL geriebener Käse

Kartoffeln pellen und in Streifen schneiden oder hobeln. Eier mit Milch, 1 Prise Salz und Speisestärke klümpchenfrei verrühren. Eine Auflaufform fetten, den Boden mit der Hälfte der Kartoffeln bedecken. Darüber das Fleisch bröseln und mit feingewiegter Petersilie und 1 Prise Salz bestreuen. Mit dem Rest Kartoffeln auffüllen. Im Backofen bei 250 Grad ca. 10 Minuten backen. Dann mit Eiermilch begießen und mit Käse bestreuen und weitere 20 Minuten bei mittlerer Hitze überbacken.

Kartoffelpuffer/Reibekuchen

Ab 2 Jahre

Einige Kartoffeln, je nach Menge 1–2 Eier, 1 Teelöffelspitze (Jod-)Salz, evtl. Mehl, Semmelbrösel oder Grieß, Keimöl

Kartoffeln schälen, waschen und fein reiben (mit der Küchenmaschine). Eier und Salz untermischen, evtl. etwas binden. In der Pfanne Öl erhitzen, 1–2 Eßlöffel des Teigs darin verstreichen und knusprig backen lassen. Wenden und backen. Auf einen vorgewärmten Teller legen. Möglichst sofort essen.
Dazu reichen Sie Apfelmus, Zucker und Malzkaffee.

Kartoffelplätzchen

Ab 16–18 Monate

70–80 g abgepellte, gekochte Kartoffeln, 1 Prise (Jod-)Salz, 1 EL Mehl Type 1050 (550), 1 kleines Ei, (ab 500 g Kartoffeln 2 Eier), Keimöl, Zucker

Die heißen Kartoffeln zu Brei quetschen, erkalten lassen. Dann mit Salz, Mehl und Ei verkneten, zu einer Rolle formen und von dieser fingerdicke Scheiben abschneiden. Öl erhitzen und die Plätzchen darin von beiden Seiten knusprig backen. Mit Zucker bestreuen, servieren.

Quark-Kartoffelplätzchen

Ab 16–18 Monate

Für 3–4 Personen
500 g Kartoffeln, 40 g Butter, 2 Eier, 250 g Magerquark, je 50 g Mehl Type 1050 und Speisestärke, 1 Teelöffelspitze (Jod-)Salz, Keimöl, Zucker

Am Vortag Kartoffeln kochen, pellen und quetschen. Am folgenden Tag Butter und Eier schaumig schlagen.

Unter Rühren Kartoffeln, Quark, gesiebtes Mehl und Speisestärke zufügen. Salz untermischen. Keimöl in einer Pfanne erhitzen. Aus je 1 Eßlöffel Teig ein Plätzchen formen, ins Öl legen und von beiden Seiten bräunen. Mit Zucker bestreut servieren.

Einfacher Kartoffelsalat

Ab 18 Monate

Für 4 Personen
1 kg Kartoffeln, 4 EL Keimöl,
3 EL Essig, ½ TL (Jod-)Salz, 1 Prise Zucker, 1 Zwiebel, Schnittlauch

Kartoffeln mit Schale kochen, abpellen und in Scheiben schneiden. Aus Öl, Essig, Salz, Zucker und geriebener Zwiebel eine Marinade bereiten. Kartoffeln darin wenden und einige Zeit ziehen lassen. Mit feingeschnittenem Schnittlauch bestreuen.

Kartoffelsalat mit Eiern

Ab 18–24 Monate

Für 4 Personen
1 kg Kartoffeln, 4 Eier,
½ Tasse Fleischbrühe,
4 EL Keimöl, 3 EL Kräuteressig,
½–1 TL (Jod-)Salz

Kartoffeln mit Schale kochen, abpellen und in Scheiben schneiden. Eier 7 Minuten kochen. Die heiße Fleischbrühe über die Kartoffeln gießen, vorsichtig mischen. Aus Öl, Essig und Salz eine Marinade mischen. Die Eier pellen und würfeln, auf die Kartoffeln geben, mit der Marinade übergießen und alles gut vermengen. 30 Minuten ziehen lassen.

Südlicher Kartoffelsalat

Ab 2 Jahre

Für 4 Personen
1 kg Kartoffeln, 1 Zwiebel,
1 kleine Tasse heiße Fleischbrühe,
3 EL Keimöl,
4 EL Weinessig,
1 Teelöffelspitze (Jod-)Salz,
1 Prise weißer Pfeffer,
150 g Naturjoghurt,
1–2 gekochte Eigelb,
300 g Pfirsiche (frisch oder konserviert),
150–200 g Walnußkerne

Kartoffeln mit Schale kochen, abpellen und in Scheiben schneiden. Die Zwiebel dazu reiben, heiße Brühe darübergießen und alles vermengen. Aus Öl, Essig, Salz und Pfeffer eine Marinade mischen, die Kartoffeln darin wenden und 30 Minuten ziehen lassen. Joghurt und Eigelb verschlagen, über die Kartoffeln gießen. Pfirsiche halbieren und darüberlegen. Walnüsse hakken und darüberstreuen.

Reis

Reispfanne

Foto S. 135

Ab 14–16 Monate

Für 2–3 Personen
1 EL Keimöl, 2 EL Parboiled Reis,
½ Tasse Wasser,
2 EL Tomatenketchup, 1 EL Mais,
1 EL Erbsen (frisch oder tiefgefroren),
1 EL frische Keimlinge (Soja- oder Alfalfasprossen),
½ Paprikaschote,
50–100 g Fleisch oder Wurst,
1 EL Sahne, 1 EL Kräuter

Öl in einem Topf erhitzen, Reis darin glasig rösten, Wasser und Ketchup mischen und damit den Reis aufgießen. Auf kleinster Stufe 15–20 Minuten ausquellen lassen. Dann das vorbereitete und zerschnittene Gemüse und Fleisch zugeben. Weitere 15 Minuten auf kleinster Stufe dünsten. Zum Schluß Sahne und Kräuter untermischen.

Reissalat

Ab 12–16 Monate

30 g Parboiled Reis,
1 Tomate,
1 EL Champignons (Dose),
1 EL Erbsen (Dose),
50 g Mortadella am Stück,
100 g Naturjoghurt,
1 EL Zitronensaft,
je 1 Prise (Jod-)Salz und Zucker, Kräuter

Reis in leicht gesalzenem Wasser entsprechend dem Grundrezept S. 63 kochen. Auskühlen lassen. Tomate heiß waschen, enthäuten und würfeln. Champignons und Erbsen in ein Sieb geben, mit Wasser abspülen und abtropfen lassen. Wurst würfeln. Alles mit dem Reis vermengen. Aus Joghurt, Zitronensaft, Salz und Zucker eine Marinade mischen, mit dem Salat verrühren und 15 Minuten ziehen lassen. Mit Kräutern bestreut servieren.

Obstsalat mit kaltem Reis
Ab 18 Monate

¼ l Milch,
1 Prise (Jod-)Salz,
30 g Parboiled Reis,
1 EL ungeschwefelte Rosinen,
1 TL Zucker,
einige gewürfelte Stücke
von Banane, Orange (Mandarine)
und Apfel,
1–2 EL Naturjoghurt oder
süße Sahne,
je 1 EL Zitronen- und Orangensaft,
1 EL Nüsse

Milch mit Salz zum Kochen bringen, den Reis einstreuen und auf kleiner Stufe ca. 30 Minuten leise kochen lassen. 5 Minuten vor Ende der Kochzeit die Rosinen zugeben. Zucker untermischen. Erkalten lassen. Das kleingewürfelte Obst unterheben. Joghurt oder Sahne mit Zitronen- und Orangensaft verschlagen und mit dem Salat mischen. Mit gehackten Nüssen bestreuen.

Reis-Wurst-Salat
Ab 2 Jahre

Für 4–6 Personen
100 g Parboiled Reis,
1 kleiner Kopf Endiviensalat,
4–5 Gewürzgurken,
2 EL eingelegter Tomatenpaprika,
300 g beliebige Wurst, z. B.
Mortadella, Schinken- oder
Fleischwurst, 4 EL Keimöl,
3 EL Zitronensaft,
je 1 Prise Zucker,
(Jod-)Salz,
Pfeffer und Senf

Reis in leicht gesalzenem Wasser entsprechend dem Grundrezept S. 63 zubereiten. Erkalten lassen. Salat gut waschen, abtropfen lassen und in feine Streifen schneiden. Gewürzgurken würfeln. Tomatenpaprika in feine Streifen schneiden. Wurst würfeln. Sämtliche Zutaten in einer Schüssel miteinander mischen. Aus Öl, Zitronensaft und Gewürzen eine Marinade zubereiten und über den Reissalat gießen. Vorsichtig vermengen und 15–30 Minuten durchziehen lassen.

Nudeln

Spaghetti oder Makkaroni mit italienischer Sauce
Ab 2 Jahre

30–40 g Spaghetti oder Makkaroni,
(Jod-)Salz, Öl
Sauce
50 g Hackfleisch,
1 Scheibe Zwiebel,
Tomatenmark (Dose),
1 Msp Oregano,
(Jod-)Salz,
Butter, Parmesan

Spaghetti in sprudelnd kochendes, leicht gesalzenes Wasser schütten, etwas Öl zugeben, einmal umrühren und 12–15 Minuten kochen lassen.
In dieser Zeit die Sauce zubereiten. Dafür das Hackfleisch mit der gehackten Zwiebel in einer Pfanne auslassen, knusprig braten und mit Tomatenmark ablöschen. Mit Oregano und Salz abschmecken. Nudeln abgießen, mit einem Stückchen Butter vermengen. Über die angerichtete Speise Parmesan streuen.

Grüne Nudeln mit Schinkensauce
Ab 18–24 Monate

30 g grüne Nudeln
Sauce
1 EL Butter, 1 EL Mehl Type 550,
¼ l Milch, 50 g Schinken, (Jod-)Salz,
Kräuter, nach Belieben Parmesan

Die Nudeln in reichlich leicht gesalzenes, sprudelnd kochendes Wasser legen. 12–15 Minuten kochen.
In dieser Zeit die Sauce zubereiten. Dafür aus Butter und Mehl eine helle Mehlschwitze zubereiten, mit Milch aufgießen, dabei ständig mit dem Schneebesen schlagen. Schinken würfeln und unter die Sauce mischen. Mit Salz und Kräutern abschmecken.
Die Nudeln abgießen, auf einen Teller geben, mit Sauce begießen und mit Parmesan bestreuen.

Nudeln mit Käsesauce
Ab 18–24 Monate

30 g beliebige Nudeln, (Jod-)Salz
Sauce
1 Ei, 1 EL Sahne, 2 EL geriebener
Käse (Gouda, Edamer), etwas Butter

Nudeln in reichlich kochendem, leicht gesalzenem Wasser 12–15 Minuten sprudelnd kochen lassen.
In dieser Zeit die Sauce zubereiten. Dafür Ei, Sahne und Käse in einem Topf miteinander verquirlen und dann unter ständigem Schlagen mit dem Schneebesen erhitzen. Nicht kochen! Vom Herd nehmen, Nudeln abgießen, mit etwas Butter vermengen, auf einen Teller geben und mit der heißen Käsesauce übergießen.

Gebackene Nudeln
Ab 18–24 Monate

30 g Nudeln oder 100 g gekochte Nudelreste, 1 TL Butter, Kräuter

Nudeln kochen. In einer Pfanne Butter zerlassen, Nudeln darin wenden und knusprig braten. Mit Kräutern bestreuen.
Zu Gemüsesalat oder Rohkost servieren.

Schinkennudeln
Ab 16–18 Monate

30 g Nudeln oder 100 g gekochte Nudelreste,
50 g Kochschinken,
1 TL Keimöl, 1 Ei, 2 EL Milch,
Kräuter, Käse

Nudeln kochen. Schinken würfeln. Keimöl in einem Topf erhitzen, den Schinken darin anbraten, die gekochten Nudeln zugeben und knusprig braten. Ei, Milch und Kräuter verquirlen, über die Schinken-Nudeln gießen und stocken lassen. Auf einen Teller geben und nach Belieben mit geriebenem Käse bestreuen.

Nudelpfanne
Ab 14–18 Monate

30 g Nudeln oder 100 g gekochte Nudelreste, 1 TL Keimöl,
½ Tasse Wasser,
1 TL Tomatenketchup,
je 1 EL Erbsen, Mais, Champignons, gekochte Möhren, Wurst oder Fleisch, Kräuter

Nudeln kochen. Keimöl erhitzen, die gekochten Nudeln darin anbraten. Wasser und Ketchup mischen und zu den Nudeln geben. Zerkleinertes Gemüse und Fleisch untermischen. Mit Kräutern abschmecken.

Maultaschen
Ab 2 Jahre

1 kleines Päckchen Maultaschen (Fleischer, Supermarkt),
Salzwasser,
Butter,
1 Zwiebel,
Semmelbrösel

Maultaschen in leicht kochendem Salzwasser 10 Minuten ziehen lassen. Währenddessen in einer Pfanne in Butter gehackte Zwiebel und Semmelbrösel anbräunen. Maultaschen abgießen und zusammen mit der Zwiebel-Semmelbrösel-Masse auf einem Teller anrichten.

Nudelsalat mit Wurst
Ab 2 Jahre

Für 4–6 Personen
400 g Nudeln,
1 EL Keimöl,
400 g tiefgefrorene Erbsen-Möhren-Mischung,
je 1 Prise (Jod-)Salz und Zucker,
1 kleine Dose Spargelköpfe,
300 g Fleischwurst oder kleine Cocktailwürstchen,
1 gekochtes Eigelb (7 Minuten),
150 g Naturjoghurt,
1 EL Zitronensaft,
je 1 EL Dill und Petersilie,
je 1 Prise (Jod-)Salz und Zucker

Nudeln in Salzwasser 15 Minuten sprudelnd kochen, abgießen, in eine Schüssel geben und mit etwas Öl vermengen. Erbsen-Möhren-Mischung 10 Minuten in leicht kochendem Wasser garen, Salz und Zucker zugeben, abgießen und unter die Nudeln mischen. Spargel abgießen, mit Wasser abspülen und zufügen. Wurst würfeln (Würstchen ganz lassen), und alles miteinander verrühren. Das Eigelb im Joghurt verschlagen, Zitronensaft, Kräuter und Gewürze untermischen. Dann die Marinade mit dem Nudelsalat vermengen. 30–60 Minuten ziehen lassen.

Makkaronisalat
Ab 18–24 Monate

Für 3–4 Personen
100 g Makkaroni,
1 EL Keimöl,
400 g Erbsen-Möhren-Mischung (Glas), 3–4 Eier,
100 g Leberkäse,
50 g Salami, 100 g Käse (Gouda, Edamer, Emmentaler),
150 g Naturjoghurt,
etwas (Jod-)Salz,
Zucker, Senf und Zitronensaft

Nudeln in sprudelndem Salzwasser 15 Minuten kochen, abseihen, in Öl wenden und in 1 cm lange Stücke schneiden. Gemüse über einem Sieb abgießen und abspülen, dann unter die Nudeln mengen. Die Eier 8 Minuten kochen. Leberkäse, Salami und Käse würfeln und zum Salat geben. Danach die Eier würfeln und unterheben. Aus Joghurt und Gewürzen eine Marinade mischen und mit dem Salat vermengen. 30 Minuten ziehen lassen.

Spätzle mit Fleischragout
Ab 16–18 Monate

30 g Spätzle, (Jod-)Salz,
1–2 TL Butter
Fleischragout
50 g Hackfleisch, 1 Zwiebelscheibe,
1 kleine, zarte Möhre,
2 Tomaten (Dose),
je 1 Prise (Jod-)Salz,
Paprikapulver mild,
Rosmarin, Basilikum
nach Belieben etwas Parmesan

Spätzle in sprudelnd kochendes Salzwasser geben. Nach 10 Minuten Kochzeit abgießen und in einem Topf mit zerlassener Butter schwenken. Mit einem Tuch abdecken und warm stellen.
In einer Pfanne das Hackfleisch anbraten, Zwiebel und Möhre fein hacken und zugeben, mit den Tomaten ablöschen. Würzen. Nach Belieben beim Anrichten mit Parmesan bestreuen.

Gemüse und Gemüsespeisen

Beim Gemüse ist die Zubereitung schwerer verdaulicher oder blähender Arten wie z. B. Kohl nicht länger problematisch, da der Verdauungsapparat in seinen Funktionen ausgereift ist. Es können nun auch in größerem Maße Gemüserohkost, grüne Salate und kalte Gemüsesalate angeboten werden, die sich als abendliche Speise oder für den festlichen Abendbrottisch anbieten.

Kohl / Kraut (Wirsing, Weißkohl, Rotkohl)
Diese Kohlarten bilden das Schlußlicht bei der Gewöhnung des kleinen Kindes an Gemüse. So schmackhaft sich Kohl auch zubereiten läßt, er ist für magen-darm-empfindliche Menschen – und das sind Säuglinge und Kleinkinder – in größeren Mengen oft nicht gut verträglich. Kohl bläht und ist schwer verdaulich. Dies kann jedoch durch die Zugabe von Kümmel zum Essen oder durch das Anbieten eines Fenchel-Kümmel-Tees nach der Mahlzeit abgemildert werden. Manche Kleinkinder vertragen Kohl völlig problemlos, aber es ist wichtig, daß Sie zuerst einmal ausprobieren, wie diese Gemüse Ihrem Kind bekommen, ehe sie ihnen größere Mengen zubereiten. Ab dem 12. Monat kann man beginnen, dem Kind kleine Portionen zu servieren. Diese werden meist gern angenommen.
Kohl kann gekocht oder roh angeboten werden. In diesem Buch werden jedoch ausschließlich gekochte Kohlspeisen vorgestellt, da roher Kohl von kleinen Kindern wegen ihres noch beschränkten Kauvermögens meist abgelehnt wird.

Kresse / Kräuter / Keimlinge
Frische Kresse erhalten Sie in Aussaatschalen im Lebensmittelgeschäft. Wenn Sie einen Keimapparat (ca. DM 30,– im Reformhaus) besitzen, können Sie sich frische Keime und Sprossen selbst ziehen. Kresse keimt schnell, und Sie haben fast über Nacht ein gesundes, apart schmeckendes Kraut für Salate, Gemüsespeisen und fürs Butterbrot. Andere Keimlinge und Sprossen, z. B. Alfalfasprossen oder grüne Mungobohnen lassen sich ebenfalls in einem solchen Gerät ziehen. Sie bereichern jeden Salat.
Sie können sich auch aus dem Wildkräutergarten bedienen – aber bitte nur abseits von befahrenen Autostraßen – und Brennesseln, Sauerampfer, Schafgarbe sammeln und in der Küche zubereiten. Frische Kräuter sollten bei der Zubereitung auf keinen Fall vergessen werden.

Falls Sie keine frischen Kräuter aus dem eigenen Garten ernten können, verwenden Sie tiefgefrorene Kräutermischungen.

Rotkohl
Ab 2 Jahre

Grundrezept
100 g Rotkohl (Rotkraut, Blaukraut),
1 TL Schweineschmalz oder besser Gänseschmalz, 1 TL gehackte Zwiebel,
1 TL Zucker, je 1 Prise (Jod-)Salz,
Nelkenpulver und Lorbeerpulver,
1 Apfel, etwas Essig

Den geputzten, gewaschenen und feingehobelten Kohl im erhitzten Schmalz anschmoren. Zwiebel und die Gewürze – außer dem Essig – mitschmoren. Den Apfel schälen, waschen, vierteln und unter den Kohl mengen. Nach 40–60 Minuten Kochzeit mit etwas Essig pikant abschmecken. Nochmals gut durchkochen und servieren.

Mit Preiselbeeren
Unter das gegarte Kraut 2–3 Eßlöffel Preiselbeeren aus dem Glas mischen.

Mit Johannisbeergelee
Unter das gegarte Kraut 2–3 Eßlöffel Johannisbeergelee mischen.

Kohlrabipfanne
Ab 14–18 Monate

1–2 zarte Kohlrabi, 1–2 Kartoffeln, 1 TL Keimöl, 50 g Tatar oder Hackfleisch, je 1 Prise (Jod-)Salz, frischgeriebene Muskatnuß, 1 EL saure Sahne, 1 EL Kräuter

Kohlrabi schälen und in feine Streifen schneiden, dann in wenig Wasser 20–30 Minuten weich kochen. Gleichzeitig in einem anderen Topf Pellkartoffeln kochen. In einer Pfanne Öl erhitzen und das Fleisch darin rundherum knusprig braten. Die feingewiegten Kohlrabiblätter zugeben und mitbraten. Pellkartoffeln schälen, würfeln und zum Gemüse geben. Das Fleisch untermischen. Mit Gewürzen, Sahne und Kräutern abschmecken. Falls sich Gemüsewasser absetzt, zum Binden einige Kartoffelstückchen zerquetschen.

Rosenkohlauflauf
Ab 2 Jahre

50–100 g Rosenkohl,
50 g Kochschinken, 1 Tomate,
1 EL Butter, 1 EL Mehl Type 1050,
½ Tasse Milch, Gemüsewasser,
Parmesan, Butter

Rosenkohl putzen, in kochendem, leicht gesalzenem Wasser 15 Minuten garen. Schinken fein würfeln. Die Tomate heiß waschen, enthäuten und würfeln. Butter in einem Topf zerlassen, das Mehl darin anrösten, vom Herd nehmen, mit der Milch aufgießen. Dabei mit dem Schneebesen ständig rühren. Aufkochen, noch etwas Gemüsewasser angießen. Es soll eine dicke helle Sauce entstehen. Eine feuerfeste Form gut fetten. Zuerst eine Schicht Rosenkohl einfüllen, den Schinken und dann wieder Rosenkohl darüberlegen. Alles mit Sauce begießen. Die Tomatenwürfel obenauf legen, und den Auflauf mit einer Schicht geriebenem Parmesan dünn bestreuen. Mit Butterflöckchen belegen, in den heißen Backofen schieben und 15–20 Minuten überbacken.

Blumenkohl-/Brokkoliauflauf
Ab 14 Monate

130 g Blumenkohl oder Brokkoli, (Jod-)Salz, 50 g Kochschinken, Zunge oder Bratenreste, Fett für die Form, 1 Tomate, 1–2 EL Butter, 1–2 EL Mehl Type 1050, Gemüsewasser, 1 Eigelb, 1 EL Milch, etwas Zitronensaft und saure Sahne, je 1 Prise (Jod-)Salz und frischgeriebene Muskatnuß

Blumenkohl waschen, in Röschen teilen und in leicht gesalzenem Wasser ca. 10 Minuten kochen. Schinken oder Fleisch fein würfeln. Eine feuerfeste Form gut fetten. Zuerst eine Lage Blumenkohl einfüllen, dann Schinken darübergeben. Die Tomate heiß waschen, enthäuten, in Scheiben schneiden und auf den Schinken legen. Darüber den restlichen Blumenkohl verteilen.
Aus Butter und Mehl eine helle Mehlschwitze zubereiten und mit so viel Gemüsewasser aufgießen, daß eine dickliche Sauce entsteht. Eigelb und Milch verschlagen und in die Sauce einrühren. Diese dann unter ständigem Schlagen mit Zitronensaft, Gewürzen und Sahne abschmecken und über den Auflauf gießen. Im heißen Backofen 15–20 Minuten überbacken.

Überbackene Blumenkohlröschen / Brokkoliröschen
Ab 16–18 Monate

100 g Blumenkohl oder Brokkoli (frisch oder tiefgefroren),
1 EL Butter,
1 EL Mehl Type 1050,
etwas Gemüsewasser,
zum Abschmecken frischgeriebene Muskatnuß,
(Jod-)Salz,
Zitronensaft und süße Sahne,
1 Ei, 1 EL Milch,
etwas Butter und Semmelbrösel,
Kräuter

Frischen Kohl waschen und in Röschen teilen. Die Röschen in kochendem, leicht gesalzenem Wasser 15 bis 20 Minuten garen, sie sollen jedoch noch knackig sein. Aus Butter und Mehl eine helle Mehlschwitze zubereiten. Mit dem Kochwasser aufgießen, bis eine dicke Sauce entstanden ist. Diese mit Muskat, Salz, Zitronensaft und Sahne abschmecken. Das Ei trennen. Das Eigelb mit der Milch verschlagen und unter Rühren in die Sauce einlaufen lassen. Eine feuerfeste Form fetten, die Kohlröschen hineinlegen und gleichmäßig mit der Sauce begießen. Das Eiweiß mit 1 Eßlöffel heißem Wasser zu steifem Schnee schlagen. Butter in einer Pfanne zerlassen und die Semmelbrösel darin rösten. Über die Sauce nun die Kräuter streuen, dann mit Semmelbröseln und steifgeschlagenem Eiweiß bedecken. Im Backofen bei 180–200 Grad ca. 20 Minuten überbacken. Das Eiweiß soll leicht gebräunt sein.
Dazu schmecken z. B. Bratkartoffeln oder Kartoffelrösti (s. S. 115).

Blumenkohl / Brokkoli mit Schinken-Kräuter-Sauce
Ab 12 Monate

100 g Blumenkohl oder Brokkoli,
⅛ l Gemüsewasser,
1–2 TL Speisestärke,
je 1 Prise frischgeriebene Muskatnuß und Zucker,
50 g Kochschinken oder Bierschinken, 1–2 EL Kräuter, saure Sahne

Kohl waschen und in Röschen teilen. Die Röschen in ungesalzenem Wasser ca. 20 Minuten kochen. Herausnehmen, Gemüsewasser abnehmen und mit der kalt angerührten Speisestärke zu einer dicken Sauce binden. Mit Muskat und Zucker abschmecken. Schinken fein würfeln und in die Sauce geben. Dann Kräuter und Sahne unterrühren. Zum Schluß die Kohlröschen in die Sauce geben.
Dazu schmeckt Kartoffelbrei.

Blumenkohl / Brokkoli überbacken
Ab 12–14 Monate

100–150 g Blumenkohl oder Brokkoli, reichlich leicht gesalzenes Wasser, Butter, geriebener Käse (Gouda, Edamer), Semmelbrösel

Blumenkohl gut waschen, ins kochende Salzwasser geben und ca. 10 Minuten kochen. Herausnehmen und abtropfen lassen. Eine Auflaufform fetten, Blumenkohl hineingeben, dick mit Käse bestreuen, darüber die Semmelbrösel streuen und mit Butterflöckchen belegen. Im heißen Backofen ca. 20 Minuten überbacken.

Diese Gemüsespeise kann ohne Beilage gereicht werden, aber auch mit etwas Kartoffelbrei und Fleischwurst oder einer Scheibe selbstgebackenem Brot.

Blumenkohl /Brokkoli mit Hackfleischbällchen
Ab 14–16 Monate

100–150 g Blumenkohl oder Brokkoli, 50 g Hackfleisch, 1 kleines Ei, je 1 Prise frischgeriebene Muskatnuß und (Jod-)Salz, 1 TL Petersilie, etwas angerührte Speisestärke, 1–2 gekochte Pellkartoffeln, 1 EL Kräuter.

Frischen Blumenkohl waschen, in Röschen teilen und in leicht gesalzenem Wasser ca. 20 Minuten knackig garen. Hackfleisch mit Ei, Gewürzen und Petersilie verkneten, pflaumengroße Bällchen formen und diese in einem Topf mit Wasser bedeckt ca. 20 Minuten kochen lassen, wenn sie an die Wasseroberfläche steigen, sind sie gar. Nun die Fleischbrühe mit angerührter Speisestärke binden. Blumenkohlröschen hineingeben. Kartoffeln pellen, fein würfeln und mit den Kräutern untermengen. Nach Bedarf noch mit Salz würzen.

Wirsinggemüse
Ab 12 Monate

100 g Wirsing, 1 EL Butter, 1 EL Mehl Type 1050, Gemüsewasser, je 1 Prise (Jod-)Salz, frischgeriebene Muskatnuß und Zwiebelpulver, Petersilie

Wirsing putzen, waschen, Strunk und Blätter entfernen. Die benötigte Menge Kohl abnehmen und in Brühe oder Wasser 30 Minuten weich kochen. Aus Butter und Mehl eine hellbraune Mehlschwitze zubereiten. So viel Gemüsewasser aufgießen, daß eine dicke Sauce entsteht. Diese mit den Gewürzen abschmecken, nochmals gut durchkochen. Den Wirsing abgießen, in die Sauce geben und darin grob oder fein pürieren. Petersilie zugeben.
Dazu Kartoffelbrei und Frikadelle.

Wirsing-Kartoffel-Topf
Ab 12–14 Monate

80–100 g Wirsing, 2 kleine Kartoffeln, 1 TL Butter, ¼ l Knochenbrühe oder Wasser, je 1 Prise (Jod-)Salz, Zwiebelpulver und frischgeriebene Muskatnuß, 1 EL Sahne, Petersilie

Wirsing putzen, waschen und fein wiegen. Kartoffeln schälen, waschen und fein würfeln. In einem Topf Butter zerlassen, Wirsing und Kartoffeln hineingeben und unter Rühren einige Minuten andünsten. Dann die Brühe zugießen und die Gewürze untermischen. Zugedeckt auf kleiner Stufe ca. 20 Minuten köcheln lassen. Die Sahne untermischen und die feingewiegte Petersilie darüberstreuen.

Weißkohlgemüse
Ab 14 Monate

100 g Weißkohl, 1 TL Schmalz, etwas Zwiebelpulver und Kümmel, Brühe oder Wasser, Zitronensaft, Zucker.

Weißkohl putzen, Strunk entfernen, waschen und in feine Streifen hobeln. Schmalz erhitzen und den Kohl darin

dünsten. Gewürze und etwas Brühe zufügen. Auf kleiner Stufe ca. 45 Minuten garen. Mit Zitronensaft und etwas Zucker abschmecken.
Schmeckt zu Kartoffeln und Fleisch.

Gefüllte Kohlrollen (Wirsing, Weißkohl)

Ab 2 Jahre

Mehrere große Kohlblätter,
1 Möhre,
30–50 g Kochschinken, 1 Ei,
1 TL Semmelbrösel,
1 TL Kräuter,
je 1 Prise (Jod-)Salz,
Zwiebelpulver
und frischgeriebene Muskatnuß,
2 Tomaten,
Keimöl,
1 EL Sahne,
1 Prise Thymian oder Oregano

Kohlblätter gut waschen. Die Möhre schälen, waschen und fein raspeln. Schinken fein würfeln. Möhre und Schinken in eine Schüssel geben und mit Ei, Semmelbröseln, Gewürzen und Kräutern verkneten. Die Tomaten heiß waschen, enthäuten und würfeln. Bindfaden zurechtlegen. Aus dem Teig nun schmale Würstchen formen, in die Kohlblätter einrollen, mit dem Faden festbinden. Keimöl erhitzen, die Kohlrollen darin rundherum anbraten, mit den Tomaten ablöschen und auf kleinster Stufe unter Zugabe von wenig Wasser zugedeckt ca. 30 Minuten schmoren. Herausnehmen und die Sauce mit Sahne und Thymian abschmecken. Über die Kohlrollen gießen.
Dazu schmecken Kartoffel- oder Reiszubereitungen.

Kresse-Kräuter-Sauce

Ab 12 Monate

1 P 8-Kräuter-Mischung,
1 EL Kresse,
1 EL feingewiegte Petersilie,
1 Ei, 100–150 g Naturjoghurt,
je 1 Prise (Jod-)Salz,
Zucker, Zwiebelpulver,
Senfmehl

Alle Kräuter gründlich waschen, fein wiegen und miteinander vermischen. Das Ei 7 Minuten kochen. Joghurt mit Gewürzen vermischen und über die Kräuter gießen. Das Ei abpellen und würfeln. Über den Joghurt streuen und alles vorsichtig miteinander zu einer dicken, grünen Sauce vermengen. Zu Kartoffeln mit gekochtem Rindfleisch servieren.

Wildkräuter-Pfanne

Ab 14 Monate

120 g selbst gesammelte Wildgemüse/ Wildkräuter z. B. zarter Löwenzahn, Sauerampfer, Zitronenmelisse, Brunnenkresse, junge Brennesseln usw.,
1 TL Keimöl,
50 g Hackfleisch vom Hammel,
1 kleine Dose Tomaten,
1–2 gekochte Pellkartoffeln,
je 1 Prise (Jod-)Salz und Zucker,
1 EL saure Sahne

Kräuter gut waschen, abtropfen lassen und fein wiegen. Keimöl erhitzen, Kräuter darin andünsten, das Fleisch zugeben und rundherum anbraten. Mit den Tomaten ablöschen. Pellkartoffeln pellen und fein gewürfelt untermischen. Mit Salz, Zucker und Sahne abschmecken.

Spinat in Butter

Ab 18–24 Monate

Junger, frischer Spinat,
1 EL Butter,
etwas (Jod-)Salz, Kartoffelbrei
oder Kartoffelrösti

Spinat verlesen, waschen, abtropfen lassen. In einem Topf sehr wenig Wasser aufkochen, den Spinat hineingeben und 5–10 Minuten leicht kochen lassen. In einem anderen Topf Butter zerlassen, die Spinatblätter hineingeben und in der Butter schwenken. Mit etwas Salz bestreuen, servieren.
Spinat auf Kartoffelrösti oder -brei anrichten.

Spinat-Bouletten

Ab 16–18 Monate

½ Gläschen oder 80 g frischer Spinat,
50 g Tatar (Hackfleisch),
1 kleines Ei,
1 EL Sahne,
je 1 Prise (Jod-)Salz und
frischgeriebene Muskatnuß,
1 Msp Zwiebelpulver,
1 TL Kräuter,
1 kleine rohe Kartoffel

Frischen Spinat verlesen, waschen und fein wiegen. (Diesen Arbeitsgang spart man bei Spinat aus dem Gläschen.) Spinat und Tatar vermengen. Dann Ei, Sahne, Kräuter und Gewürze unterkneten. Zum Schluß die rohe Kartoffel dazureiben, nochmals mischen. Aus dem festen Teig kleine Bouletten (Frikadellen) formen, in heißem Keimöl rundherum knusprig braten. Bis zum Verzehr warm stellen. Nach dem Erkalten nicht mehr aufwärmen.

Spinatknödel
Ab 12–14 Monate

50–80 g frischer Spinat oder
½ Gläschen, Fertigpulver für gekochte Kartoffelklöße,
Wasser,
(Jod-)Salz

Spinat waschen, fein wiegen. Aus dem Fertigpulver und Wasser (etwas weniger als auf der Packung angegeben) in einer Schüssel einen Teig mischen, den Spinat unterrühren. Quellen lassen. Reichlich Salzwasser zum Kochen bringen. Vom Teig jeweils 1 Eßlöffel voll abnehmen und Knödel formen. Ins kochende Wasser geben und auf kleinster Stufe mehr ziehen als kochen lassen. Angaben auf der Verpackung des Knödelpulvers beachten. Spinatknödel schmecken zu Fleischspeisen mit viel Sauce, z. B. auch zu einem Resteessen vom sonntäglichen Braten.

Spinatauflauf mit Reis
Ab 14–16 Monate

20 g Parboiled Reis,
100–130 g Spinat (frisch),
1 EL Butter,
50 g Schinken,
je 1 Prise (Jod-)Salz,
frischgeriebene Muskatnuß und Zwiebelpulver,
1 EL geriebener Käse,
Butter,
1 Eigelb,
Kräuter

Reis in der dreifachen Menge Wasser garen. Spinat verlesen, waschen, abtropfen, in reichlich kochendes Wasser geben und nach 1 Minute wieder abgießen. Dann fein hacken oder wiegen. Butter zerlassen und den Spinat darin schwenken. Schinken fein würfeln und zum Spinat geben. Abschmecken. Den geriebenen Käse mit dem gegarten Reis vermischen. Eine feuerfeste Form fetten, die Hälfte des Spinats hineingeben, darauf den Käsereis füllen und mit dem restlichen Spinat auffüllen. In die Mitte des Auflaufs ein kleines Loch drücken. Dort hinein das Eigelb geben. Den Auflauf mit geriebenem Käse und Kräutern bestreuen, mit Butterflöckchen belegen und im heißen Backofen ca. 20 Minuten überbacken.

Gefüllte Spinatblätter
Ab 14–18 Monate

Frischer, großblättriger Spinat,
50 g Hackfleisch,
1 Eiweiß,
1 Prise (Jod-)Salz,
frischgeriebene Muskatnuß und Zwiebelpulver,
1 TL Petersilie,
etwas Öl

Spinat waschen und abtropfen lassen. Hackfleisch mit Eiweiß, den Gewürzen und Petersilie vermischen und kleine, längliche Würste formen. Spinatblätter um die Würstchen wickeln, mit einem Bindfaden zusammenbinden. Alle Spinatpäckchen nebeneinander auf eine mit Öl bestrichene Alufolie legen. Diese nicht zu fest, aber gut verschlossen über den Spinatpäckchen zusammenfalten. In den heißen Backofen legen und 30 Minuten backen. Dazu schmecken Kartoffelbrei oder Tomatenreis.

Spinatrollen
Ab 2 Jahre

1 Handvoll frischer Spinat, 1 dickere Scheibe Kochschinken, 1 Scheibe Gouda, 2 Zahnstocher, Alufolie, etwas Öl und Semmelbrösel

Spinat waschen, gut abtropfen, 1 Minute in kochendem Wasser überbrühen und wieder abtropfen lassen. Auf die Schinkenscheibe die Käsescheibe legen und darauf den Spinat ausbreiten, einrollen und mit 2 Zahnstochern zusammenhalten. Auf eine Alufolie legen, mit Öl bepinseln, Semmelbrösel darüber streuen und im heißen Backofen ca. 10 Minuten überbacken. Dazu schmecken Kartoffelgemüse, Kartoffelbrei oder gebackene Nudeln.

Möhrengemüse mit Fleisch
Ab 12–14 Monate

50 g Kochfleisch, 1 Mark- oder Suppenknochen, 100 g Möhren, 1 Kartoffel, 1 fingerlanges Stück Porree, Kräuter

Knochen und Fleisch waschen und zum Kochen aufsetzen. 1 Stunde kochen lassen. Die Möhren und die Kartoffeln schälen, waschen und in feine Scheiben oder Würfel schneiden. Porree waschen und in feine Scheiben schneiden. Die Brühe durch ein Sieb gießen, mit Fleisch, Knochenmark und Gemüse wieder in den Topf geben und weitere 30 Minuten auf kleiner Stufe köcheln lassen. Dann Knochenmark und Fleisch herausnehmen, kleinschneiden oder wiegen und zum Gemüse geben. Mit Kräutern bestreuen und servieren.

Möhrengemüse mit Fisch
Ab 14–16 Monate

150 g Möhren,
1 TL Butter, 2 EL Kräuter,
50–80 g Schellfischfilet ohne Gräten,
Zitronensaft,
je 1 Prise (Jod-)Salz und Thymian

Möhren schälen, waschen und fein würfeln. In einem Topf Butter erhitzen, Möhren hineingeben und einige Minuten unter Wenden andünsten, mit der Hälfte der Kräuter vermischen und so viel Wasser angießen, daß die Möhren halb bedeckt sind. Auf kleiner Stufe ca. 15 Minuten zugedeckt kochen lassen. In dieser Zeit den Fisch vorbereiten. Waschen, mit Zitronensaft beträufeln und durchziehen lassen. Das Möhrengemüse einmal umrühren, das Fischfilet obenauf legen und mit Salz und Thymian bestreuen. Zugedeckt weitere 15 Minuten auf kleinster Stufe ziehen lassen. Mit den restlichen Kräutern bestreut servieren. Beim Zerkleinern nochmals auf Gräten achten!

Buttererbsen
Ab 14 Monate

120 g Erbsen (frisch
oder tiefgefroren),
1 TL Kräuterbutter
(Süßrahmbutter)

Erbsen in wenig kochendem Wasser ca. 15 Minuten garen. Zum Ende der Kochzeit sollte das Wasser möglichst vollständig verdunstet sein. Die Butter zugeben und die Erbsen in der schmelzenden Butter schwenken.
Als Beilage Kartoffelpüree und/oder Würstchen servieren.

Erbsengemüse in Petersiliensauce
Ab 18 Monate

1–2 TL Speisestärke, ⅛ l Wasser oder Brühe, 100–130 g Erbsen (frisch, tiefgefroren oder aus der Dose), etwas Butter, 1 EL feingewiegte Petersilie, 1 EL saure Sahne

Speisestärke mit 1 Eßlöffel kaltem Wasser glattrühren und unter Schlagen ins kochende Wasser einrühren. Dann die Erbsen hineingeben. Frische und tiefgefrorene Erbsen ca. 10 Minuten kochen, Dosenerbsen nur einmal aufkochen. Einige Butterflöckchen im Gemüse verrühren. Dann die Petersilie untermischen und zum Schluß die saure Sahne.
Als Beilage ein Frankfurter Würstchen servieren.

Erbsen-Reis-Topf
Ab 18 Monate

1 Tasse Wasser, 1 Prise (Jod-)Salz, 1 EL Parboiled Reis, 60–80 g Erbsen (frisch oder tiefgefroren), 1–2 EL Tatar oder Hackfleisch, 1–2 EL geschnittene Champignons, Zwiebelpulver, 1 Prise (Jod-)Salz, Kräuter

Wasser und Salz zum Kochen bringen. Reis und nach 15 Minuten Kochzeit Erbsen hineingeben. Weitere 15 Minuten im offenen Topf leicht kochen lassen, man kann diesen mit einem sauberen Tuch abdecken. In einer Pfanne das Fleisch einige Minuten ausbraten, dann die Champignons zugeben. Mit Zwiebelpulver und Salz abschmecken. Dann zum Reis geben und alles gut vermengen.

Bohnen mit Butter und Bröseln
Ab 2 Jahre

100 g zarte Brech-, Stangen- oder Prinzeßbohnen, 1 EL Butter, 1 EL Semmelbrösel

Bohnen putzen, waschen und in reichlich leicht gesalzenem Wasser 25–30 Minuten weich kochen. Abgießen und auf einem vorgewärmten Teller anrichten. Warm stellen. Butter in der Pfanne zerlassen, Semmelbrösel einstreuen und bräunen. Über die Bohnen gießen.
Diese Gemüsebeilage schmeckt vorzüglich zu Kartoffelbrei mit Frikadellen und Sauce.

Bohnensuppe aus Trockenbohnen
Ab 2 Jahre

30–50 g weiße, gelbe oder rote getrocknete Bohnen,
Suppengrün,
1 kleine Zwiebel,
Thymian,
Majoran,
Lorbeerpulver,
1 Kartoffel,
50 g Hackfleisch oder durchwachsener Speck oder Würstchen

Bohnen über Nacht einweichen. Am folgenden Tag in diesem Wasser mit geputztem Suppengrün, Zwiebel und Gewürzen zum Kochen aufsetzen. Nach 30 Minuten die gewürfelte Kartoffel zufügen. Nach weiteren 30 Minuten das Fleisch in einer Pfanne ausbraten und unter die Bohnensuppe mischen.

Bohnengemüse mit gebratenem Bauchfleisch / Hammelfleisch

Ab 18–24 Monate

100 g grüne Bohnen, 1 Kartoffel, Fett, 50 g Schweinebauch oder Hammel- oder Lammfleisch zum Kurzbraten, Speisestärke, je 1 Prise Bohnenkraut und (Jod-)Salz

Bohnen putzen, waschen, brechen und in leicht gesalzenem Wasser 30 Minuten weich kochen. Die geschälte, gewaschene und gewürfelte Kartoffel mitkochen. In einer Pfanne mit wenig Fett das Fleisch braten. Das Gemüse abgießen und warm stellen. Das Gemüsewasser aufkochen und mit angerührter Speisestärke binden. Mit Bohnenkraut und Salz abschmecken. Das Gemüse wieder hineingeben. Das Fleisch dazu servieren oder kleingewürfelt unter das Gemüse mengen.

Porreegemüse

Ab 12 Monate

1 Stange Porree, 2 Kartoffeln,
1–2 TL Speisestärke,
je 1 Prise (Jod-)Salz
und frischgeriebene Muskatnuß,
Kräuter

Porree aufschlitzen, waschen und in feine Scheiben schneiden, nochmal im Wasser schwenken, abtropfen lassen. Kartoffeln schälen, waschen und würfeln. Gemüse in einen Topf geben, knapp mit Wasser bedecken, Salz darüber streuen und 15–20 Minuten kochen. Speisestärke kalt anrühren, untermischen, nochmals aufkochen. Mit Muskat, Butter und Kräutern abschmecken.

Rahmporree

Ab 12–14 Monate

1 Stange Porree, 1 TL Butter, Brühe oder Wasser, je 1 Prise Zucker, (Jod-) Salz und frischgeriebene Muskatnuß, 2 EL Sahne

Porree waschen, in feine Ringe schneiden, nochmals waschen, abtropfen lassen. Butter in einem Topf bräunen, Porree darin kurz andünsten, etwas Brühe zugießen, Gewürze einrühren. Auf kleiner Stufe 15–20 Minuten dünsten. Dann die Sahne untermischen. Nicht mehr erhitzen.

Porree mit Schinken

Ab 12–14 Monate

1 Stange Porree,
50 g Kochschinken,
1–2 kleine, gekochte Pellkartoffeln,
1 TL Butter, Wasser,
1 Prise frischgeriebene Muskatnuß,
1 EL Sahne, 1 EL Kräuter

Porree waschen, in feine Ringe schneiden, nochmals waschen und abtropfen lassen. Schinken fein würfeln. Pellkartoffeln grob würfeln. Butter in einem Topf zerlassen, Porree hineingeben, kurz andünsten, etwas Wasser zugießen und zugedeckt auf kleiner Stufe 15–20 Minuten dünsten. Dann die restlichen Zutaten untermengen.

Überbackener Porree
Porree mit Schinken in eine gefettete, feuerfeste Form füllen, mit je 1 Eßlöffel Semmelbröseln und geriebenem Käse überstreuen und mit einigen Butterflöckchen belegen. Im heißen Backofen 10 Minuten überbacken.

Eierporree

Ab 12–14 Monate

1 Stange Porree, 1 EL Butter, 1 Ei, 1 Prise (Jod-)Salz, 1 TL Kräuter

Porree waschen, in feine Ringe schneiden, nochmals waschen und abtropfen lassen. In einem Topf, zur Hälfte mit Wasser bedeckt, zum Kochen ansetzen. In 15–20 Minuten weich kochen. Dabei sollte möglichst das gesamte Wasser aufgesogen werden. Porree abgießen. In einer Pfanne Butter zerlassen, Porree darin schwenken. Ei mit Salz und Kräutern verschlagen, über das Gemüse gießen und stocken lassen.
Dazu können Sie Kartoffelbrei oder Nudeln servieren.

Gedünsteter Fenchel

Ab 18–24 Monate

1 Fenchelknolle,
1 EL Butter,
1 gute Prise (Jod-)Salz,
⅛ l Brühe oder Wasser,
etwas Butter und Semmelbrösel

Die vorbereitete, gewaschene Fenchelknolle in kleinfingerdicke Scheiben schneiden. In einem Topf die Butter zerlassen und die Fenchelscheiben von beiden Seiten andünsten, dabei mit etwas Salz bestreuen. Alle Scheiben in den Topf geben und mit Brühe aufgießen. Zugedeckt 30 Minuten dünsten lassen. Butter in einer Pfanne zerlassen, Semmelbrösel einstreuen und rösten, über die Fenchelscheiben gießen.
Dazu Kartoffel- oder Reiszubereitungen anbieten.

Überbackener Fenchel

Ab 18–24 Monate

½ zarte Fenchelknolle, (Jod-)Salz, Butter, 1 EL geriebener Käse (Edamer, Gouda), 1 EL Semmelbrösel

Die vorbereitete Fenchelknolle waschen, halbieren und in leicht gesalzenem Wasser 20–30 Minuten weich kochen. Eine Auflaufform buttern, die Knolle hineinlegen, zuerst mit Käse, dann mit Semmelbröseln bestreuen. Mit Butterflöckchen belegen und im heißen Backofen 15–20 Minuten überbacken.

Fenchelauflauf

Ab 18–24 Monate

Für 2–4 Personen
1 Fenchelknolle, Butter, ½ Tasse gegarter Parboiled Reis, 100–150 g Zunge, Kochschinken oder Bratenreste, 1 EL Butter, 1 EL Mehl Type 1050, 1 Eigelb, 1 EL Milch, etwas Zitronensaft und (Jod-)Salz, 2 EL Semmelbrösel, Kräuter

Die Fenchelknolle vorbereiten, d. h. äußere Blätter entfernen, Stiele kürzen, waschen. Der Länge nach in Scheiben schneiden und in leicht gesalzenem Wasser ca. 20 Minuten kochen. Abtropfen lassen und den Boden einer gefetteten Auflaufform mit der Hälfte der Scheiben belegen. Reis darüber geben. Die Zunge fein würfeln und über den Reis streuen. Mit den restlichen Fenchelscheiben bedecken. Aus Butter und Mehl eine helle Mehlschwitze zubereiten. Mit Fenchelbrühe zu einer dicken Sauce aufgießen. Eigelb und Milch verquirlen und unter Schlagen in die Sauce fließen lassen. Mit Salz und Zitronensaft abschmekken und über den Auflauf gießen. Mit Semmelbröseln bestreuen, darauf Butterflöckchen geben und alles im heißen Backofen ca. 20 Minuten backen. Mit Kräutern bestreut servieren.

Gebratener Fenchel mit Hackfleischsauce

Ab 18–24 Monate

Für 2–3 Personen
1 Fenchelknolle, (Jod-)Salz, 1 EL Keimöl, 100–150 g Hackfleisch, 1 kleine Zwiebel, 3 Tomaten oder 1 kleine Dose Tomaten, nach Bedarf etwas angerührte Speisestärke

Die vorbereitete Fenchelknolle der Länge nach in Scheiben schneiden. Diese in leicht gesalzenes, kochendes Wasser geben und 25–30 Minuten garen. Abgießen und das Gemüsewasser aufheben. In einer Pfanne Keimöl erhitzen und die Fenchelscheiben von beiden Seiten darin anbraten, herausnehmen und anschließend im Backofen warm stellen. Danach in der gleichen Pfanne das Hackfleisch anbraten. Die Zwiebel fein hacken, mitbraten. Tomaten heiß waschen, enthäuten, würfeln und zugeben. Auf eine niedrige Stufe stellen und ständig umrühren. So viel Fenchelbrühe zugießen, wie Sauce benötigt wird. 10 Minuten gut durchkochen lassen. Nach Bedarf mit angerührter Speisestärke bis zur gewünschten Sämigkeit binden. (Das ist um so notwendiger, je mehr Brühe man zugesetzt hat.) Die warmen Fenchelscheiben auf Teller geben und mit der Sauce übergießen.
Dazu Kartoffelbrei servieren.

Sellerie gedünstet

Ab 18 Monate

100 g Sellerie, Zitronensaft und (Jod-)Salz, 1–2 EL Mehl Type 1050 oder 1600, 1 EL Keimöl, ¼ l Brühe, 2 EL saure Sahne, 1 TL Kräuter

Sellerie in 2 Scheiben schneiden, schälen und waschen. Abtupfen, mit Zitronensaft beträufeln und mit Salz bestreuen. Im Mehl wenden. Öl in einer Pfanne erhitzen und die Selleriescheiben von beiden Seiten anbraten. Dann Brühe und saure Sahne miteinander verschlagen und die Selleriescheiben damit aufgießen. Zugedeckt auf kleiner Stufe ca. 20 Minuten dünsten. Mit Kräutern bestreut servieren.
Als Beilage eignet sich Kartoffelbrei.

Sellerie gebacken

Ab 18–24 Monate

Für 2–4 Personen
1 Sellerieknolle, Zitronensaft, etwas (Jod-)Salz, 1–2 Eier, Semmelbrösel, Keimöl

Sellerie waschen, in einen Topf mit Wasser legen und ca. 30 Minuten weich kochen. Auskühlen lassen und schälen. In fingerdicke Scheiben schneiden. Mit Zitronensaft beträufeln und etwas salzen. Durchziehen lassen. Das Ei verschlagen, die Selleriescheiben darin wenden und anschließend in den Semmelbröseln panieren. Keimöl erhitzen und die Scheiben von beiden Seiten goldgelb backen.
Dazu schmeckt sehr gut Kartoffelbrei und roher Gemüsesalat aus Möhren, Kohlrabi, Tomaten oder Kopfsalat.

Tomaten gedünstet
Ab 12 Monate

100–140 g Tomaten, 1 TL Butter oder Keimöl, etwas Zwiebelsalz und Thymian oder Oregano, nach Belieben Butterflöckchen und geriebener Käse

Tomaten heiß waschen, häuten. In einem Topf Keimöl erhitzen, die Tomaten hineinsetzen, kurz andünsten. Salz und Kräuter darüberstreuen. Mit wenig Wasser aufgießen und zugedeckt auf kleiner Stufe ca. 10 Minuten dünsten. Nach Belieben mit Butterflöckchen und Käse bedecken und im Backofen im offenen Topf 5–10 Minuten überbacken.
Diese Tomaten eignen sich als Beilage zu allen Fleisch- und Gemüsespeisen.

Gefüllte Tomaten
Ab 18–24 Monate

1 Tomate,
verschiedene Zutaten zum Füllen,
Butter, Schmalz oder Speck,
Wasser oder Brühe

Die Tomate waschen (die Frucht sollte möglichst fest sein), einen Deckel abschneiden und die Frucht aushöhlen. Tomaten füllen und in einen flachen Topf setzen, in dem vorher etwas Butter, Schmalz oder Speck ausgelassen wurde. Einige Minuten andünsten, dann etwas Wasser oder Brühe aufgießen. Hitze herunterschalten und zugedeckt ca. 15–20 Minuten dünsten. Nach Belieben können die Tomaten anschließend noch mit geriebenem Käse bestreut und im Backofen kurz überbacken werden.

Füllungen
½ Gläschen erwärmten Spinat, obenauf setzt man 1 gebackenes Ei, etwas Rührei oder auch 1 rohes Eigelb;
Kräuter-Rührei;
3 Eßlöffel gebackene Nudeln;
2–3 Eßlöffel tiefgefrorene Erbsen-Möhren-Mischung, obenauf einige Butterflöckchen;
1 Eßlöffel Kartoffelbrei und feingewiegte Fleischreste, darüber eine Käsescheibe;
je 1 Eßlöffel gegarten Parboiled Reis, gebratenes Hackfleisch und Kräuter gut miteinander vermengen.

Tomatenpizza
Ab 18 Monate

3–4 Tomaten (100–150 g),
etwas Keimöl,
2–3 hauchdünne Salamischeiben,
1 großes oder 2 kleine Eier,
2 EL Milch,
1 Teelöffelspitze Oregano,
je 1 Prise (Jod-)Salz und
Zwiebelpulver, reichlich Petersilie

Tomaten heiß waschen (überbrühen), häuten und in dickere Scheiben schneiden. In einer Pfanne Keimöl erhitzen, die Tomatenscheiben hineingeben, mit den Salamischeiben belegen. Auf kleiner Stufe einige Minuten braten lassen. In dieser Zeit Ei mit Milch, Gewürzen und Petersilie verschlagen, über die Tomaten gießen, stocken lassen. Mit dem Wender vom Pfannenboden lösen, einen Teller über die Pfanne decken und umdrehen, so daß die Pizza nun mit der ungebackenen Seite unten auf dem Teller liegt. So wieder in die Pfanne gleiten lassen und weitere 2 Minuten backen. Servieren.

Gurkenschüssel mit Kartoffelbrei
Ab 2 Jahre

100 g Schlangengurke,
1 Prise (Jod-)Salz, 2–3 Kartoffeln (ca. 60 g), 1 Tasse saure Sahne,
½ TL Zucker, je ½ TL frischer Dill und Petersilie, etwas Butter und Milch, (Jod-)Salz

Gurke waschen, dünn schälen und in hauchfeine Scheiben schneiden. Mit Salz vermischen und 10 Minuten ziehen lassen. In dieser Zeit die Kartoffeln schälen, zerteilen und in wenig Wasser zum Kochen aufsetzen. Saure Sahne mit Zucker und Kräutern schaumig schlagen, über die Gurkenscheiben gießen und alles gut vermengen. Die Kartoffeln zu Brei stampfen, mit Butter und Milch abschmecken, nach Bedarf leicht salzen. In den auf dem Teller portionierten, heißen Kartoffelbrei eine Art Nest drücken und mit Gurkensalat füllen.

Auberginenschnitzel
Ab 18 Monate

1 kleine Aubergine, 1 Ei,
Semmelbrösel, Keimöl,
etwas Zitronensaft

Die gewaschene Aubergine in längliche, schnitzelähnliche Scheiben schneiden. Die Scheiben zuerst in dem verschlagenen Ei, dann in den Semmelbröseln wenden und in heißem Öl von beiden Seiten je 5–10 Minuten goldbraun backen. Mit etwas Zitronensaft beträufeln und sofort servieren.
Zu Kartoffelbrei oder Kräuterreis reichen.

Aubergine in Rahmsauce
Ab 18 Monate

1 zarte Aubergine, 1 TL Butter, ½ kleine Zwiebel, 1 Prise (Jod-)Salz, 4 EL saure Sahne, 1–2 TL Mehl Type 1050, etwas Zitronensaft und Petersilie

Die gewaschene Aubergine in feine Streifen oder Würfel schneiden. Butter erhitzen und von der geschälten Zwiebel hauchfeine Ringe in die Butter schneiden und kurz anbräunen. Dann die Aubergine zugeben, wenden, andünsten. Mit etwas Salz bestreuen, etwas Wasser angießen und den Topf zudecken. Unter gelegentlichem Wenden ca. 15 Minuten auf kleiner Stufe mit wenig Flüssigkeit dünsten. Saure Sahne und Mehl glattrühren, über das Gemüse gießen und unter Rühren einmal gut durchkochen. Mit Zitronensaft und Petersilie abschmecken.
Als Beilage eignen sich Parboiled Reis, Kartoffelbrei oder Klöße.

Auberginen-Pilz-Pfanne
Ab 18–24 Monate

60 g Aubergine, 60 g frische Champignons (oder andere Pilze), ½ kleine Zwiebel, 1 TL Keimöl, 1 Prise (Jod-)Salz, 2 TL Zitronensaft, 1 EL Sahne, Kräuter

Die Aubergine waschen und grob würfeln. Pilze putzen, waschen und nach Bedarf etwas zerschneiden. Zwiebel fein hacken. In einem Topf das Öl erhitzen, die Auberginenwürfel rundherum anbraten, mit Salz bestreuen und mit Zitronensaft beträufeln. Etwas Wasser angießen und zugedeckt auf kleiner Stufe ca. 10 Minuten schmoren lassen. Die Pilze zugeben und weitere 15 Minuten kochen. Sahne und Kräuter miteinander verschlagen und unter das Gemüse mischen.

Auberginentopf
Ab 2 Jahre

50–80 g mageres Fleisch (Lamm, Huhn, Kalb), 1–2 TL Keimöl, ½ kleine Zwiebel, ½ kleine Aubergine, 1 Tomate, Petersilie, Kräuter, 1 Prise (Jod-)Salz

Fleisch in kleine Würfel schneiden und im erhitzten Keimöl anbraten. Nach einigen Minuten aus dem Öl nehmen. Den Topf vom Herd nehmen und die geschälte Zwiebel in hauchfeinen Scheiben hineingeben. Aubergine waschen und fein würfeln. Tomate heiß waschen, enthäuten und würfeln. Den Topf wieder auf den Herd stellen, die Zwiebel goldgelb rösten, mit der Tomate ablöschen, dann die Aubergine zugeben. Zugedeckt unter Zugabe von ½ Tasse Wasser ca. 15 Minuten dünsten, dabei gelegentlich wenden. Mit Petersilie und Kräutern abschmecken, nach Bedarf mit etwas Salz.
Dazu servieren Sie frisches Weizen-Hafer-Mischbrot oder Brötchen (s. S. 39/40) oder auch Reis- oder Kartoffelzubereitungen.

Fritierte Auberginen mit Joghurt
Ab 2 Jahre

Zu diesem Gericht benötigen Sie einen Topf mit reichlich ausgelassenem Kokosfett oder eine Friteuse.

Kokosfett, 1 schlanke Aubergine, 150 g Naturjoghurt, Kräuter, 1 Prise (Jod-)Salz

Das Fett sehr heiß werden lassen. (Wenn am Holzstiel eines Kochlöffels Bläschen aufsteigen, können Sie mit dem Fritieren beginnen.) In dieser Zeit die Aubergine waschen, abtrocknen und in dünne Scheiben schneiden. Joghurt mit Kräutern und Salz verschlagen. Dann die Auberginenscheiben im Fett ca. 5 Minuten knusprig backen, herausnehmen, abtropfen lassen und zum sofortigen Verzehr auf einen Teller legen. Man taucht die Scheibe in den Joghurt und ißt sie. Dazu etwas Schwarzbrot servieren. Diese Speise eignet sich nicht zum Warmhalten.

Paprikatopf
Ab 18 Monate

1–2 kleine, gelbe Paprikaschoten, 1 Kartoffel, 1 EL Keimöl, ½ TL »Kräuter der Provence« oder Thymian, 50 g Hackfleisch, ⅛ l heißes Wasser

Paprika entkernen, waschen und fein würfeln. Kartoffel schälen, waschen, fein würfeln. In eine kleine, feuerfeste Form Öl und Kräuter hineingeben, miteinander verrühren und mit einem Pinsel in der Form ausstreichen. Die Hälfte der Paprikawürfel einfüllen, die Kartoffel darüber geben. Das Fleisch darüberbröseln, dann den Rest Paprika darauf verteilen. Das heiße Wasser darübergießen und die Form mit Alufolie gut abdecken und verschließen. Im heißen Backofen 40 Minuten backen.

Gefüllte Paprikaschote
Ab 2 Jahre

1 Paprikaschote, 50 g Hackfleisch (Tatar), je 1 Prise (Jod-)Salz und Zwiebelpulver, 1 kleine Zwiebel, Keimöl, Wasser oder Brühe, 1 EL Parboiled Reis

Die Paprikaschote sollte stehen können. Am Stielende einen Deckel abschneiden, entkernen und waschen. Hackfleisch und Gewürze mischen. Zwiebel in feine Scheiben schneiden. Fleisch in die Schote füllen und mit dem Deckel verschließen. Zwiebelscheiben im erhitzten Keimöl goldgelb anrösten. Dann die gefüllte Schote dazu setzen und kurz andünsten. Mit Wasser aufgießen. Wenn das Wasser kocht, den Reis einstreuen. Zugedeckt auf kleiner Stufe 30–40 Minuten dünsten lassen. Nach Bedarf etwas Wasser zugeben.

Bunter Paprikateller
Ab 2 Jahre

Für 2 Personen
Je 1 kleine grüne, gelbe und rote Paprikaschote, 1 kleine Zwiebel (oder etwas Zwiebelpulver), 1 TL Keimöl, Wasser

Schoten der Länge nach aufschneiden, den Stielansatz entfernen, entkernen und gründlich waschen. Die Zwiebel schälen und in hauchfeine Scheiben schneiden. Öl in einem Topf erhitzen, Zwiebel kurz anrösten, dann die halben Schoten dazulegen, andünsten und schließlich so viel Wasser zugeben, daß der Topfboden bedeckt ist. Zugedeckt auf kleiner Stufe ca. 15 Minuten dünsten. Nach Bedarf etwas Wasser zugeben.
Dieses Gemüse eignet sich als Beilage zu allen Kartoffel-, Reis- oder Nudelspeisen, zu Fisch oder Fleisch.

Paprika überbacken
Ab 18–24 Monate

1 Paprikaschote, Butter, 2 EL gegarter Parboiled Reis, 2 EL tiefgefrorene Erbsen-Möhren-Mischung, 2 EL geriebener Käse, Semmelbrösel, Kräuter

Paprikaschoten halbieren, den Stielansatz entfernen, entkernen, gut waschen und fein würfeln. Eine kleine, feuerfeste Form fetten. Paprikawürfel, Reis und Erbsen-Möhren-Mischung einfüllen. Mit dem geriebenen Käse bedecken, darauf die Semmelbrösel streuen. Mit Butterflöckchen belegen. Im heißen Backofen ca. 30 Minuten überbacken. Mit Kräutern bestreut, servieren.

Paprika mit Käse-Sahne-Sauce
Ab 18 Monate

1 rote Paprikaschote, 1 Gewürzgurke, 50 g Hackfleisch
Sauce
30 g Käse (Gouda), 3 EL saure Sahne, 1 EL Kräuter, je 1 Prise (Jod-)Salz und Zwiebelpulver, 1–2 EL gegarter Parboiled Reis

Die Paprikaschote aufschneiden, den Stielansatz entfernen, entkernen, waschen und in feine Streifen schneiden. Die Gewürzgurke fein würfeln. In einem Topf zuerst das Fleisch anbraten, Paprika zugeben, andünsten, etwas Wasser angießen und zugedeckt ca. 15 Minuten auf kleiner Stufe kochen. Käse zerreißen. In einem kleinen Topf Käse schmelzen, Sahne einrühren, dann Kräuter, Salz und Zwiebelpulver zugeben. Das Gemüse mit dem Reis vermengen, auf den Teller geben und mit der dicken Sauce begießen.

Paprikanudeln
Ab 18 Monate

30 g kleine, gedrehte Nudeln, (Jod-) Salz, 1 Paprikaschote, 50 g Hackfleisch, 1 Prise Zwiebelpulver, 1–2 Tomaten, Parmesan, Kräuter

Nudeln in reichlich kochendes, leicht gesalzenes Wasser schütten und 15 Minuten sprudelnd kochen. In dieser Zeit die Paprika aufschneiden, den Stielansatz entfernen, entkernen, waschen und würfeln. Fleisch in einer Pfanne knusprig braten, Paprikawürfel zugeben, Zwiebelpulver darüber streuen. Die Tomaten heiß waschen, schälen, würfeln und zufügen. Auf kleiner Stufe zugedeckt 10–15 Minuten dünsten. Danach mit den Nudeln vermischen, auf den Teller geben, mit Käse und Kräutern bestreuen.

Maisgemüse mit Paprika
Ab 14–18 Monate

1 TL Butter, 3–4 EL Mais (Dose), ½ Paprikaschote, 30–50 g Dörrfleisch, Bratenreste oder Wurst, 1 EL Sahne, 1 EL Kräuter

Butter in einem Topf zerlassen, den abgetropften Mais darin wenden. Die Paprikaschote entstielen, entkernen, waschen und fein würfeln. Zum Mais geben. Das Dörrfleisch fein wiegen, hacken oder würfeln und zufügen. Etwas Wasser angießen und zugedeckt 15 Minuten leicht köcheln lassen. Dann Sahne und Kräuter untermischen.

Maispfanne
Ab 14 Monate

50 g Hackfleisch, 1 Tomate, 3 EL Mais (Dose), je 1 Prise (Jod-)Salz, Zucker und Paprikapulver mild,
1 EL Kräuter,
2 EL gegarter Parboiled Reis

In einem Topf das Hackfleisch anbraten. Die Tomate heiß waschen, enthäuten und dazuschnitzeln. Dann den Mais untermischen. Würzen, nach Bedarf etwas Wasser angießen und nach 5 Minuten Kräuter und Reis untermengen.

Schinkenmais überbacken
Ab 14–18 Monate

Butter, 3–4 EL Mais (Dose),
50 g Kochschinken, 1 TL Kräuter,
2 EL geriebener Käse (Gouda)

In einer Pfanne Butter zerlassen, den abgetropften Mais darin wenden. Schinken würfeln und zufügen. Kräuter untermischen und das Gemüse in eine kleine, feuerfeste Form füllen. Mit dem Käse überstreuen und im Backofen bei ca. 200 Grad 5–10 Minuten überbacken.

Mangold in Béchamelsauce
Ab 14 Monate

100 g Rippenmangold,
50 g Vorder- oder Hinterschinken,
1 TL gehackte Zwiebel, 1 TL Butter,
1 EL Mehl Type 1050, ½ Tasse Milch,
½ Tasse Gemüsebrühe, (Jod-)Salz,
Kräuter

Mangold waschen und in 1–2 cm lange Stücke schneiden. In wenig Wasser 15–20 Minuten zugedeckt weich kochen. Schinken fein würfeln. Zwiebel fein hacken. Butter in einem Topf erhitzen, Zwiebel darin anbräunen. Mehl darüber streuen, unter Rühren hellgelb rösten. Dann den Topf vom Herd nehmen, zuerst die kalte Milch mit dem Schneebesen einrühren, dann die abgenommene Gemüsebrühe. So lange schlagen, bis keine Klümpchen mehr vorhanden sind. Dann den Topf wieder auf den Herd stellen und unter weiterem Rühren zum Kochen bringen. 5–10 Minuten gut durchkochen. Dabei vorsichtig salzen, wenn der Schinken untergemischt ist. Es braucht nicht gesalzen zu werden, wenn der Schinken sehr salzig ist. Anschließend Mangold und Kräuter untermischen. Zu Kartoffel- oder Reiszubereitungen servieren.

Omelett mit Mangoldfüllung
Ab 14–18 Monate

1 Ei, 1 EL Milch, Kräuter
Füllung
60–80 g Mangoldblätter,
je 1 Prise (Jod-)Salz und
frischgeriebene Muskatnuß,
nach Belieben etwas Fleisch oder
Wurst, Butter

Die gewaschenen Mangoldblätter in wenig Wasser 10–15 Minuten kochen, abtropfen lassen und fein wiegen oder pürieren. Mit Salz und Muskat abschmecken. Ei mit der Milch und Kräutern verschlagen. In einer Pfanne Butter zerlassen, das Ei hineinfließen lassen und auf kleiner Stufe stocken lassen. In dieser Zeit Fleisch oder Wurst fein würfeln und mit dem Mangold vermischen. Das Omelett auf einen Teller gleiten lassen, mit der Mangoldmasse bestreichen und zusammenklappen.

Schwarzwurzelauflauf
Ab 2 Jahre

Für 2–3 Personen
1 Dose Schwarzwurzeln,
100–150 g Kochschinken oder
Bierschinken, 2 EL Butter,
2 EL Mehl Type 1050, ¼ l Milch,
(Jod-)Salz und frischgeriebene
Muskatnuß, Butter für die Form,
geriebener Käse (Parmesan,
Gouda, Edamer),
Semmelbrösel, Butter

Schwarzwurzeln in ein Sieb gießen und gut abspülen. Schinken würfeln. Aus Butter und Mehl eine helle Mehlschwitze zubereiten, mit der kalten Milch aufgießen und unter Rühren gut durchkochen. Mit Salz und Muskat abschmecken. Eine Auflaufform buttern, eine Schicht Schwarzwurzeln einfüllen, darüber den Schinken verteilen, mit den restlichen Schwarzwurzeln bedekken. Die Sauce darübergießen. Alles mit Käse bestreuen, dann mit Semmelbröseln und schließlich mit Butterflöckchen belegen. Im heißen Backofen ca. 15 Minuten überbacken.

Schwarzwurzeln im Teigmantel
Ab 2 Jahre

Dieses Rezept eignet sich gut, wenn Sie eine Friteuse besitzen. Andernfalls lassen Sie in einem Topf 1–2 Platten Kokosfett aus.

Für 2–3 Personen
1 Dose Schwarzwurzeln, ⅛ l Bier,
½ EL Keimöl, 1 Prise (Jod-)Salz,
1 Eigelb, 100 g Mehl Type 1050,
1 Eiweiß, Mayonnaise,
Tomatenketchup, 1–2 Platten Kokosfett

2 Stunden vor der Zubereitung einen Teig aus Bier, Öl, Salz und Eigelb ansetzen, gut miteinander vermengen. Dann das Mehl darübersieben und unterrühren. Wenn das Fett in der Friteuse heiß ist, Eiweiß steif schlagen und unter den Teig mischen. Schwarzwurzeln in ein Sieb gießen und gut abspülen und abtropfen lassen. Jedes Schwarzwurzelstück in den Teig tauchen und im Fett schwimmend ausbacken. Sofort servieren.

Chinakohl überbacken
Ab 18 Monate

Einige Blätter Chinakohl, 30 g kleine Nudeln, etwas (Jod-)Salz, Butter, geriebener Käse (Gouda)

Vom Chinakohl einige Blätter abnehmen, waschen und in Streifen schneiden. In wenig heißes Wasser geben und 5 Minuten kochen lassen. Den Kohl mit einem Schaumlöffel aus dem Wasser nehmen und nun die Nudeln hineinschütten. Etwas Salz zugeben und sprudelnd 15 Minuten kochen lassen. Dabei nach Bedarf Wasser zugeben, jedoch nur so viel, daß die Nudeln nicht anbrennen. Zum Schluß soll das Wasser völlig aufgesogen sein. Nudeln und Kohlstreifen mischen. Eine feuerfeste Form fetten, die Nudel-Kohl-Mischung einfüllen und dick mit geriebenem Käse bestreuen. Mit Butterflöckchen belegen, im heißen Backofen ca. 10 Minuten überbacken.

Chinakohl mit Kartoffeln
Ab 14 Monate

2–3 Kartoffeln, 50–80 g Chinakohl, Butter, etwas Brühe oder Wasser, 50 g Fleischwurst, Kräuter, je 1 Prise (Jod-)Salz und frischgeriebene Muskatnuß

Kartoffel mit Schale kochen. Vom Chinakohl einige Blätter abnehmen, waschen und in feine Streifen schneiden. Kartoffeln pellen und fein würfeln. In einem Topf etwas Butter zerlassen, Kartoffeln und Kohl darin wenden und 5 Minuten dünsten. Etwas Brühe angießen. Die Fleischwurst würfeln und mit den Kräutern untermischen. Mit Salz und Muskat abschmecken.
Als Beilage Würstchen oder Fischstäbchen servieren.

Sauerkraut
Ab 18–24 Monate

Frisch
In heißem Schmalz oder Fett andämpfen, einige Wacholderbeeren und 1 Lorbeerblatt zugeben. Unter möglichst geringer Wasserzugabe 60 Minuten weich dämpfen. Während der letzten 20 Minuten können auf dem Sauerkraut Fleisch- oder Wurstbeilagen erwärmt werden. Kinder mögen z. B. schlesische Leber- oder Blutwürstchen.
Dazu Kartoffelbrei.

Dose
Ohne Fettzugabe in einem Topf 5–10 Minuten im eigenen Saft erhitzen. Nach Belieben mit Kümmel oder Lorbeerpulver würzen.
Mit Würstchen, Schweinefleisch und Kartoffelbrei anrichten.

Ananaskraut
Ab 12–18 Monate

50 g Sauerkraut, 50–80 g frische Ananas, Geflügelfleisch

Sauerkraut wie oben beschrieben zubereiten. Die Ananas grob hacken und unter das Kraut mischen. Nach Belieben etwas kleingeschnittenes Geflügelfleisch untermengen.
Zu Kartoffelbrei servieren.

Ungarischer Krauttopf
Ab 14–18 Monate

50 g Schweinekamm, ½ Zwiebel,
1 TL Schmalz, 50 g Sauerkraut,
½ Tasse Wasser, 1 TL Tomatenmark,
je 1 Prise (Jod-)Salz, Pfeffer,
Paprikapulver mild,
2–3 EL saure Sahne

Schweinekamm würfeln. Zwiebel schälen und hacken. Schmalz in einer Pfanne zerlassen, Zwiebel darin anrösten und das Fleisch rundum anbräunen. Sauerkraut zugeben. Mit Wasser aufgießen. Tomatenmark und Gewürze untermischen und den Krauttopf zugedeckt auf kleiner Stufe schmoren lassen. Frisches Kraut 60 Minuten, Sauerkraut aus der Dose 15 Minuten. Auf einen Teller geben, Sahne schaumig schlagen und darüber gießen. Unverrührt servieren.

Endivientopf

Ab 18–24 Monate

Für 2 Personen
100 g Sommerendivien, 2–3 Kartoffeln, ¼ l Knochenbrühe, 50 g Hackfleisch oder feingewiegter Räucherspeck, 1 TL Zitronensaft, 1 EL saure Sahne, je 1 Msp (Jod-)Salz und Zucker, Kräuter

Die gut gewaschenen und abgetropften Salatblätter in schmale, längliche Streifen schneiden. Kartoffeln schälen, waschen, würfeln und in die kochende Brühe geben. Nach ca. 20 Minuten den Salat zufügen und weitere 5–10 Minuten leicht weiterkochen lassen. In dieser Zeit in einer Pfanne den Räucherspeck oder das Hackfleisch auslassen und knusprig braten. Mit dem Zitronensaft zum Gemüse geben, untermischen und mit Sahne, Gewürzen und Kräutern abschmecken.

Salatbrei mit Speck

Ab 14–18 Monate

Eine Handvoll beliebiger Salat, 2 heiße, gekochte Pellkartoffeln, 1 TL Keimöl, Zwiebelringe, 1 TL durchwachsener Speck

Salatblätter waschen, abtropfen lassen und in sehr kleine Stücke reißen. Die heißen Kartoffeln abpellen, sehr fein würfeln und mit den Salatblättern vermengen. Warm stellen. Öl erhitzen, von einer Zwiebel hauchdünne Scheiben hineinschneiden, feingewiegten Speck zugeben, alles gut durchrösten, bis Speck und Zwiebeln glasig sind. Kartoffeln und Salatblätter kurz pürieren. Speck und Zwiebeln darüber gießen und sofort servieren.

Melone mit Schinken und gebuttertem Vollkornbrot

Ab 18 Monate

1 Schnitzel Wassermelone/ Honigmelone, 50 g hauchfein geschnittener Schinken, 1 Scheibe Vollkornbrot, Butter

Von einer Melone ein Schnitzel abteilen, die Kerne entfernen und das Fruchtfleisch in nicht zu große Würfel schneiden. Jede Schinkenscheibe zu einem kleinen Päckchen zusammenklappen. Die Brotscheibe buttern und in mundgerechte Stücke schneiden. Abwechselnd Schinken, Melone und Brot verzehren.
Fast alle Kinder mögen diese erfrischende Abendmahlzeit, die besonders für heiße Sommertage geeignet ist.

Bunte Gemüseschüssel

Ab 12–14 Monate

1 EL Parboiled Reis, 2–3 dicke Scheiben Schlangengurke, 2 kleine Möhren, 1 Zwiebel, 1–2 EL Mais (Dose), 1 TL Butter, Kräuter

Reis kochen. Schlangengurkenscheiben schälen und würfeln. Möhren schälen, waschen, in hauchfeine Scheiben schneiden. Zwiebeln schälen und sehr feine Ringe schneiden. Mais abtropfen lassen. Butter in einem Topf zerlassen. Zwiebel anrösten, dann Möhren, Gurke und Mais zugeben. Möglichst kein Wasser zufügen. Unter ständigem Wenden 7–10 Minuten dünsten. Dann den Reis unterheben. Mit Kräutern überstreuen und servieren.

Wintertopf

Ab 14 Monate

2 gekochte Pellkartoffeln, 2–3 EL Mais (Dose), einige EL Rote Bete (Glas), Kräuter, 1 EL saure Sahne

Kartoffeln pellen und mit dem abgetropften Mais und der Roten Bete in einem Topf vermischen und erwärmen. Kräuter und Sahne untermischen.

Zwiebel-Wurst-Topf

Ab 2 Jahre

Für 2 Personen
4–5 Zwiebeln oder 2 große Gemüsezwiebeln, 1 EL Schweineschmalz oder Keimöl, 250 g Fleischwurst, etwas Wasser, Kräuter

Zwiebeln schälen und in feine Ringe schneiden. Im heißen Schmalz bräunen, etwas Wasser angießen und zugedeckt 10–15 Minuten dünsten lassen. Fleischwurst würfeln, mit den Kräutern unter das Zwiebelgemüse mengen.
Dazu schmeckt Kartoffelbrei.

Französischer Gemüsetopf
Ab 12 Monate

1 EL Brechbohnen, 1 EL gekochte weiße Bohnen (Dose), 1 Möhre, 1 Kartoffel, 1 sehr kleine Zucchini, 1 Tomate, 1 TL Keimöl, ¼ l Brühe oder Wasser, je 1 Prise (Jod-)Salz und Basilikum, 2 EL kleinste Suppennudeln, 1 TL Parmesan, Kräuter

Gemüse vorbereiten, waschen, klein schneiden. Keimöl in einem Topf erhitzen. Zuerst Zucchinischeiben und Kartoffelwürfel darin andünsten. Brechbohnen und Möhre zugeben, dann die geschälte, gewürfelte Tomate und die weißen Bohnen. Brühe angießen, mit Salz und Basilikum würzen und Nudeln einstreuen. Zugedeckt auf kleiner Stufe 15–20 Minuten garen. Mit Parmesan und Kräutern bestreut, servieren.

Gemüse-Schmortopf
Ab 14–16 Monate

50 g Schlangengurke, ½ kleine Zwiebel, 1 kleine, gelbe Paprikaschote, 2 Tomaten, 30 g durchwachsener Speck, je 1 Prise (Jod-)Salz, Kerbel und Basilikum, Petersilie, Dill, 2 EL saure Sahne

Gurke waschen und würfeln. Zwiebel schälen und fein wiegen. Paprikaschote entstielen, entkernen und in feine Streifen schneiden. Tomaten heiß waschen, enthäuten und würfeln. Speck fein würfeln und in einem Topf ausbraten. Zwiebel anrösten. Das vorbereitete Gemüse, Salz und Gewürze zugeben, vermengen und 10 Minuten dünsten. Nur wenig Wasser angießen. Das Gemüse soll möglichst im eigenen Saft garen. Zum Schluß Petersilie und Dill fein wiegen und mit der sauren Sahne untermischen.

Gemüsepfanne (Ratatouille)
Ab 12 Monate

50 g Aubergine, etwas (Jod-)Salz und Zitronensaft, ½ kleine Zwiebel, ½ Paprikaschote, 2 Tomaten, 1 TL Keimöl

Aubergine waschen und in dünne Scheiben schneiden, mit etwas Salz bestreuen und mit Zitronensaft beträufeln. Die Zwiebel schälen und hacken. Die Paprikaschote entstielen, entkernen, waschen und in Streifen schneiden. Tomaten heiß waschen, enthäuten und achteln. Öl in einem Topf erhitzen und die Zwiebeln bräunen. Aubergine zugeben, danach Paprika und Tomaten. Zugedeckt auf kleiner Stufe im eigenen Saft ca. 10 Minuten schmoren lassen.
Dazu schmecken Nudeln, Reis oder Kartoffeln.

Weißer Bohnentopf
Ab 2 Jahre

2–3 EL getrocknete weiße Bohnen, 2 Tomaten, ½ Zwiebel, 50 g durchwachsener Speck, 1 Teelöffelspitze Rosmarin, 1 Prise (Jod-)Salz, Kräuter

Bohnen über Nacht in Wasser einweichen. Am anderen Tag in diesem Wasser zum Kochen ansetzen. Tomaten heiß waschen, enthäuten, Zwiebel schälen und hacken, Speck fein würfeln. Alles zu den kochenden Bohnen geben. Rosmarin und Salz unterrühren. Zugedeckt mindestens 90 Minuten (am besten mehrere Stunden), auf kleinster Stufe mehr ziehen als kochen lassen. Mit Kräutern bestreut servieren.

Weißkohltopf (Kapusta)
Ab 18–24 Monate

¼ von einem kleinen Weißkohlkopf, 1 EL Schmalz, ½ Zwiebel, 1 Möhre, 1 Tomate, 1 Kartoffel, 1 Lorbeerblatt, je 1 Prise (Jod-)Salz und frischgeriebene Muskatnuß, 1 Tasse Knochen- oder Fleischbrühe, 50 g durchwachsener Speck, Kräuter

Weißkohl vom Strunk und den dicken Blattrippen befreien, waschen und fein hobeln. Schmalz in einem Topf zerlassen, gehackte Zwiebel darin anbräunen, dann den Kohl zugeben und andünsten. Geschälte, gewaschene, in Scheiben geschnittene Möhre, geschälte, gewürfelte Tomate und geschälte, gewaschene und gewürfelte Kartoffel zugeben. Gewürze zufügen, etwas Brühe angießen und alles gut vermengen. Zugedeckt auf kleiner Stufe ca. 90 Minuten köcheln lassen. Speck würfeln, in einer Pfanne auslassen und knusprig braten und mit den Kräutern unter den Eintopf rühren.

Reispfanne, Rezept S. 117;
Kartoffelpizza, Rezept S. 116.

Linseneintopf
Ab 12–14 Monate

2 EL Linsen, Suppengrün, Brühe,
etwas (Jod-)Salz und Essig,
1 EL Petersilie, 1 zartes Würstchen

Linsen über Nacht in Wasser einweichen. Am anderen Tag im Einweichwasser mit reichlich gewaschenem und zerschnittenem (oder getrocknetem) Suppengrün zum Kochen aufsetzen. Nach 60 Minuten Kochzeit mit Salz und Essig abschmecken. Petersilie fein hacken. Das Würstchen in die Suppe legen, erwärmen. Die Petersilie darüber streuen und servieren.
Dazu schmeckt Brot.

Salate und Rohkost

Ab dem zweiten Lebensjahr ist ein kalter Salat, besonders als Abendmahlzeit mit einem Stück Butterbrot, bei den Kleinkindern sehr begehrt. Kalte Salate machen weniger Arbeit, als häufig angenommen wird. Man kann am Tisch in Ruhe essen, weil alles vorbereitet ist. Salate sind außerdem appetitanregend. Unentbehrlich sind sie zu festlichen Anlässen wie Kinderfesten oder Geburtstagsfeiern. Außerdem eignen sich Gemüsesalate als leichte, gesunde Nahrung für das »Pausenbrot« des Schulkindes. Solch ein Imbiß wird sicher nicht verschmäht, wie so manches Butterbrot und ist sinnvoller als Brötchen mit Mohrenkopf oder Schokoladencreme.

Vanillewaffeln, Rezept S. 153;
Wackelpudding, Rezept S. 100.

Endiviensalat

Endivienblätter, 100 g Naturjoghurt,
1 Prise (Jod-)Salz, 1 TL Zucker,
1 TL Kräuter, nach Belieben
1 gekochte Pellkartoffel

Salatblätter gründlich waschen, abtropfen lassen und in schmale Streifen schneiden. Joghurt, Salz, Zucker und Kräuter verschlagen, über den Salat gießen. Die Kartoffel würfeln. Alles vorsichtig vermengen.

Chinakohlsalat

Chinakohl, 100 g Naturjoghurt,
1 Prise (Jod-)Salz, 1 TL Kräuter,
½ TL Tomatenketchup

Herzblätter des Chinakohls herausnehmen, waschen, abtropfen lassen und in feine Streifen schneiden. Joghurt mit Salz und Kräutern vermischen, Ketchup unterrühren, den Chinakohl mit der Marinade vermengen.

Radieschensalat

Einige Radieschen, etwas (Jod-)Salz,
50 g Gouda, 1 Ei, 1 EL Weinessig,
1 Teelöffelspitze milder Tafelsenf,
1 EL Keimöl, je 1 Prise (Jod-)Salz und
Zucker, 1 TL Schnittlauch

Radieschen waschen und in feine Scheiben schneiden, salzen. Käse würfeln und zugeben. Das Ei hart kochen, abschrecken, pellen und würfeln. Untermischen. Alle anderen Zutaten und den sehr fein geschnittenen Schnittlauch zu einer Marinade verrühren und damit den Salat marinieren.

Kopf-/Feld-/Schnittsalat

Salatblätter, 2 EL saure Sahne
oder Naturjoghurt, je 1 Prise
(Jod-)Salz, 1 TL Zucker, Kresse

Salatblätter verlesen, waschen, abtropfen lassen. Sahne (Joghurt), Salz und Zucker verschlagen. Blätter untermischen. Mit Kresse bestreut servieren.

Spinatsalat

Zarte, junge Spinatblätter,
1–2 TL Keimöl, 1–2 EL saure Sahne,
je 1 Prise (Jod-)Salz und
Zwiebelpulver

Spinatblätter verlesen, waschen und abtropfen lassen. Mit dem Öl vorsichtig vermischen. Sahne und Gewürze verschlagen und über den Spinat gießen.

Blumenkohl-Brokkoli-Salat
Foto S. 102

Man kann jedes Gemüse einzeln, aber auch beide Gemüse miteinander gemischt zubereiten.

50 g Blumenkohl oder Brokkoli
(tiefgefroren), 1 Ei, 1 EL saure Sahne,
je 1 Msp (Jod-)Salz, Zucker und
Tafelsenf

Blumenkohl in wenig Wasser 10 Minuten kochen. In Röschen teilen. Das Ei 7 Minuten kochen, abschrecken, pellen und würfeln. In die Sahne mischen. Geschmackszutaten unterrühren und dann die Kohlröschen mit der Marinade vermengen.

Gurkensalat

50 g Schlangengurke, 1 EL saure Sahne, 2 EL Naturjoghurt, 1–2 TL Dill, je 1 Prise Zucker und (Jod-)Salz

Gurke waschen und dünn schälen. Aus den restlichen Zutaten eine Marinade mischen. Gurke in feinen Scheiben hineinhobeln.

Gurken-Kartoffel-Salat

1–2 kleine, gekochte Pellkartoffeln, 50 g Schlangengurke, je 2 EL saure Sahne und Naturjoghurt, je 1 Prise (Jod-)Salz und Zwiebelpulver, 1 TL Dill

Pellkartoffeln pellen und würfeln. Gurke waschen, schälen und fein hobeln. Aus den restlichen Zutaten eine Marinade mischen, über die Gurken gießen, vermengen. Dann vorsichtig die Kartoffelstücke unterheben.

Selleriesalat

1 Sellerieknolle, ½ Apfel, 2 TL Zitronensaft, 3 EL Naturjoghurt, je 1 Prise (Jod-)Salz und Zucker

Sellerieknolle waschen und in Wasser 20 Minuten kochen. Dann schälen, 2 fingerdicke Scheiben abschneiden und fein würfeln. Den Apfel waschen, schälen, entkernen und ebenfalls würfeln. Apfel und Sellerie mit dem Zitronensaft vermischen. Joghurt, Salz und Zucker verschlagen und unter das Gemüse mischen.

Tomatensalat

1–2 Tomaten, 2 EL Naturjoghurt oder saure Sahne, je 1 Prise (Jod-)Salz und Zwiebelpulver, 1 Msp Tafelsenf, Kräuter

Tomaten waschen, nach Belieben enthäuten und in Scheiben schneiden. Joghurt mit den Gewürzen und Kräutern verschlagen. Tomaten untermengen.

Zucchinisalat

100 g Zucchini, 1 TL Keimöl, 2 EL Wasser, 1 TL Zitronensaft, 1 Prise (Jod-)Salz, je 1 EL Keimöl, Zitronensaft und geriebene Zwiebel, je 1 Prise (Jod-)Salz, Zucker, Tafelsenf, reichlich Kräuter

Gewaschene Zucchini in Scheiben schneiden. Keimöl erhitzen, Zucchini darin andünsten. Wasser und Zitronensaft mischen und dazugießen. Zugedeckt 10 Minuten dünsten, dabei etwas Salz überstreuen. Aus den restlichen Zutaten eine Marinade herstellen. Die warmen Zucchini hineingeben und darin erkalten lassen.

Kohlrabisalat

1 zarter Kohlrabi, 1 EL Zitronensaft, einige Tropfen Keimöl, 1 EL Naturjoghurt, je 1 Prise (Jod-) Salz und Zucker, Kräuter

Kohlrabi schälen, waschen und fein raspeln. Aus den restlichen Zutaten eine Marinade mischen. Kohlrabi untermischen.

Möhrensalat

1 Möhre, 1 TL Zitronensaft, 1 EL süße Sahne oder Keimöl, nach Belieben etwas (Jod-)Salz und Zucker

Möhre schälen, waschen und fein raspeln. Mit dem Zitronensaft vermischen. Aus Sahne oder Keimöl, Salz und Zucker eine Marinade mischen und die Möhre darin verrühren.

Möhrensalat gekocht

1–2 gekochte Möhren, 1 EL Naturjoghurt oder saure Sahne, je 1 Prise (Jod-)Salz und Zucker, Petersilie

Möhren würfeln, in der Marinade aus Joghurt, Salz und Zucker wenden und mit feingewiegter Petersilie bestreuen.

Rote-Bete-Salat

2–3 kleine, frische Rote Beten, 1 kleiner Apfel, 1 Scheibe Zwiebel, 1–2 TL Keimöl, 1 TL Essig oder Zitronensaft, je 1 Msp Tafelsenf, (Jod-) Salz und Zucker, 2 EL saure Sahne

Rote Beten waschen und 90 Minuten kochen, abpellen und abkühlen lassen. Dann fein raspeln oder in dünne Scheiben schneiden. Apfel waschen, schälen, entkernen und würfeln. Die restlichen Zutaten – außer der Sahne – miteinander vermischen und die Roten Beten darin ziehen lassen (bis zu 12 Stunden). Vor dem Servieren die Sahne schaumig schlagen und über den Salat gießen.

Bohnensalat

2–3 EL gekochte gelbe oder grüne Bohnen, 1 EL Keimöl,
1 EL Zitronensaft, 1 TL feingewiegte Zwiebel, je 1 Prise (Jod-)Salz, Zucker und Bohnenkraut

Bohnen kleinschneiden. Aus den restlichen Zutaten eine Marinade zubereiten. Bohnen hineingeben und vor dem Servieren 10 Minuten ziehen lassen.

Gurkenrohkost

50–100 g Schlangengurke,
1 Prise (Jod-)Salz, 1–2 TL Zucker,
2 EL Naturjoghurt

Gurke waschen, dünn schälen und fein raspeln oder in hauchfeine Scheiben schneiden. Dann Salz und Zucker im Joghurt verschlagen und unter die Gurke mischen.

Gemischte Rohkost

½ Apfel, einige Scheiben Schlangengurke, 1 Tomate,
einige Blätter grüner Salat,
2–3 EL Naturjoghurt,
1–2 TL Zitronensaft,
je 1 Prise (Jod-)Salz und Zucker,
1 TL Kräuter, 1 Msp getrockneter Dill

Apfel und Gurke waschen, schälen, den Apfel entkernen und beides fein raspeln. Tomate heiß waschen, enthäuten, in kleine Würfel schneiden, zugeben. Salat waschen, zerreißen, zufügen. Im Joghurt die übrigen Zutaten verschlagen und über die Rohkost gießen, vermischen.

Obst und Obstspeisen

Im zweiten und im dritten Lebensjahr kann das Kind Steinobst in größeren Mengen zu sich nehmen, da der Verdauungsapparat nun weiter entwikkelt ist. Die Verdauung blähender Speisen macht kaum Probleme, jedoch achte man darauf, die Flüssigkeitszufuhr nach dem Genuß von Steinobst (besonders von rohen Früchten) stark zu drosseln oder für einige Zeit (1 bis 2 Stunden) ganz einzustellen. Wenn das Kind Durst hat, geben Sie ihm ungesüßten Fencheltee oder einen Kräutertee aus Fenchel, Kümmel und Pfefferminz.
Auch weiterhin können Sie alle im vorhergehenden Kapitel beschriebenen Rezepte zubereiten. Allerdings wird die Mahlzeit nun nicht mehr püriert, sondern das Obst wird nur noch in Stücke geschnitten. Da das Kind nun recht gut kauen kann, ist es möglich, den Speiseplan um Obstsalate zu erweitern, die außerdem gut schmekken. Sie eignen sich als Hauptspeisen am Abend oder als leichte Mittagsmahlzeit. Obst ist auch als Zwischenmahlzeit oder statt Süßigkeiten bestens geeignet.

Fruchtsülze
Ab 12 Monate

¼ l Fruchtsaft, 1 EL Zucker (nur bei ungesüßtem Saft),
2 Blatt weiße Gelatine,
2 Blatt rote Gelatine,
3 EL heißes Wasser,
beliebige Früchte (z. B. Pflaumen)

Es empfiehlt sich, die Sülze am Vortag des Verzehrs zuzubereiten, da die Gelatine einige Stunden zum Festwerden braucht.
Fruchtsaft mit Zucker vermischen, die Blattgelatine in kaltem Wasser einweichen. In einem Topf Wasser erhitzen, die Gelatine ausdrücken, ins heiße Wasser geben und darin auflösen. (Man kann den Topf auch in ein warmes Wasserbad stellen.) Die aufgelöste Gelatine durch ein feines Sieb in den Fruchtsaft streichen. Von der Flüssigkeit so viel in 2–3 Schälchen füllen, daß der Boden bedeckt ist. Stokken lassen. Früchte gut vorbereiten und zerschneiden. Auf die bereits gelierte Fruchtsülze legen und mit der restlichen Flüssigkeit auffüllen. Stokken lassen. Nach Belieben mit steifgeschlagener Sahne verzieren.

Trockenobst (Backobst) mit Reis
Ab 12–14 Monate

Getrocknetes, ungeschwefeltes Obst,
¼ l Wasser, 1 TL Zucker,
1 TL Orangensaft oder Zitronensaft,
1–2 EL Parboiled Reis,
evtl. etwas Speisestärke

Trockenobst kleinschneiden und über Nacht in dem Wasser einweichen. Am anderen Tag im Einweichwasser zum Kochen aufsetzen. Zucker und Orangensaft zugeben. Wenn das Obst kocht, Reis zugeben. Ab und zu umrühren und nach Bedarf etwas Wasser nachgießen. 30–35 Minuten kochen lassen. Wenn Sie einen dünneren Brei wünschen, können Sie die Speise mit Wasser verlängern und mit etwas angerührter Speisestärke binden.

Gemischter Obstsalat

Unpüriert ab 12–16 Monate
Püriert ab 6 Monate

Sie können beliebige Früchte entsprechend der Jahreszeit mischen. Im Sommer ist die Auswahl groß und es ist nicht schwer, mindestens vier verschiedene Obstsorten zusammenzustellen. Im Winter bietet sich eine Mischung aus Äpfeln, Orangen und Bananen als Grundlage an, die dann z. B. mit Feigen, Datteln, Mandarinen, Ananas, Avocados, Cranberries, Kakis, Granatäpfeln oder Nüssen abgewandelt wird.
Statt frischem kann natürlich auch tiefgefrorenes oder eingemachtes Obst verwendet werden. Frische Früchte werden stets gewaschen, geschält, entkernt und in feine Scheiben, Schnitzel oder Würfel geschnitten. Man vermengt die Früchte in einer Schüssel, bestreut sie mit etwas Zucker und gießt etwas Zitronen- oder Orangensaft darüber. Dann läßt man den Salat zugedeckt ca. 30 Minuten durchziehen. Man kann ihn mit steifgeschlagener Sahne oder schaumig geschlagenem Naturjoghurt reichen.

Heißer Obstsalat mit Vanillesauce

Ab 14–16 Monate

1 Apfel,
2 Scheiben Ananas,
100 g Himbeeren
(frisch oder tiefgefroren),
1 Orange,
1 EL Butter,
2–3 TL Honig,
1 EL Zitronensaft,
Vanillesauce (s. S. 100)

Apfel waschen, schälen, entkernen, fein würfeln. Ananasscheiben fein zerschneiden. Himbeeren waschen und abtropfen lassen (tiefgefrorene Früchte vor der Verwendung nicht auftauen), Orange schälen, in Schnitzel teilen und diese zerschneiden. In einem Topf nun die Butter zerlassen, erhitzen, Honig und Zitronensaft zumischen, dann den Apfel darin wenden und andünsten. Nach 5 Minuten Ananas und Orange zugeben. Zum Schluß die Himbeeren. Die Vanillesauce kann warm oder kalt verwendet werden. Das heiße Obst in Schälchen geben, die Sauce darübergießen und sofort servieren.

Türkischer Obstsalat

Unpüriert ab 16–18 Monate
Püriert ab 8 Monate Foto S. 101

1 Apfel,
2 EL Mandarin-Orangen (Dose),
2 frische Feigen,
4 frische Datteln,
je 1–2 TL ungeschwefelte Korinthen,
ungeschwefelte Rosinen,
Pistazien,
etwas Zitronen- oder
Orangensaft,
Honig oder Zucker,
süße Sahne

Apfel waschen, schälen, entkernen und fein würfeln. Mit den Mandarin-Orangen mischen. Feigen in dünne Scheiben schneiden und zugeben. Datteln entkernen, zerschneiden und zufügen. Dann die restlichen Zutaten außer der Sahne untermischen. Zugedeckt etwa 30 Minuten durchziehen lassen. Mit steifgeschlagener Sahne servieren.

Obstsalat mit Erdbeermark

Ab 12–14 Monate

Für 2–4 Personen
50 g Himbeeren, 50 g Süßkirschen,
50 g Wasser- oder Honigmelone,
1 Orange, 1–2 TL Zucker
Für das Erdbeermark
80–100 g Erdbeeren,
1 EL Puderzucker,
gehackte Nüsse oder Mandeln

Obst vorbereiten, d. h. reinigen, entkernen, kleinschneiden. In einer Schüssel mit dem Zucker vorsichtig mischen und zugedeckt stehen lassen. In dieser Zeit das Mark zubereiten. Dafür die gereinigten Erdbeeren mit dem Puderzucker fein pürieren. Dann den Salat in Schälchen aufteilen und mit dem Erdbeermark überziehen. Mit Nüssen oder Mandeln bestreut, servieren.

Tropischer Obstsalat

Unpüriert ab 12–16 Monate
Püriert ab 6–8 Monate

Für 2–4 Personen
1 Guave, 1 Banane, 1 Orange,
2 EL frische oder tiefgefrorene
Erdbeeren, 2 EL Süßkirschen,
süße Sahne

Guave teilen, die Samenkerne entfernen, die Frucht schälen, in Würfel oder kleine Schnitzel schneiden. Banane schälen und in feine Scheiben schneiden. Orange schälen, in Schnitzel teilen und diese jeweils zerschneiden. Alles in eine Schüssel geben und mit Erdbeeren und Kirschen vermischen. Sahne steif schlagen und zum Obstsalat servieren.

Bunter Sommersalat

Ab 14–18 Monate

1 Apfel, 100 g Himbeeren (frisch oder tiefgefroren),
1 kleine Banane,
2 frische Feigen,
50 g Weintrauben,
¼ Avocado,
1–2 EL Johannisbeeren,
1–2 EL Heidelbeeren,
2 Scheiben frische Ananas,
nach Belieben gehackte Nüsse,
1–2 TL Sonnenblumenkerne,
süße Sahne

Apfel waschen, schälen, entkernen, fein würfeln. Himbeeren in ein Sieb geben und gründlich überspülen, abtropfen lassen. Banane schälen und in feine Scheiben schneiden. Feigen waschen und in Scheiben schneiden. Weintrauben erst heiß, dann kalt waschen, abtropfen lassen und bei sehr großen Früchten einmal durchschneiden. Avocadofleisch fein wiegen. Johannisbeeren und Heidelbeeren waschen und abtropfen lassen. Ananas in Stücke schneiden. Obst und Nüsse in einer Schüssel vermengen. Mit Sonnenblumenkernen bestreuen und mit steifgeschlagener Sahne servieren.

Weintraubensalat

Ab 14–18 Monate

Für 2–4 Personen
100 g Weintrauben,
1 Banane,
1 Apfel,
2 EL gehackte Walnüsse,
1 Ei,
1–2 EL Zucker (zur Hälfte kann Honig verwendet werden)

Weintrauben heiß waschen, kalt nachspülen, abtropfen lassen, entstielen, in der Mitte einmal durchschneiden, dabei nach Belieben die Kerne entfernen. Banane schälen und in feine Scheiben schneiden. Apfel waschen, schälen, entkernen und fein würfeln. Alles mit den Walnüssen in einer Schüssel vermengen. Dann das Ei sehr schaumig schlagen (bei mehr als 2 Personen nehmen Sie ein weiteres Ei hinzu, man rechnet auf 2 Personen je 1 Ei). Nach und nach den Zucker einstreuen. Es soll eine dicke Sauce entstehen. Diese über den Salat gießen. Sofort servieren.

Nußsalat

Ab 2 Jahre

Für 1–3 Personen
100 g Naturjoghurt,
2 TL Zucker oder Honig,
½ kleine Banane,
1 EL ungeschwefelte Rosinen,
50 g Nüsse, gemischt aus verschiedenen Sorten, z. B. Haselnüsse, Pecannüsse, Pistazien, Cashewnüsse

Joghurt mit Zucker oder Honig verschlagen. Banane fein würfeln und mit den Rosinen unterrühren. Dann die Nüsse möglichst unzerhackt zugeben. Dieser sehr sättigende, gesunde, vitaminreiche Salat ist eine Bereicherung jeder Festtafel. Allerdings sollten Sie jedem Kind nur kleine Portionen (1 Eßlöffel) servieren, wenn es noch andere Speisen zu sich nehmen soll. Er eignet sich auch als abendliches Hauptgericht. Dafür kann man noch etwas eingeweichten Weizen- oder 6-Korn-Schrot oder grobe Haferflokken untermischen.

Gefüllte Ananas

Ab 18–24 Monate

Für 4 Personen
1 frische Ananas, ¼ l süße Sahne, etwas Vanillezucker

Ananas der Länge nach aufschneiden, das harte Mittelstück mit einem spitzen Messer heraustrennen. Anschließend mit dem Messer das Fruchtfleisch entlang der Schale durchschneiden und mit einem Metallwender oder flachen Eßlöffel herausheben. Würfeln. Die Sahne sehr steif schlagen. Vanillezukker untermischen. Dann die Sahne mit den Fruchtwürfeln vermengen und jeweils die Hälfte in den Ananasschalen anrichten.
Dieser dekorative Salat schmeckt vorzüglich, sättigt gut und löscht den Durst. Er eignet sich deshalb sehr gut für jedes Kinderfest und schmeckt auch den erwachsenen Gästen.

Gefüllter Apfel

Ab 18 Monate

1 Tasse Wasser, ½ P Vanillezucker, 1 Apfel, Konfitüre oder Kompott oder rohes Obstmus, Vanillesauce

Wasser und Vanillezucker zum Kochen aufsetzen. Den Apfel gut waschen, fest mit einem sauberen Tuch abreiben. Dann das Kerngehäuse von der Stielseite aus entfernen (mit einem spitzen Messer ausstechen). Den Apfel in das kochende Vanillewasser setzen und zugedeckt auf kleiner Stufe 15–20 Minuten weich dünsten. In ein Schälchen setzen, mit Konfitüre, Kompott oder Obstmus füllen und mit Vanillesauce übergießen.

Vom Umgang mit Salz und Gewürzen

Salz ist lebensnotwendig. Es wird auch vom Organismus des Säuglings und Kleinkindes benötigt.
Salz ist in vielen Lebensmitteln enthalten. Deshalb ist es in den meisten Fällen unnötig, die Kinderkost noch zusätzlich mit Kochsalz zu würzen. Ein sparsamer Umgang mit Kochsalz bedeutet: Vor dem zwölften Lebensmonat möglichst kochsalzarme Kost zu füttern und sich bei den Speisen, die völlig ungesalzen dem Kind nicht recht munden, auf winzige Würzmengen zu beschränken. Erfahrungsgemäß mögen Babys und Kleinkinder Kartoffelbrei oder Reisspeisen ohne Salz nicht sehr gern. Wichtig ist es, sich als Mutter/Vater beim Abschmecken mit Salz nicht nach der eigenen Zunge zu richten, die vom jahrelangen Würzen gewissermaßen abgestumpft ist.
Fünf Gramm Salz benötigt der Organismus eines Erwachsenen täglich, der eines Kleinkindes oder Säuglings entsprechend weniger. Der gestillte Säugling erhält das Salz mit der Muttermilch, das Kleinkind trinkt Milch und ißt Gemüse. Beides ist salzhaltig, ohne daß man Kochsalz hinzufügen muß. Auch in Brot, Käse und Wurst ist reichlich Salz enthalten. Dieses in der Nahrung versteckte Salz deckt den täglichen Bedarf des Kindes. Wenn zuweilen eine Speise leicht gesalzen wird, so hat man damit die Möglichkeit, dem kindlichen Organismus Jod zuzuführen, wenn man jodiertes Speisesalz benutzt.
Die Bundesrepublik Deutschland ist, besonders in ihren südlichen Teilen, ein Jodmangelgebiet. Jedes dritte dort lebende Kind leidet unter einer vergrößerten Schilddrüse, die man am Hals als Kropf sehen und ertasten kann. Der Grund hierfür liegt darin, daß nur Seefische, Innereien und Eier nennenswerte Jodlieferanten sind. Ein Joddefizit kann über Nahrung allein kaum ausgeglichen werden. Eine wirksame Maßnahme zur Vorbeugung ist die Verwendung von jodiertem Speisesalz, mit dem beim Verbrauch von nur fünf Gramm am Tag ein geringer Jodmangel noch ausgeglichen und ein größeres Defizit verhindert werden kann. Die Ärzte und Experten der Deutschen Gesellschaft für Endokrinologie (= Lehre von den Drüsen) raten deshalb zu jodiertem Speisesalz.
Wenn man bedenkt, daß die von der Schilddrüse produzierten Hormone hauptsächlich dafür verantwortlich sind, daß ein Kind normal wächst und in seiner geistigen Entwicklung fortschreitet, kann man sich die traurigen Folgen des Jodmangels vorstellen. Deshalb sollte man die Möglichkeit zur Jodmangelverhütung nutzen und die Speisen – wenn überhaupt – mit Jodsalz würzen.
Sollten Sie Zweifel haben, dann sprechen Sie mit ihrem Kinderarzt, oder wenden Sie sich direkt mit der Bitte um Informationsmaterial an die Gesellschaft für Endokrinologie in Hamburg.
Die üblichen, in unserer Küche häufige Verwendung findenden Gewürze wie Pfeffer, Paprika oder gemischte Gewürze sind für die Kinderküche ungeeignet. In ihrer Schärfe machen sie durstig, hemmen die Entwicklung des feinen Geschmacksinnes und können den Stoffwechsel in unzuträglicher Weise belasten und beeinflussen.
Anstelle von Salz, Pfeffer usw. genügt es, mit Petersilie oder gemischten Kräutern zu würzen, die man sich selbst im Beet oder Balkonkasten zieht, oder im Handel frisch kauft. Zu empfehlen sind auch die gemischten, tiefgefrorenen Kräuter, die sich leicht und schnell verarbeiten lassen.
Gewürze, die sich gut für die Kinderküche eignen sind: Petersilie, Kresse, Sauerampfer, Zitronenmelisse, Dill, Borretsch, Liebstöckel, Schnittlauch, Thymian, Rosmarin, Lorbeer, Zimt und Vanille.

Das Kindergarten-Kind vom 4.–6. Lebensjahr

Dieser Lebensabschnitt des Kindes – auch das späte Kleinkindalter genannt – kann für Kind und Eltern zu einer sehr schönen Zeit werden, wenn man die Fortschritte des Kindes bewußt in das Familienleben einbezieht.
Hinderlich ist dabei manch alte Sitte, z. B. daß Kinder am Tisch den Mund zu halten haben. In der heutigen Zeit – besonders, wenn beide Elternteile berufstätig sind – ist es keine Selbstverständlichkeit mehr, daß die Familie sich um den Tisch zusammenfindet. Oft ist das nur noch am Wochenende oder an Feiertagen möglich. Gerade deshalb sollten diese gemeinsamen Mahlzeiten zu einem angenehm in Erinnerung bleibenden Erlebnis werden. Die Eltern sollten alle ernsthaften Gespräche oder gar Auseinandersetzungen – über Geld, Beruf oder andere Nöte – auf einen anderen Zeitpunkt verlegen und am Tisch Gespräche führen, an denen das Kind sich beteiligen kann. Dann entsteht eine harmonische Atmosphäre, die neben der Nahrung zur Gesunderhaltung von Körper und Seele beiträgt. Kinder in diesem Alter sind aufmerksame Beobachter und Nachahmer. Ihre Fähigkeit, sich in die Familiengemeinschaft und deren Rhythmus einzufügen, wächst. Der Wissensdrang ist oft unermeßlich. Kinder fragen und fragen, auch bei Tisch. Man sollte sich Zeit nehmen zu geduldigem Antworten.
Es ist nicht angebracht, dem Kind nun weiterhin den Umgang mit gefährlichen »Tischwerkzeugen«, z. B. dem Messer, zu verbieten, oder es noch regelmäßig zu füttern, weil es vielleicht nicht so sauber und sicher mit dem Besteck umgeht. Das Kind kann nur durch das Selbst-Tun lernen. Wenn Eltern sich ängstigen und überbesorgt das Kind davon abhalten, Erfahrungen zu machen, verhindern sie die notwendige Entwicklung. Man sollte das Kind jedoch nicht allein lassen, sondern aufmerksam beobachten. So kann man, wenn sich eine Gefahrensituation anbahnt, sofort erklärend und lehrend eingreifen.
Die Aufnahmebereitschaft des Kindes für alles Neue und auch für begründete Gebote ist jetzt groß. In der Küche stellt es beim Putzen und Kochen von Gemüse und Obst, beim Backen von Brot und Kuchen unzählige Fragen, die einen unerschöpflichen Gesprächsstoff liefern und zum Denken und Nachahmen anregen. Viele Handgriffe kann ein Kind, wenn sie vorher gut erklärt wurden, selbst ausführen, z. B. Salatblätter zerreißen, Erbsen aus der Schote holen, Apfel reiben, Besteck abtrocknen, Geschirr anreichen, Töpfe wegräumen, Teig kneten, Plätzchen ausstechen, Hefegebäck formen usw.
Nach dem 3. oder 4. Geburtstag besuchen viele Kinder den Kindergarten. Dort wird zwischen 10 und 11 Uhr gefrühstückt. Wenn die Kinder ihre Mahlzeit dort nicht selbst zubereiten (was nur ganz selten der Fall ist), geben die Eltern ihren Sprößlingen ein Frühstücksbrot mit.
Das Frühstück im Kindergarten soll folgende Funktionen erfüllen:

▷ leichte Hungergefühle stillen, jedoch nicht zu stark sättigen, da das Kind sonst beim Mittagessen keinen Hunger hat,
▷ den Durst löschen,
▷ die Eßlust und den Geschmackssinn befriedigen.

Demnach soll das 2. Frühstück leicht und natürlich, saftig und lecker sein. Diesen Bedürfnissen entsprechen belegtes Vollkornbrot oder Vollkornbrötchen oder auch einmal Vollkornkekse und Obst. Süßigkeiten sind nicht notwendig, wenn Brote und Obst lekker und unkompliziert vorbereitet sind. Viele Kinder mögen z. B. nicht gern in einen Apfel beißen, wenn er ihnen zu Hause zerteilt und geschält wird. Gleiches gilt für Pfirsiche, Pflaumen, Nektarinen usw. Bereiten Sie deshalb das Obst zu Hause so vor, wie es Ihr Kind am liebsten mag. Legen Sie es in einen Frühstücksbeutel oder eine kleine Plastikschale. Wenn Ihr Kind das Obst lieber mit einem Löffel oder einer Gabel ißt, legen Sie das notwendige Besteck dazu (z. B. vom Partybesteck, dann wiegt auch der mögliche Verlust nicht schwer). Andere Obstarten werden im Ganzen mitgegeben, z. B. Banane oder getrocknete Aprikosen. Auch einige Nußkerne ergänzen vorzüglich das Frühstück und können zusätzlich die Lust nach »Süßem« stillen. Wenn im Kindergarten kein Getränk angeboten wird, geben Sie in einer kleinen Flasche ungefähr ¼ Liter Flüssigkeit, z. B. Kakao, Tee, Fruchtsaft o. ä., mit. Alle Getränke sollten nur sparsam oder gar nicht gesüßt sein. Wenn Sie ein kräftiges Brot mitgeben, sollte die Flüssigkeit leicht (kalorienarm) sein, also schwach gesüßter Tee oder Obstsaft. Geben Sie nur eine kleine, feste Mahlzeit mit, z. B. einige Kekse und einige Obststückchen, kann die Flüssigkeit nahrhafter ausfallen, z. B. Kakao oder Kinderkaffee. Oft wünschen sich die Kinder bestimmte Nahrungsmittel. Gehen Sie nach Möglichkeit darauf ein, denn dann besteht die Gewähr, daß Ihr Kind sein Brot auch wirklich ißt. Wählen Sie also Wurst, Käse, Fruchtbutter, Schmalz nach den Wünschen Ihres Kindes.

Die allgemeinen Tagesmahlzeiten für das Kind werden wie bisher zu festen Zeiten zubereitet. Der Speiseplan erweitert sich immer stärker. Natürlich können weiterhin alle bereits vorgestellten Speisen zubereitet werden, und es spricht nichts gegen den abendlichen Milchbrei, der aber möglichst mit Vollkornprodukten zubereitet werden sollte.

Im allgemeinen werden Kinder ab dem vierten Lebensjahr ihren Geburtstag und den anderer Familienmitglieder bewußt miterleben. Bei solchen Anlässen wird die Küche an den Tagen vorher oft zur Backstube. Ähnliches ist sicher auch vor Ostern und ganz bestimmt im Advent der Fall. Beim Kuchenbacken dabei zu sein, ist für Kinder ein besonderes Vergnügen, weil sie hinterher die Schüsseln und Löffel auslecken dürfen. Sie erleben aber auch wie aus den unterschiedlichsten Zutaten ein einziges, schönes Produkt entsteht. Deshalb finden Sie am Ende dieses Kapitels Vorschläge zur Bereitung von Kuchen, Keksen, Torten ...

Mehlspeisen

Apfelknödel

Für 2–4 Personen
125 g Weizenmehl Type 1050,
1 Teelöffelspitze Backpulver, 1 Ei,
1 Prise (Jod-)Salz,
abgeriebene Schale von ½ unbehandelten Zitrone (oder ½ TL Trockengewürz), einige EL Milch, 200 g Äpfel, 1 EL Zucker, Salzwasser, 2 EL Butter, 1–2 TL Semmelbrösel, Zimtzucker

Mehl mit dem Backpulver in eine Schüssel sieben. In die Mitte eine Vertiefung drücken, das Ei hineinschlagen, Salz und Zitronenschale hineingeben. Von der Mitte aus verkneten, dabei nach Bedarf etwas Milch zufügen. Den festen Teig bis zum Blasenwerfen abschlagen. Äpfel waschen, schälen, entkernen, fein würfeln und mit dem Zucker vermengen, unter den Teig kneten. In einem großen Topf reichlich Salzwasser zum Kochen bringen. Mit einem Eßlöffel aprikosengroße Knödel abstechen. Diese in das leise kochende Wasser geben. So verfahren, bis der gesamte Teig verarbeitet ist. Die kleinen Knödel sind nach ca. 15 Minuten gar. In ein Sieb geben, kalt abschrecken und in eine angewärmte Schüssel legen. In einem Topf nun die Butter zerlassen, Semmelbrösel einstreuen und anrösten, dann die Knödel in dieser Mischung wälzen. Zimtzucker zubereiten, die Knödel damit bestreuen.

Zu Kaltschale, Obstmus, Apfelmus oder Kompott servieren.

Hefeklöße mit Obst

Für 4 Personen
230 g Weizenmehl Type 1050,
½ P Trockenhefe, 1 Prise (Jod-)Salz,
1 Eigelb, 3 EL Milch, Salzwasser,
Zimtzucker, Butter

Mehl in eine Schüssel sieben. Gründlich mit der Trockenhefe vermischen. Salz, Eigelb und Milch zugeben und alles verkneten. Später am besten mit den Händen, bis der mittelfeste Teig Blasen wirft. Auf ein bemehltes Blech legen, mit einem Tuch abdecken und an einem warmen Ort gehen lassen.

In einem größeren Topf reichlich Salzwasser zum Kochen bringen. Mit bemehlten Händen vom Teig Stücke abteilen und zu Klößen formen. Diese ins Salzwasser geben und auf kleiner Stufe ca. 15 Minuten kochen lassen. Butter zerlassen. Zimtzucker mischen. Die Klöße in einem Sieb abtropfen lassen, auf den Teller legen und mit zwei Gabeln halb auseinanderreißen. Zimtzucker einstreuen, Butter darüberträufeln.
Dazu Fruchtkompott reichen.

Fisch, Ei

Bratfisch

Sie können frisches oder tiefgefrorenes Filet verwenden. Bratfertige, tiefgefrorene Fischstücke sind in der Regel grätenfrei. Mit ungefähr drei Jahren ist ein Kind in der Lage zu verstehen, daß es Gräten nicht mitessen kann, sondern diese aus dem Mund nehmen muß. Trotzdem sollten Eltern den Fisch auf Gräten untersuchen und diese entfernen.

50–80 g Fischfilet, etwas Zitronensaft,
1 Teelöffelspitze (Jod-)Salz,
Semmelbrösel und Keimöl

Fischfilet waschen und abtupfen, mit etwas Zitronensaft beträufeln und mit Salz bestreuen. 10 Minuten ziehen lassen. Keimöl erhitzen, den Fisch in Semmelbröseln wenden und in die Pfanne geben. Von beiden Seiten goldbraun backen.
Dazu Kartoffelbrei servieren.

Gedünsteter Fisch

50–80 g Fischfilet,
etwas Zitronensaft,
1 Teelöffelspitze (Jod-)Salz, Butter,
einige dünne Speckscheiben, Petersilie,
etwas Wasser

Fisch waschen, abtupfen, säuern, salzen und 10 Minuten ziehen lassen. Eine feuerfeste Form fetten. Den Speck um den Fisch binden, in die Form legen und mit gewiegter Petersilie bestreuen. Im Backofen bei ca. 200 Grad 30–40 Minuten backen. Hin und wieder mit etwas Wasser begießen.
Als Beilage Kresse-Kräuter-Sauce (s. S. 123) servieren.

Ei im Nest

Dieses Rezept eignet sich sowohl als Hauptgericht als auch als Nachspeise. Bei Kinderfesten ist es eine gesunde und dekorative Bereicherung der Tafel.

1 Tomate, 1 Prise (Jod-)Salz,
1 Ei, 1 Scheibe Speck

Tomate waschen, einen Deckel abschneiden und mit einem kleinen Löffel aushöhlen. Etwas Salz hineinstreuen. Das rohe Ei aufschlagen und in die Tomate füllen. Mit der Speckscheibe die Tomate rundherum einreiben und sie dann über die Öffnung legen. Aus Alufolie ein enges Schälchen formen, die Tomate hineinsetzen und im Backofen bei ca. 225 Grad ca. 20 Minuten überbacken, bis der Speck knusprig ist.
Dazu gebuttertes Schwarzbrot oder Salat servieren.

Kartoffeln, Reis

Kartoffelsalat mit Gemüse

Für 4–6 Personen
1 kg Kartoffeln,
150–200 g Naturjoghurt, 1 EL Keimöl,
1 TL (Jod-)Salz, 1 Prise Pfeffer,
1 EL Schnittlauch oder Kräuter,
1 Prise Paprikapulver mild,
2 TL Zitronensaft, 1 Prise Zucker,
in beliebiger Mischung und Menge:
Gewürzgurken, Äpfel, Zwiebel,
Tomaten, Kürbis, Paprika, Bohnen,
Erbsen, Gurke, Blumenkohl,
Radieschen, Möhren, hartgekochte
Eier, Wurst, gegartes Fleisch oder Fisch
(auch Reste)

Kartoffeln mit Schale kochen, pellen und in Scheiben oder Würfel schneiden. Aus Joghurt, Öl, Kräutern und Gewürzen eine Marinade mischen, über die Kartoffeln gießen. Vorsichtig mischen. Dann das vorbereitete Gemüse und evtl. Eier, Wurst, Fleisch oder Fisch zufügen und unterheben. Vor dem Servieren durchziehen lassen.

Königsberger Kartoffelsalat

Für 4 Personen
1 kg Kartoffeln, 1 Zwiebel,
2 saure Äpfel,
3–4 Gewürzgurken,
1 kleine Dose Kapern,
3–6 Sardellenfilets,
2 EL feingeschnittener Schnittlauch,
4 EL Öl, 3 EL Essig,
½ TL (Jod-)Salz,
1 Teelöffelspitze Zucker

Kartoffeln mit Schale kochen, abpellen und in Scheiben schneiden. Zwiebel fein wiegen oder reiben und zufügen. Äpfel waschen, schälen, entkernen, fein würfeln und dazugeben. Gewürzgurken fein würfeln und mit den Kapern auf die Kartoffeln legen. Sardellenfilets in Stückchen schneiden und mit dem Schnittlauch zugeben. Kurz durchmengen. Dann aus Öl, Essig, Salz und Zucker eine Marinade zubereiten, über den Salat gießen, vermengen und 1–2 Stunden durchziehen lassen.

Nasi Goreng

Für 3–4 Personen
1 große Tasse Parboiled Reis,
300 g Schweinelende oder Schnitzelfleisch,
1 EL Keimöl,
2 EL Nasi-Goreng-Gewürz,
etwas Wasser,
2 EL Sojasauce,
2 Eier,
Butter

Reis in leicht gesalzenem Wasser entsprechend dem Grundrezept S. 63 zubereiten. Das Fleisch in feine Streifen schneiden und in heißem Keimöl einige Minuten braten. Das Nasi-Goreng-Gewürz in einem Topf mit etwas Wasser so lange kochen, bis das Wasser aufgesogen ist. Dann Reis und Sojasauce zugeben und alles vermengen. Zum Schluß das Fleisch untermischen. Eier verschlagen. Butter in einer Pfanne zerlassen, Eier hineingießen und stocken lassen. In Streifen schneiden. Nasi-Goreng in einer Schüssel anrichten und mit den Eistreifen gitterartig belegen.

Reissalat mit Hühnerfleisch

Für 4 Personen
130 g Parboiled Reis, 300 g gegartes Hühnerfleisch, 1 zarte Stange Porree, 3–4 Scheiben Ananas, 1 Banane, 150–200 g Naturjoghurt, 1 EL Keimöl, ½ TL Currypulver, 1 TL Zitronensaft, 1 Msp (Jod-)Salz, je 1 Prise Pfeffer und Zucker

Reis in leicht gesalzenem Wasser kochen. Das gegarte Hühnerfleisch in Würfel schneiden. Porree waschen, in feine Ringe schneiden und 10 Minuten in wenig Wasser leicht kochen, abgießen. Ananas würfeln, Banane in Scheiben schneiden. Joghurt, Keimöl und Gewürze in einer Schüssel verschlagen und die übrigen Zutaten dazumischen. 1 Stunde ziehen lassen.

Gemüse und Gemüsespeisen

Chicoréeauflauf

Für 2–3 Personen
3–4 Chicorée, je 1 Prise (Jod-)Salz und Zucker, Butter, 100 g gekochter Schinken, 1 EL Butter, 1 EL Mehl Type 1050, Gemüsewasser, je 1 Prise (Jod-)-Salz, Paprikapulver mild und Zwiebelpulver, 1 TL Zitronensaft, 1 Msp Senfmehl oder Tafelsenf, 1 EL Sahne, 30–50 g Gouda oder Edamer, 2 EL Semmelbrösel

Chicorée putzen, waschen, dann mit einem spitzen Messer von unten keilförmig das bittere Strunkstück herausschneiden. Wasser mit Salz und Zukker aufkochen, Chicorée hineingeben und zugedeckt auf kleiner Stufe ca. 25 Minuten kochen lassen. Herausnehmen und in feine Streifen schneiden. Eine Auflaufform buttern. Schinken fein würfeln. Nun abwechselnd Chicorée und Schinken einlegen. Die letzte Schicht sollte Chicorée sein. In einer Pfanne aus Butter, Mehl und Gemüsewasser eine helle Mehlschwitze zubereiten. Mit Gewürzen und Sahne abschmecken und über den Auflauf gießen. Dann den Käse darüberraspeln, mit Semmelbröseln bestreuen und mit Butterflöckchen belegen. Im heißen Backofen bei ca. 220 Grad 10–15 Minuten überbacken.

Chinakohl »Shanghai«

30 g Parboiled Reis, einige Blätter Chinakohl, ¼ Stange Porree, 1 zarte Möhre, 1 EL geschnittene Champignons, ½ TL gehackte Zwiebel, 1 EL Sojakeimlinge, eine Handvoll Prinzeß- oder Brechbohnen, Keimöl, 1 Prise (Jod-)Salz, Zucker, Sojasauce

Reis nach dem Grundrezept S. 63 kochen. Gemüse sorgfältig reinigen, dann in feine Streifen oder Würfel schneiden. In einem großen Topf etwas Keimöl erhitzen und nacheinander das Gemüse zum Andünsten hineingeben. Zuerst Zwiebel, dann folgen Champignons, Chinakohl, Möhre, Porree, Bohnen, Sojakeimlinge. Unter vorsichtigem Wenden 5–10 Minuten dünsten. Hin und wieder etwas Wasser angießen. Mit Salz, Zucker, Sojasauce abschmecken. Gemüse und Reis jeweils für sich, servieren.

Paprikapizza

Tiefgekühlter Pizza-Hefeteig, Tomatenmark, 1 EL Champignons (Dose), 1 kleine Paprikaschote, nach Belieben weitere Zutaten auf die Pizza legen: Schinkenwürfel, Thunfisch, Krabben, Mais, Erbsen und Hühnerfleisch, 2 Scheiben Salami, 1 Teelöffelspitze Oregano, geriebener Käse

Vom aufgetauten Teig ein Stück abteilen und fingerdick ausrollen, dünn mit Tomatenmark bestreichen. Die Champignons in ein Sieb gießen, überspülen und abtropfen lassen. Die Paprikaschote entstielen, aufschneiden, entkernen, waschen und fein hacken. Auf dem Tomatenmark verteilen. Die Champignons und alle weiteren Zutaten darüberlegen. Mit den Salamischeiben abdecken, Käse und Oregano darüberstreuen und die Pizza bei 225 Grad 10–15 Minuten backen. Der Teig darf nicht schwarz, sondern soll leicht angebräunt sein.

Paprikapfanne

1 Paprikaschote, ½ kleine Zwiebel, 4 Scheiben Salami, 30 g Dörrfleisch, 1–2 Tomaten, 1 EL Erbsen (tiefgefroren), 1 Ei, Schwarzbrot

Paprikaschote entstielen, halbieren, entkernen, waschen und fein würfeln. Zwiebel schälen und in hauchfeine Scheiben schneiden. Salamischeiben in Streifen schneiden. Dörrfleisch fein hacken oder wiegen. Tomaten heiß waschen, enthäuten und fein würfeln. Die gefrorenen Erbsen bereitstellen. In der kleinen Pfanne das Dörrfleisch auslassen, dann Zwiebeln, danach Paprika, Erbsen und Tomaten hinzugeben. 10 Minuten unter Wenden dünsten, dann die Salami darüber verteilen, etwas andrücken. Das Ei über der Wurst aufschlagen. Wenn das Ei gestockt ist, mit Kräutern bestreuen und mit Schwarzbrot servieren.

Paprikaauflauf

Für 2–3 Personen
2 Paprikaschoten, 50 g Kochschinken oder Fleischreste vom Braten, 2 Tomaten, Butter, hauchdünne Salamischeiben, ½ Tasse gegarter Parboiled Reis, reichlich geriebener Käse (Gouda, Emmentaler), Semmelbrösel

Paprikaschoten entstielen, halbieren, entkernen, gut waschen und fein würfeln. Schinken oder Fleisch ebenfalls würfeln. Tomaten heiß waschen, enthäuten und hacken. Eine Auflaufform fetten, auf den Boden einige Salamischeiben legen, eine dünne Schicht Reis darüber füllen, danach folgt eine Schicht Paprika, dann der Schinken. Obenauf wieder einige Salamischeiben. Diese mit der Tomate bedecken. Käse und Semmelbrösel darüberstreuen und mit Butterflöckchen belegen. Im heißen Backofen ca. 20 Minuten überbacken.

Küstenspeise mit Auberginen

Für 1–2 Personen
1 Aubergine, 1 EL Butter, 1 Ei, 1 EL Milch, 1 Prise (Jod-)Salz, 1–2 EL Krabben (Scampi, tiefgefroren), Zitronensaft, Petersilie

Die gewaschene Aubergine halbieren. Mit einem Eßlöffel das Fleisch so aus den Hälften nehmen, daß die Schalen unverletzt bleiben. Das entnommene Fruchtfleisch fein hacken und in einer Pfanne mit zerlassener Butter 10–15 Minuten unter Wenden dünsten. Vom Herd nehmen, erkalten lassen. Ei, Milch und Salz verquirlen, das Auberginenfleisch untermischen. Die Pfanne mit der Butter wieder erhitzen und die Eiermischung hineingießen. Die Krabben untermischen. Stocken lassen. Aus der Pfanne nehmen und in den beiden Auberginenschalen verteilen. Mit einigen Spritzern Zitronensaft beträufeln, mit Petersilie bestreuen. Dazu Brot oder Reis anbieten.

Rhabarberauflauf

100–200 g frischer Rhabarber, abgeriebene Zitronenschale (frisch oder Trockengewürz), Zucker, evtl. Speisestärke, Butter, Zwieback, gehackte oder gemahlene Haselnüsse oder Mandeln, 1 Ei, ⅛ l Milch

Rhabarber abziehen, waschen, in Scheiben schneiden, in einem Topf mit Wasser bedecken und Zitronenschale zufügen und 10–15 Minuten kochen. Mit Zucker abschmecken und evtl. mit etwas angerührter Speisestärke binden. Eine Auflaufform buttern. Den Boden mit Zwieback belegen, die Hälfte des Rhabarbers einfüllen, mit einer Zwiebackschicht bedecken. Den restlichen Rhabarber darüber gießen. Darauf eine Schicht aus Nüssen streuen. Das Ei mit der Milch verschlagen, über den Auflauf gießen. Mit einigen Butterflöckchen belegt, im heißen Ofen 15–20 Minuten backen.

Schmorpfanne mit Lammkotelett

30 g Blumenkohl, 30 g Brokkoli,
¼ Paprikaschote,
einige Scheiben Aubergine,
20 g Zucchini, ½ kleine Zwiebel,
1 Tomate, 1 TL Keimöl,
1 kleines Lammkotelett,
1 Prise Thymian

Gemüse vorbereiten, waschen und in feine Würfel oder Scheiben schneiden. Keimöl in einem Topf erhitzen. Zuerst die Zwiebelscheiben anrösten, dann nacheinander Zucchini, Paprika, Aubergine, Tomate, Blumenkohl und Brokkoli zugeben. Etwas Wasser angießen und ca. 10 Minuten schmoren lassen. In dieser Zeit das Lammfleisch mit etwas Thymian bestreuen und in einer Pfanne von beiden Seiten braten.

Gemüseplatte mit Ei

Wenn Sie ein besonders dekoratives Mittagsgericht zubereiten möchten, eignet sich dieses Rezept. Es ist etwas zeitaufwendig, da jedes Gemüse einzeln gegart werden muß. Das gegarte Gemüse wird in kleinen Häufchen nebeneinander auf einen angewärmten Teller gesetzt und mit Kräutern bestreut. In die Mitte füllt man ein Spiegelei oder Rührei.
Für Gemüseplatten eignen sich folgende Zusammenstellungen:
Möhren, Erbsen, Blumenkohl, Bohnen;
Möhren, Champignons, Flageolets, Zucchini;
Spinat, Zwiebeln, Möhren;
Brokkoli, Mais, Gurke, Möhren;
Paprika, Erbsen, Mais, Möhren.

Gemischte Gemüsespieße

Wer einen Backofengrill besitzt, kann den Spieß der Reihe nach mit verschiedenen Gemüsen füllen. Zwischen den Gemüsen spießt man dünnen fetten oder durchwachsenen Speck auf, damit das Gemüse saftig bleibt. Der Phantasie sind bei der Zusammenstellung keine Grenzen gesetzt. Hier zwei besonders leckere Kombinationen:

Spieß 1
Zucchinischeiben, Tomate, durchwachsener Speck, Paprika, Zwiebel, Aubergine, Ananas, Cocktailwürstchen, Gewürzgurke

Spieß 2
Olive, Paprika, Speck, Tomate, Zwiebel, Champignons, Möhre, Fleischwurst, Gurke

Die Gemüse werden, bevor man sie in den Grill hängt, mit einem Pinsel mit Keimöl bestrichen. Grillzeit 10 Minuten.
Als Beilagen eignen sich Reis-, Kartoffel- oder Nudelzubereitungen. Lecker ist auch frisches Schwarzbrot oder Brötchen.

Minestrone

120 g gemischtes Gemüse (frisch oder tiefgefroren), z. B. Sellerie, Möhren, Fenchel, Zucchini, Wirsing, grüne Bohnen, Erbsen usw., ½ Zwiebel,
1 Tomate, 50 g durchwachsener Speck,
¼ l Wasser oder Knochenbrühe,
1–2 EL Suppennudeln oder Graupen,
je 1 Prise (Jod-)Salz, Paprika mild, Salbei, Basilikum, frische Kräuter, Parmesan

Gemüse gut vorbereiten, waschen und in mundgerechte Stückchen schneiden. Zwiebel hacken. Die Tomate heiß waschen, enthäuten und würfeln. Speck fein würfeln und in einem Topf knusprig backen. Dann die Zwiebel zum Bräunen hinzugeben. Das restliche Gemüse einfüllen und unter Wenden einige Minuten andünsten. Etwas Wasser hinzufügen, auf kleiner Stufe ca. 5 Minuten dünsten. Dann ¼ l Wasser oder Knochenbrühe angießen, Nudeln oder Graupen und Gewürze unterrühren. Weitere 15 Minuten leicht köcheln lassen. Mit frischen Kräutern und Parmesan überstreuen und servieren.

Salate

Kopfsalat mit Radieschen

Für 4 Personen
1 Kopfsalat,
200 g Radieschen,
50 g Frischkäse,
3 EL Sahne,
1 EL Zitronensaft,
1 Msp (Jod-)Salz,
je 1 TL feingewiegte Petersilie und Zitronenmelisse

Salat auseinander nehmen und gründlich waschen, abtropfen lassen, die Blätter in mundgerechte Stücke zerreißen. Radieschen putzen, waschen, in feine Scheiben schneiden und unter die Blätter mischen. Käse in einer Schüssel zerdrücken, mit Sahne und Zitronensaft verschlagen, dann Salz und Kräuter untermischen. Die Sauce über den Salat gießen und untermengen.

Feiner blauer Kopfsalat

Für 4 Personen
1 Kopfsalat, 1 Pfirsich,
1 kleine Dose Mandarin-Orangen,
150 g blaue Weintrauben,
100 g Naturjoghurt,
2 EL Mandarinensaft,
1 EL Zitronensaft, je 1 Prise (Jod-)Salz und Zucker

Salat auseinander nehmen, gründlich waschen, abtropfen lassen und die Blätter kleinreißen. Pfirsich häuten und würfeln. Mandarin-Orangen über einem Sieb abgießen, den Saft auffangen. Trauben erst heiß, dann kalt waschen. Salat und Obst in einer Schüssel vermengen. Aus dem Joghurt, Mandarinen- und Zitronensaft, Salz und Zucker eine Marinade zubereiten und den Salat damit anmachen.

Feiner roter Kopfsalat

Für 6 Personen
1 Kopfsalat, 2 Grapefruits,
250 g entsteinte Süßkirschen,
250 g grüne Muskattrauben,
2 EL halbierte Walnußkerne,
100 g Naturjoghurt, etwas Estragon und Petersilie, je 1 Prise Zwiebelpulver, Senf, (Jod-)Salz und Pfeffer

Salat auseinandernehmen, waschen, abtropfen lassen und zerreißen. Grapefruits schälen, in Schnitzel teilen und filetieren. Mit Salat und Kirschen mischen. Die Trauben erst sehr heiß, dann kalt abwaschen und mit den Nüssen unterheben. Joghurt mit den Gewürzen verschlagen und den Salat darin wenden.

Holländischer Kopfsalat

Für 4 Personen
1 Kopfsalat, ½ Schlangengurke,
60 g Rote Bete (aus dem Glas), 4 Eier,
150 g saure Sahne, ½ Zwiebel,
je 1 EL Dill und Petersilie,
1–2 EL Zitronensaft, 1 Msp (Jod-)Salz,
1 Prise Zucker

Salat auseinander nehmen und gründlich waschen. Abtropfen lassen und die Blätter kleinreißen. Gurke waschen, dünn abschälen und in feine Scheiben schneiden. Rote Bete raspeln oder in Scheiben schneiden. Alles in einer Schüssel mischen. Eier 8 Minuten kochen. Die Sahne schaumig schlagen. Die Zwiebel schälen und in die Sahne reiben. Die Kräuter fein wiegen und mit dem Zitronensaft und den restlichen Gewürzen unterrühren. Marinade und Salat vermischen und mit den in Scheiben geschnittenen Eiern belegen.

Leichter Abendsalat

Für 2–3 Personen
100 g körniger Frischkäse,
2 EL Naturjoghurt oder saure Sahne,
je 1 Prise Zwiebelsalz und Paprikapulver mild,
einige Salatblätter,
einige Radieschen, 1 TL Kräuter

Frischkäse mit Joghurt und Gewürzen verrühren. Ein Schälchen mit gewaschenen Salatblättern auslegen, die Käsemasse darauflegen. Mit gewaschenen und in Scheiben geschnittenen Radieschen dekorieren. Mit Kräutern bestreuen.
Zu Schwarzbrot servieren.

Frühjahrssalat 1

Einige dickere Scheiben Schlangengurke, 1–2 Tomaten, einige Radieschen und Frühlingszwiebeln, 1 gekochte Pellkartoffel, Petersilie, Dill, Zitronenmelisse, Schnittlauch (fein gewiegt, zusammen 1 EL), 100 g Naturjoghurt, je 1 Prise (Jod-) Salz und Zucker, Salatblätter, 1 hartgekochtes Ei

Gurkenscheiben schälen und würfeln. Tomaten heiß waschen, enthäuten und würfeln. Radieschen und Frühlingszwiebeln putzen, waschen und in feine Scheiben schneiden. Pellkartoffel pellen und fein würfeln. Kräuter fein wiegen. Alles in einer Schüssel vermengen. Joghurt mit Salz und Zucker schaumig schlagen und über den Salat gießen. Schalen mit gewaschenen grünen Salatblättern auslegen und den Salat daraufgeben. Mit Ei garnieren.

Frühjahrssalat 2

Für 2–3 Personen
1 zarter Kohlrabi, einige Radieschen,
einige Scheiben Schlangengurke,
100 g Möhren, 1 Ei,
100 g Naturjoghurt, je 1 Prise (Jod-) Salz und Zucker

Kohlrabi schälen, waschen und fein raspeln. Radieschen putzen, waschen und in feine Scheiben schneiden. Gurkenscheiben schälen und würfeln. Möhren schälen, waschen und raspeln. Das Ei hartkochen. Joghurt, Salz und Zucker verschlagen. Das Gemüse in einer Schüssel mit dem Joghurt mischen. Das Ei abpellen, würfeln und über den Salat streuen.

Sellerie-Apfel-Salat

1 Sellerieknolle, 3 Äpfel (Granny Smith), 1 EL Zitronensaft, 100–150 g Emmentaler, 100 g Walnüsse, 50–100 g leichte Mayonnaise, 3 EL Naturjoghurt, 1 EL Tomatenketchup, je 1 Prise (Jod-) Salz, Zucker

Sellerie waschen und in reichlich Wasser ca. 60 Minuten kochen. Dann abschrecken, abschälen und in feine Streifen schneiden oder hobeln. Äpfel waschen, schälen, entkernen, würfeln und sofort mit Zitronensaft beträufeln, damit sie nicht braun werden. Den Käse grob würfeln. Die Nüsse grob hakken. Alles gut miteinander vermengen. Dann aus den restlichen Zutaten eine Marinade mischen und den Salat darin wenden. 15–30 Minuten durchziehen lassen.

Maissalat

1 Dose Maiskörner, 200 g Tomaten, 100 g Paprikaschote, 50–100 g Wurst oder gegartes Fleisch (Reste), 100 g saure Sahne, 1 EL Zitronensaft, je 1 Prise (Jod-)Salz, Zucker, Paprikapulver mild, Orangenschalengewürz, 1 TL Kräuter

Maiskörner über einem Sieb abgießen, abspülen und abtropfen lassen. Tomaten heiß waschen, enthäuten und achteln. Paprika entstielen, entkernen, waschen und in Streifen schneiden. Die Wurst würfeln. Alles in eine Schüssel geben. Die restlichen Zutaten miteinander vermischen und über den Salat gießen. Vermengen und ziehen lassen.

Melonensalat

1 Honigmelone, 100–200 g Kochschinken, 100–200 g Edamer oder Gouda, 2 Eier, 1 saurer Apfel, 1–2 EL Walnußkerne, 100 g saure Sahne, 1 EL Keimöl, 1 Eigelb, 1–2 TL Tomatenketchup, 1 EL feingewiegte Petersilie, je 1 Prise (Jod-)Salz, Zucker und Paprika

Melone der Länge nach halbieren, die Kerne herausschaben. Dann die Melone in Schnitzel teilen, das Fleisch entlang der Schale abtrennen und würfeln. Schinken und Käse fein würfeln. Eier hart kochen. Apfel waschen, schälen, entkernen und fein würfeln. Nüsse hacken. Alles in einer Schüssel vermengen. Aus den restlichen Zutaten eine dicke Marinade mischen und den Salat hineingeben. 30 Minuten ziehen lassen.

Gemüsesalat mit Quark

Etwas Salzwasser, 300 g tiefgefrorene Gemüsemischung »Leipziger Allerlei«, 100 g Magerquark, 1 EL Zitronensaft, 1 Eigelb, 1 TL Kräuter

Das Wasser zum Kochen bringen und das gefrorene Gemüse hineingleiten lassen. 15 Minuten kochen. Es soll noch fest und knackig sein. Aus dem Topf nehmen und abkühlen lassen. Quark mit Zitronensaft, Eigelb und Kräutern glattrühren und in Häufchen auf das Gemüse setzen.

Südlicher Landessalat

1 Kopfsalat, je 1 kleine, grüne, gelbe oder rote Paprikaschote, 1 große Fleischtomate, 1 kleine Zwiebel, 3 EL Oliven- oder Keimöl, 2 EL Zitronensaft, je 1 Prise (Jod-)Salz und Pfeffer, nach Belieben Schafskäse

Salat auseinander nehmen, waschen, abtropfen lassen und die Blätter kleinreißen. Paprikaschoten halbieren, entstielen und entkernen, waschen und in feine Streifen schneiden. Tomate heiß waschen, enthäuten und würfeln. Die Zwiebel schälen und in hauchfeine Ringe schneiden. Öl, Zitronensaft, Salz und Pfeffer verschlagen, die Gemüse hineingeben, wenden. Den Schafskäse dazwischen bröckeln. Mit Weiß- oder Vollkornbrot servieren.

Schleckersalat

300 g Spargelspitzen (Dose), 150 g gekochter Sellerie, 2–3 gekochte Pellkartoffeln (150 g), 2–3 Tomaten, 1 Banane, Dill, 100 g Naturjoghurt, 2 EL Sahne, 1–2 TL Zitronensaft, je 1 Prise (Jod-)Salz und Zucker, 1 hartgekochtes Ei, Kresse

Spargel abspülen. Sellerie in Streifen schneiden. Pellkartoffeln pellen und kleinschneiden. Tomaten heiß waschen, enthäuten und würfeln. Banane in feine Scheiben schneiden. Dill fein wiegen. Joghurt mit Sahne, Zitronensaft, Salz und Zucker verschlagen. Alle Zutaten in einer Schüssel vermengen. Zum Schluß das Ei würfeln und mit der Kresse über den Salat streuen.

Rund um den Familientisch

Fast alle Eltern stellen sich gegen Ende des ersten Lebensjahres die Frage, ob sie ihr Kind zu den Mahlzeiten an den Familientisch hinzunehmen und es dort füttern sollen. Sicherlich hat das Kind den Wunsch, an dem gemeinsamen Essen, bei dem Vater, Mutter und Geschwister beieinander sind, teilzunehmen.

Unbestreitbar ist es für das Kind auch interessant, die »Großen« bei Tisch zu erleben und ihr Verhalten nachzuahmen.

Doch wie sieht es, gibt man dem unausgesprochenen Wunsch des sehr kleinen Kindes nach, häufig am Familientisch aus? Das Kind, eigentlich noch ein Baby, sitzt in seinem Hochstühlchen zumeist neben der Mutter. Diese ist während der Mahlzeit fast ständig beschäftigt, dem Kind zu erklären, daß es dies und jenes nicht darf, daß der Brei nicht auf den Tisch und die Erde, sondern in den Mund gehört, daß Brot zum Essen und nicht zum Spielen da ist, daß es sitzen bleiben soll.

Solche gemeinsamen Mahlzeiten sind der Seele und dem Körper nicht unbedingt zuträglich. Von einem Kind unter achtzehn bis vierundzwanzig Monaten ist es zuviel verlangt, sich am Tisch konzentriert, ruhig und sauber zu benehmen. Das Kind ist mit derartigen, elterlichen Wünschen überfordert. Gesünder ist es, dem Kind seine Mahlzeit gesondert zu geben, am besten, bevor sich die Eltern und die größeren Kinder zu Tisch setzen. Das hat nicht im Geringsten etwas mit »Abschieben« zu tun, vielmehr berücksichtigt man so die Bedürfnisse aller. Mutter oder Vater können sich, während das Kind ißt, zu ihm an den Küchentisch setzen, es nach Belieben füttern oder unter sanfter Anleitung selbst Essen lernen lassen. Das Kind kommt aus dem Stuhl, wenn es gesättigt ist und wird dann für die Zeit der Elternmahlzeit in sein Zimmer oder in den Laufstall gebracht. Der Rest der Familie kann nun die Mahlzeit genießen, wenn auch meist nicht mehr zeitlich so ausladend, aber immerhin in einer entspannten und erholsamen Atmosphäre.

Der Einwand, mein Kind will nicht alleine essen oder mein Kind will nicht alleine spielen, wenn wir essen – zeigt, wie sehr Eltern heute geneigt sind, sich dem kindlichen Willen unterzuordnen. Vernünftiger ist es jedoch, den Überblick über die Gestaltung eines gesunden Familienlebens zu behalten und dem Kind klare Verhaltensanweisungen zu geben. Jedes Kind versucht ständig sein Terrain zu vergrößern, stößt auf Grenzen, und es geht nicht immer ohne Kampf ab. Mit einer liebevoll konsequenten Haltung kann man für eine heitere Familienatmosphäre sorgen, die zum Wohlsein und der Gesundheit aller Familienmitglieder beiträgt.

Hat das Kind den Umgang mit Löffel, Teller, Brei, Brot und Tasse erlernt, so daß man deutlich weniger helfen und belehren muß, dann kann der Versuch, das jüngste Mitglied am Familientisch teilnehmen zu lassen, beginnen. Unbedingt muß das Kind nun lernen, daß man sitzen bleibt, bis alle ihren Teller leer gegessen und ihre Tasse ausgetrunken haben, denn ansonsten ist meist die Mutter wieder ständig unterwegs.

Das Kind ist nun, spätestens mit zwei Jahren, alt genug, die Speisen der Familie mitzuessen. Natürlich wird ihm seine Portion in zerkleinertem und etwas abgewandeltem Zustand gereicht, aber es erkennt deutlich, daß alle dasselbe essen. Vaters und Mutters Stück Fleisch ist zwar größer, sie haben auch etwas mehr Zwiebelgemüse und Paprikasalat auf den Tellern, doch derartiges nimmt das Kind nicht übel. Es wird schnell der Mutter deutlich machen, daß es von allen Dingen, die auf dem Tisch stehen, dieses oder jenes am liebsten ißt und davon einen Nachschlag wünscht. Es lernt am Beispiel der Familienmitglieder, daß von jeder Speise ein wenig probiert und nicht nur von der Lieblingsspeise gegessen wird.

In diesem Alter ist das Kind besonders durch den Trieb des Nachahmens geprägt, und so wird es der gesamten Familie nicht schwerfallen, die Tischsitten und Eßgewohnheiten des jüngsten Sprößlings durch beispielhaftes Verhalten zu vervollkommnen.

Bei der Benutzung von Besteck fragen Eltern sich oft, ob eine speziell geformte Kleinkindgarnitur oder die üblichen Löffel und Gabeln zu verwenden sind. Abgesehen davon, daß Kleinkinder von sich aus keine Ansprüche stellen, sondern mit dem vorlieb nehmen, was man ihnen gibt, haben sich doch für Kinder bis zwei Jahre bestimmte Lernbestecke bewährt, die auf die Bedürfnisse des Kleinkindes abgestimmt sind. Danach kann das Kind den Umgang mit normalem, nicht zu großem und schwerem Besteck üben. Oder man gibt ihm ein ganz gewöhnliches Kinderbesteck, bestehend aus Löffel, Messer, Gabel und Schieber zur Hand. Solche Bestecke werden von den Kindern geschickt gehandhabt. Sie sind ein sinnvolles Geschenk.

Kuchen, Kekse, Torten

Es gibt unzählige Kochbücher und spezielle Backbücher. An Kuchenrezepten, die oft auch von Familie zu Familie weitergegeben werden, herrscht kein Mangel. Trotzdem möchte ich am Ende dieses Kapitels auf einige Backrezepte nicht verzichten.
Ich habe in diesem Buch einiges über Zucker und Süßigkeiten gesagt. Sie können es im Kapitel »Vom Umgang mit Zucker«, im Kapitel »Obst und Obstspeisen« und besonders im Kapitel »Vom Umgang mit Süßigkeiten« nachlesen. Aber Kuchen ist ein süßes Gebäck und Zucker gehört dazu. Um nun einen möglichst gehaltvollen, nähr- und ballaststoffreichen Kuchen zuzubereiten, empfiehlt es sich, folgenden Ratschlägen zu folgen:

- ▷ Verwenden Sie möglichst wenig Zucker.
- ▷ Verwenden Sie ballaststoffreiches, vitaminhaltiges Mehl einer höheren Ausmahlung. Sehr gut läßt sich Mehl Type 1050 verbacken. Es enthält gegenüber der Mehltype 405, die üblicherweise angeboten wird, fast dreimal mehr Mineralstoffe und mehr Ballaststoffe (vgl. dazu auch S. 36–38), Mehl höherer Ausmahlung erhalten Sie im Reformhaus, in Warenhäusern und gut sortierten Lebensmittelgeschäften.
- ▷ Verwenden Sie möglichst keine chemischen Zusätze, z. B. Aromastoffe, da diese bei kleinen Kindern leicht Aufstoßen und Sodbrennen hervorrufen. Benutzen Sie natürliche Stoffe, z. B. die als Gewürze erhältliche getrocknete Zitronenschale und Orangenschale. Sie können auch unbehandelte Früchte kaufen und diese selbst abreiben. Vanillemark kratzen Sie aus einer Vanilleschote oder verwenden flüssigen Vanilleextrakt. Auf Alkohol im Kuchen, auch Rumfrüchte, sollten Sie verzichten.

Sie können grundsätzlich jeden Kuchen aus einem Back- oder Kochbuch nach diesen Regeln backen.
Gönnen Sie Ihrem Kind und sich selbst die Freude auf ein Fest mit Käse, Wurst oder Kuchen, die nur selten auf den Tisch kommen. Ein nicht verwöhntes Kind wird glücklich über das Angebotene sein und mit der Zeit die seltenen Genüsse schätzen lernen, was für das ganze spätere Leben von Bedeutung ist.
Deshalb lege ich Ihnen noch einmal das Motto ans Herz – auch für Kuchenleckereien, Kekse und Torten: »Soll'n sie was gelten, gebe sie selten!«
Der Advent kann jedoch eine Ausnahme bilden. Versuchen Sie ab und zu eine kleine Adventfeier zu gestalten, 5–10 Minuten sind genug für ein Kleinkind. Erzählen Sie dabei die Weihnachtsgeschichte, schauen Sie mit Ihrem Kind ein Weihnachtsbuch an, singen Sie einige Lieder, spielen Sie Klavier, Mundharmonika, Gitarre oder sonst ein Instrument – knacken Sie einige Nüsse oder geben Sie Ihrem Kind einige Weihnachtskekse. Ihr Kind wird verzaubert sein und noch in erwachsenen Jahren ein warmes Gefühl bei der Erinnerung an Advent und Weihnachten bei seinen Eltern verspüren. So können Sie Ihrem Kind unvergängliche Geschenke machen, die jedes Spielzeug lebenslang überdauern.

Rosinenkuchen

250 g Butter/Margarine, 200 g Zucker, einige Tropfen Vanilleextrakt, 1 Prise (Jod-)Salz, ½ TL Zitronenschale (getrocknet oder frisch), 3 Eier, 500 g Mehl Type 1050, 1 P Backpulver, einige EL Milch, 100 g Rosinen, Fett für die Form, Semmelbrösel, Puderzucker

Fett schaumig rühren, langsam Zukker, Vanilleextrakt, Salz und Zitronenschale unterrühren. Nach und nach die Eier zufügen. Mehl durch ein Sieb in den Teig rühren, mit dem letzten Rest Mehl das Backpulver durchs Sieb geben. Alles gut vermischen und nach Bedarf einige Eßlöffel Milch zugeben. Rosinen waschen und unter den Teig heben. Eine Form gut fetten, mit Semmelbröseln ausstreuen, den Teig hineingeben und bei 180 Grad im Backofen ca. 90 Minuten backen. Mit Puderzucker übersieben.

Königskuchen

Außer den Rosinen noch 100 g kandierte, kleingeschnittene Früchte, z. B. bunte Kirschen, unterheben. Backen wie Rosinenkuchen. Mit Puderzuckerglasur bestreichen.

Backpflaumenkuchen

80 g Butter/Margarine, 2 TL flüssiger Süßstoff (entsprechend 100 g Zucker), 1 Prise (Jod-)Salz, einige Tropfen Vanilleextrakt, ½ TL Orangen- oder Zitronenschale (getrocknet oder frisch, unbehandelt), 2 Eier, 200 g Mehl Type 1050, 2 TL Backpulver, 100 g Trockenpflaumen, Fett für die Form, Semmelbrösel

Diese Menge reicht für eine kleine Kastenform. Der Kuchen ist kalorienarm und enthält etwa 7960 kJ (1800 kcal). Fett schaumig rühren, flüssigen Süßstoff zugeben. Dann die Gewürze, Salz, Vanilleextrakt und Orangen- oder Zitronenschale untermischen. Die Eier zugeben und verrühren. Dann Mehl und Backpulver in ein Sieb geben, zum Teig rühren und beides gut vermischen. Die Trockenpflaumen in grobe Würfel schneiden und unter den Teig mengen. Diesen dann in eine gefettete und mit Semmelbröseln bestreute Form füllen und bei 180 Grad im Backofen ca. 80 Minuten backen.

Nußkuchen

200 g Butter/Margarine, 350 g Zucker, 4 Eier, 1 Prise (Jod-)Salz, 150 g geriebene Haselnüsse, 400 g Mehl Type 1050, 1 P Backpulver, 1/8–1/4 l Milch, 1 Tafel Schokolade, Fett für die Form, Semmelbrösel, Puderzucker

Fett schaumig rühren, Zucker und Eier abwechselnd zum Fett geben, dabei immer rühren, bis sich der Zucker aufgelöst hat. Dann das Salz und die Haselnüsse unterrühren. Das Mehl in den Teig sieben. Mit dem letzten Rest Mehl das Backpulver durchsieben. Alles zu einem dicken Teig verrühren, der schwer vom Löffel fällt. Nach Bedarf Milch zugeben. Schokolade grob hacken und unter den Teig mischen. Eine Kuchenform (Ringform) gut fetten und mit Semmelbröseln ausstreuen, den Teig einfüllen und bei 180–200 Grad ca. 50 Minuten backen. Mit Puderzucker bestreuen. Zu diesem Kuchen schmeckt vorzüglich Schlagsahne.

Vanillewaffeln

Foto S. 136

125 g weiche Butter/Margarine,
100 g Zucker, 3 Eier,
1 EL Vanilleextrakt oder
Mark aus 1/2–1/1 Vanilleschote,
1 Prise (Jod-)Salz,
etwas geriebene Zitronenschale
(frisch oder getrocknet),
1/8 l Wasser,
180 g Mehl Type 1050,
2 TL Backpulver, Öl für das
Waffeleisen, Puderzucker

Hierfür benötigen Sie ein Waffeleisen. Es wird mit Öl eingerieben, erhitzt und dann mit Teig gefüllt und zusammengeklappt. Nach kurzer Zeit kann man die Waffeln entnehmen und sie frisch und warm, mit Puderzucker überstreut, servieren. Eignet sich sehr gut für Kinderfeste und Kindergeburtstage.
Butter/Margarine mit Zucker und Eiern verrühren. Wenn die Masse schön locker ist, fügen sie Vanilleextrakt oder Vanillemark, Salz und Zitronenschale hinzu. Mit Wasser aufgießen und gut verrühren. Dann Mehl und Backpulver mischen und zum Teig sieben. Der Teig soll weich sein und noch fließen.

Kakaowaffeln
Unter den Teig 3 Eßlöffel Kakao mischen.

Gewürzwaffeln
Unter den Teig 2 Teelöffel Zimt und je 1 Messerspitze Nelkenpulver und Piment mischen.

Alle Waffelarten schmecken auch sehr gut mit Marmelade, Obstkompott oder steifgeschlagener, süßer Sahne.

Hefeteig

Haben Sie keine Angst vor Hefeteig. Wenn Sie sich Zeit lassen, wird er Ihnen nach diesem Rezept bestimmt gelingen. Er eignet sich für alle weiteren angegebenen Hefekuchenrezepte.

Grundrezept
450 g gesiebtes Mehl Type 550,
100 g Zucker,
1 P Trockenhefe,
120 g Butter/Margarine,
1/8–1/4 l Milch,
2 Eier

Mischen Sie in einer großen Schüssel Mehl, Zucker und Trockenhefe. Zerlassen Sie in einem Topf auf der warmen Herdplatte das Fett und gießen sie mit der Milch auf. Währenddessen rühren Sie unter die Mehlmischung die Eier, geben dann die abgekühlte, lauwarme Butter-Milch-Mischung langsam dazu und verkneten alles sehr gründlich miteinander. Anfangs können Sie das mit einem elektrischen Rührgerät machen, aber schließlich sollten sie doch beide Hände dazu nehmen und den Teig auf einer bemehlten Fläche ausgiebig kneten, bis er Blasen schlägt. Dann legen Sie den Teig in eine bemehlte Schüssel oder auf ein bemehltes Blech/Brett, bedekken ihn mit einem sauberen Küchentuch und stellen ihn an einen warmen Ort, wo er unbedingt (!) vor Zug geschützt sein muß. Nach ca. 2 Stunden hat er sich um das Doppelte vergrößert und ist zur Weiterverarbeitung bereit.

Streuselkuchen

1 Hefeteig-Grundrezept,
etwas Milch,
Fett für das Blech
Für die Streusel
180 g Butter/Margarine,
1 Prise Zimt,
1 Prise Vanilleextrakt,
180 g Zucker,
200–220 g Mehl Type 1050

Hefeteig nach dem Grundrezept zubereiten. Nach dem Gehenlassen auf einem gut gefetteten Blech ausrollen und mit Milch bestreichen. Aus Butter/Margarine, Zimt, Vanilleextrakt, Zucker und Mehl Streusel bröseln. Diese auf den Teig geben. Dann wieder das saubere Küchentuch über dem Kuchen ausbreiten, ihn an einem warmen, zugluftfreien Ort nochmals mindestens 30 Minuten, besser 60 oder 90 Minuten gehen lassen. Dann im Backofen bei ca. 180 Grad etwa 30 Minuten backen. Erkaltet servieren, da der Kuchen dann leichter verdaulich ist.

Zucker-Zimt-Kuchen

1 Grundrezept Hefeteig,
Fett für das Blech,
Zucker,
Zimt,
Butterflöckchen

Hefeteig nach dem Grundrezept zubereiten.
Nach dem Gehenlassen dick mit einer Zucker-Zimt-Mischung bestreuen und mit Butterflöckchen belegen. Dann weiterverfahren wie bei Streuselkuchen.

Butterkuchen

1 Grundrezept Hefeteig,
Fett für das Blech
Butterflöckchen, Zucker, Zimt,
100–150 g Mandelblättchen

Hefeteig nach dem Grundrezept zubereiten.
Nach dem Gehenlassen mit Butterflöckchen belegen, mit einer sehr schwachen Zucker-Zimt-Mischung bestreuen, dann dicker mit Mandelblättchen belegen. Weiterverfahren wie bei Streuselkuchen und bei etwa 220 Grad 25 Minuten backen.

Zwetschgenkuchen

1 Grundrezept Hefeteig,
Fett für das Blech
2 kg Zwetschgen, Butterflöckchen

Hefeteig nach dem Grundrezept zubereiten.
Zwetschgen waschen, entsteinen, aufschneiden. Nach dem Gehenlassen den auf dem gefetteten Blech ausgerollten Teig mit den Zwetschgen dicht belegen. Mit Butterflöckchen belegen und weiterverfahren wie bei Streuselkuchen. Bei etwa 200 Grad 20–30 Minuten backen.

Obstkuchen mit Streusel

1 Grundrezept Hefeteig, Fett für das Blech, 1–2 kg beliebiges Obst (Äpfel, Kirschen, Aprikosen, Rhabarber)
Für die Streusel
180 g Butter/Margarine, 1 Prise Zimt, 1 Prise Vanilleextrakt, 180 g Zucker, 200–220 g Mehl Type 1050

Hefeteig nach dem Grundrezept zubereiten.
Beliebiges Obst waschen, entsteinen bzw. entkernen, in Stücke schneiden oder fein schnitzeln. Nach dem Gehenlassen den, auf dem Blech ausgerollten, Teig damit belegen. Streusel herstellen wie bei Streuselkuchen. Diese über das Obst streuen. Weiter verfahren wie bei Streuselkuchen. Bei 200 Grad 20–30 Minuten backen.

Hefekleingebäck / Brezeln

Jeweils 1 Grundrezept Hefeteig,
Fett für das Blech
Für Obstrollen
Obst, Konfitüre oder Gelee
Für Hefetaschen
Butter, Obst oder Konfitüre, Quark,
Zucker, Haselnüsse, Sahne, Eigelb
Für Brezeln
Eigelb, Hagelzucker, Mandelblättchen

Hefeteig nach dem Grundrezept zubereiten, jedoch die Milchzugabe sehr knapp halten.
Nach dem Gehenlassen verschiedenes Kleingebäck formen.

Obstrollen
Rechtecke ausschneiden, dünn mit Obst, Konfitüre oder Gelee belegen und bestreichen und einrollen.

Hefetaschen
Quadrate ausschneiden, mit zerlassener Butter bestreichen, mit Obst, Konfitüre, verschlagenem und gesüßtem Quark oder geriebenen, mit Zucker und Sahne vermischten Haselnüssen füllen. Die Teigecken nach oben schlagen und fest zusammendrücken. Mit verschlagenem Eigelb bestreichen.

Brezeln
Dünne Rollen formen, zu Brezeln zusammenlegen, mit verschlagenem Eigelb bestreichen und mit Hagelzucker und Mandelblättchen bestreuen.

Bei ca. 200 Grad 20–25 Minuten goldbraun backen.

Berliner Pfannkuchen / Kreppel / Faschingskrapfen

1 Grundrezept Hefeteig
Konfitüre,
Eiweiß,
Fett zum Fritieren,
Zucker

Hefeteig nach dem Grundrezept zubereiten.
Nach dem Gehenlassen auf einer bemehlten Fläche fingerdick ausrollen. Mit einem Glas Kreise ausstechen. Auf die Hälfte der Kreise geben Sie einen Klecks Konfitüre, den Rand bestreichen Sie mit Eiweiß. Dann geben Sie von der anderen Hälfte der Kreise jeweils einen auf einen gefüllten Kreis. Ränder fest zusammendrükken, mit einem Tuch bedecken und nochmals 30 Minuten gehen lassen. Dann Fritierfett (Kokosfett) in einem Topf erhitzen. Pfannkuchen mit der Unterseite nach oben auf einen Schaumlöffel legen und ins heiße Fett geben. Wenn die Unterseite goldbraun ist, wenden und die Oberseite backen. Dann mit dem Schaumlöffel herausnehmen, auf Küchenpapier abtropfen lassen und in Zucker wenden.

Tips
Je länger Sie die Pfannkuchen vor dem Backen gehen lassen, um so besser gelingen sie; wenn sich um die Mitte ein weißes Rändchen bildet, sind sie vorbildlich.
Das Fett ist heiß genug zum Ausbakken, wenn sich um einen ins Fett gehaltenen Holzlöffel kleine Bläschen bilden.
Für Faschingskrapfen vom gegangenen Teig immer kleine Stücke abreißen. Diese nochmals zugedeckt ca. 30 Minuten gehen lassen und anschließend wie Pfannkuchen im heißen Fett ausbacken und in Zucker wälzen.

Zwetschgen-Nudeln

1 Grundrezept Hefeteig,
jedoch nur 50 g Zucker
2 kg Zwetschgen,
Zucker,
Butter,
Fett für die Form,
Puderzucker

Nach dem Grundrezept, jedoch nur mit 50 g Zucker einen Hefeteig zubereiten. 30–50 Minuten gehen lassen. Dann daumendick ausrollen und etwa 10 cm große Quadrate ausschneiden. Jedes mit 1–2 entsteinten Zwetschgen belegen, etwas zuckern, zusammenklappen und rundherum mit flüssiger Butter bestreichen. Eine Springform gut fetten und die gefüllten Quadrate kreisförmig nebeneinander legen, bis die Springform gefüllt ist. Mit einem Tuch bedecken und an einem zugfreien Ort nochmals ca. 30 Minuten gehen lassen. Dann in den vorgeheizten Backofen schieben und bei 200 Grad etwa 30 Minuten backen. Mit Puderzucker bestreut zu Tisch bringen. Pro Portion reißt man immer ein Quadrat (eine Nudel) ab.

Schnelle Obstkuchen

1 fertiger Biskuit- oder Mürbeteigboden
oder fertige Mürbeteigtörtchen,
1 große Oblate,
beliebiges frisches oder eingemachtes
Obst zum Belegen,
klarer oder farbiger Tortenguß,
Schlagsahne

Belegen Sie den Biskuitboden mit einer großen Oblate gegen das Durchweichen, und belegen Sie ihn mit beliebigem, frischem oder eingemachtem Obst. Mit Tortenguß überziehen und nach dessen Festwerden mit süßer Schlagsahne servieren.
Mürbeteigböden können Sie sofort mit beliebigem, frischem oder eingemachtem Obst belegen. Mit Tortenguß überziehen, festwerden lassen und mit süßer Schlagsahne servieren.
Kleine Mürbeteigtörtchen können Sie ebenfalls mit beliebigem Obst belegen, mit Tortenguß überziehen und mit Schlagsahne servieren.

Vorschläge zum Belegen
In die Mitte 1 Scheibe Ananas, das Loch mit 1 Aprikosenhälfte füllen, am äußeren Rand entlang ebenfalls Aprikosenhälften anrichten, den Zwischenraum mit eingemachten Kirschen, Birnen oder Pflaumen füllen.
In die Mitte eine enthäutete Pfirsichhälfte legen, dann je 1 Kreis Bananenscheiben, abgetropfte Mandarin-Orangen-Schnitzel aus der Dose, entsteinte Kirschen oder Aprikosenhälften und zum Schluß am äußeren Rand entlang wieder Bananenscheiben.
Den äußeren Rand mit Bananenscheiben belegen, den Rest mit 2 in Scheiben geschnittenen, unzerteilten Orangen bedecken.

1 kg Äpfel waschen, schälen, Kerngehäuse entfernen und in Schnitzel schneiden. Diese in 2 Eßlöffel Wasser mit etwas Zucker in einem Topf ca. 10 Minuten dünsten; dann 100 g gewaschene Rosinen zufügen und 1 Päckchen angerührten, klaren Tortenguß untermischen, aufkochen lassen und sofort auf den Tortenboden geben. Abkühlen lassen und servieren.
Abwechselnd Guavenschnitzel und Kiwischeiben auf dem Boden kreisförmig anrichten.
Mit frischen Erdbeeren belegen.
Mit beliebigen Beeren und Bananenscheiben belegen.

Kokosmakronen

4 Eiweiß,
200 g feiner, weißer Zucker,
1 P Vanillezucker,
200 g Kokosflocken,
Oblaten

Eiweiß zu sehr steifem Schnee schlagen. Nach und nach Zucker und Vanillezucker zufügen. So lange schlagen, bis die Masse dickschaumig ist. Dann die Kokosflocken unterrühren. Auf einem Blech Oblaten auslegen und auf jede Oblate ein Teighäufchen setzen. Im Backofen bei 130–150 Grad hellgelb backen.

Mandelmakronen

Wie Kokosmakronen herstellen, jedoch statt Kokosflocken feingemahlene Mandeln verwenden.

Haselnußmakronen

Wie Kokosmakronen herstellen, jedoch statt Kokosflocken feingemahlene Haselnüsse verwenden.

Baiser

Dieses Eiweißgebäck können Sie jederzeit auch zu Tee und zu Kaffee reichen.

4 Eiweiß, 1 TL Zitronensaft,
150 g Puderzucker, Pergamentpapier,
Fett zum Bestreichen des Papiers

Eiweiß zu sehr steifem Schnee schlagen. Dabei Zitronensaft und Puderzucker einstreuen. Mit einem Spritzbeutel oder mit zwei Teelöffeln Häufchen auf ein mit gefettetem Pergamentpapier ausgelegtes Backblech setzen. Im warmen Backofen bei etwa 120 Grad mehr trocknen als backen.

Schokoladenbaiser

Die Teigmasse wie Baiser herstellen, jedoch zusätzlich 1 Eßlöffel Kakao untermischen.

Knabberkeks

150 g Mehl Type 1050, je 60 g gemahlene Mandeln, Haselnüsse und Kokosflocken, 1 TL Backpulver, 120 g Zucker, 1 Prise (Jod-)Salz, ½ TL Zimt, 1 Prise Piment, 1 Prise Ingwer, 1 Ei, 100 g Butter/Margarine, Fett für das Blech, Konfitüre (z. B. Aprikose, Kirsche, Orange)

In eine Schüssel Mehl sieben. Mandeln, Haselnüsse, Kokosflocken, Backpulver, Zucker und Gewürze dazugeben. Nun das Ei hineinschlagen und Butter/Margarine in Flöckchen darüber verteilen. Alles mit den Händen zu einem glatten Teig verkneten und diesen 30 Minuten in den Kühlschrank legen. Dann ein Backblech fetten, den Teig aus dem Kühlschrank nehmen, rasch eine dicke Rolle formen und von dieser Scheiben abschneiden. Die Scheiben zu Kugeln formen und nebeneinander aufs Blech setzen. Dann in jede Kugel mit einem bemehlten Kochlöffelstiel eine Vertiefung drücken. Dort hinein die Konfitüre geben. Die Kekse im vorgeheizten Backofen bei etwa 200 Grad 10 Minuten backen.

Butterteig zum Figurenausstechen

150 g Butter, 150 g Zucker, 250 g Mehl Type 1050, 2 Eier, 1 Eigelb,
Zuckerperlen oder gehackte Nüsse zum Verzieren

Butter in Flöckchen in eine Schüssel geben, Zucker darüberstreuen, Mehl dazusieben. Eier auf die Zutaten schlagen. Dann alles mit den Händen gut verkneten und im Kühlschrank 30 Minuten kalt stellen. Den Teig auf einer bemehlten Fläche dünn ausrollen und mit beliebigen Formen Plätzchen ausstechen. Diese auf ein ungefettetes Blech legen. Das Eigelb verschlagen, die Plätzchen damit bepinseln und sofort mit Zuckerperlen oder gehackten Nüssen bestreuen. Im Backofen bei 175–190 Grad goldgelb backen.

Backpulverteig zum Figurenausstechen

250 g Butter, 250 g Zucker,
2 Vanilleschoten oder 4 TL flüssiger Vanilleextrakt, 700 g Mehl Type 1050,
1 TL Backpulver, 4 Eier,
Fett für das Blech

Butter in Flöckchen in eine Schüssel geben, mit dem Zucker bestreuen. Vanilleschoten klopfen, aufschneiden und das Mark herauskratzen, zur Butter geben. Mehl mit Backpulver durch ein Sieb in die Schüssel geben. Eier darüber schlagen und alle Zutaten gut miteinander verkneten. Den Teig dann auf einer bemehlten Fläche dünn ausrollen und beliebige Formen und Figuren ausschneiden oder ausstechen. Auf einem gefetteten Blech bei 180–190 Grad goldgelb backen.

Honiglebkuchen

250 g Honig, 200 g Zucker, 60 g Butter, ⅛ l Malzbier, 1 Ei, 1 Prise (Jod-)Salz, abgeriebene Schale von 1 unbehandelten Zitrone oder 1 TL getrocknete Zitronenschale, 1 TL Zimt, 1 TL Ingwer, 450 g Mehl Type 1050, 1 P Backpulver, Fett für das Blech, 100 g Puderzucker, 2 EL Zitronensaft, Zuckerperlen

In einem Topf Honig, Zucker, Butter und Malzbier erwärmen, bis der Zukker sich aufgelöst hat. Die Masse wieder erkalten lassen und folgende Zutaten nach und nach unterrühren: Ei, Salz, Zitronenschale, Zimt und Ingwer. In einer anderen Schüssel Mehl mit Backpulver mischen und dann nach und nach durch ein Sieb in den Teig geben und unterrühren. Zum Backen benutzen Sie am besten die Fettpfanne aus dem Backofen. (Sie können auch ein Backblech mit Alufolie auslegen, die sie an den Rändern hochbiegen.) In die gefettete Pfanne füllen, glattstreichen und im vorgeheizten Backofen bei 180 Grad etwa 20 Minuten backen.
In dieser Zeit bereiten Sie aus Puderzucker und Zitronensaft einen Guß, mit dem Sie den fertig gebackenen Teig sofort überziehen. Anschließend gleich mit bunten Zuckerperlen dicht bestreuen, in Stücke schneiden, vom Pfannenboden (oder der Alufolie) lösen und auf einem Kuchengitter oder einem Brett erkalten lassen.

Schokoladen-Lebkuchen

80 g Schokolade, 250 g gemahlene Mandeln, 1 TL Orangenschalengewürz (oder abgeriebene Schale von ½ unbehandelten Orange), 1 Tropfen Bittermandelöl, je 1 Prise (Jod-)Salz, Zimt, Nelkenpulver, 1 Eigelb, 125 g Zucker, 3 Eiweiß, 1 TL Zitronensaft, 50 g Puderzucker, Backoblaten, evtl. Schokoladenkuvertüre

Die Schokolade reiben und in einer Schüssel mit den Mandeln, der Orangenschale, dem Bittermandelöl und den Gewürzen vermischen. Eigelb und Zucker schaumig schlagen.
Die Eiweiß mit Zitronensaft und Puderzucker steif schlagen. Eigelb- und Eiweißcreme vorsichtig miteinander vermischen. Dann die Mandelmischung darüberstreuen und unterheben. Den Teig auf Backoblaten streichen und im vorgeheizten Backofen bei 160 Grad etwa 20 Minuten backen. Nach Belieben mit Schokoladenkuvertüre überziehen.

Heidesand

200 g Butter, 150 g Zucker, 2 TL flüssiger Vanilleextrakt, 1–2 TL Milch, 250 g Mehl Type 1050

Butter in einem Topf zerlassen und bräunen, dann wieder erstarren lassen. Dann die kalte Butter unter Zugabe von Zucker, Vanilleextrakt und Milch sehr schaumig schlagen. Nach und nach 200 g Mehl dazusieben und unterrühren. Schließlich nochmals 50 g Mehl rasch mit dem Teig verkneten. Eine dickere Rolle formen und in den Kühlschrank legen, bis sie hart geworden ist. Dann kleinfingerdicke Scheiben abschneiden, auf ein ungefettetes Blech legen und im Backofen bei 170–190 Grad etwa 15 Minuten hellbraun backen.

Nußkekse

250 g Butter, 250 g Zucker, 2 TL flüssiger Vanilleextrakt (oder Mark einer Vanilleschote), 370 g Mehl Type 1050, 1 TL Backpulver, 120 g gemahlene Haselnüsse, 1–2 EL Milch, Fett für das Blech, ganze Haselnüsse oder halbierte Walnüsse oder Pistazienkerne

Butter in einem Topf zerlassen und etwas bräunen, dann wieder erkalten lassen. Die erstarrte Butter unter Zugabe von Zucker und Vanille schaumig rühren, bis der Zucker aufgelöst ist. In einer anderen Schüssel Mehl, Backpulver und Haselnüsse vermischen. Dann zur Butter-Zucker-Mischung geben und gut verkneten. Nach Bedarf Milch zufügen. Aus dem Teig kleine Kugeln formen und diese in größeren Abständen auf ein gefettetes Blech legen. Nach Belieben die Kugeln mit Haselnüssen, Walnüssen oder Pistazienkernen verzieren. Bei 170–180 Grad goldgelb backen.

Schnelle Cremetorte

1 heller oder dunkler Wiener Boden,
½ l Milch, ½ l süße Sahne,
2 P Kaltschale, evtl.
1–2 EL Sahnesteifmittel, Konfitüre,
Obst zum Füllen (z. B. Beeren,
Bananenscheiben, entsteinte Kirschen),
12 kandierte Kirschen, evtl. flüssige
Zuckerglasur aus der Tube

Schneiden Sie den Wiener Boden in drei Teile. Aus Milch und Sahne, die Sie mit dem Rührgerät mit der Kaltschale verschlagen, bereiten Sie eine Creme. Auf den unteren Boden streichen Sie beliebige Konfitüre, decken diese mit dem nächsten Boden ab, den Sie mit einer fingerdicken Schicht Creme bestreichen. Unter die Creme können Sie vorher nach Belieben noch Obst heben. Dann den letzten Boden auflegen, und die Torte rundherum mit der restlichen Creme bestreichen. Mit kandierten Kirschen verzieren (je Kuchenstück eine).
Am Geburtstag bohren Sie mit einem Holzlöffelstiel in die Mitte der Torte ein Loch. Dort hinein stecken Sie die Kerze. Den Kuchen evtl. mit flüssiger Zuckerglasur verzieren.

Erdbeer-Sahne-Torte

1 fertiger Biskuitboden, 250 g Quark,
100 g Zucker, 2 TL Vanilleextrakt,
1 TL Zitronenschalengewürz oder
abgeriebene Schale von
1 unbehandelten Zitrone,
500 g Erdbeeren, 9 Blatt weiße
Gelatine, 5 EL heißes Wasser,
¼ l Schlagsahne, Fett für die Form,
steifgeschlagene Sahne und Erdbeeren
zum Verzieren

Nehmen Sie Ihre größte, aber möglichst flache Puddingform oder Schüssel und stülpen Sie diese auf den Tortenboden. Nun mit einem Messer am Schüsselrand entlang den Boden abschneiden.
Quark in eine Schüssel geben, mit Zucker, Vanilleextrakt, Zitronenschale und 250 g pürierten Erdbeeren glattrühren. Die Gelatine in kaltem Wasser quellen lassen, ausdrücken und in heißem Wasser auflösen. Durch ein Sieb in die Quarkmasse geben, verrühren. Sahne steif schlagen und unterziehen. Nun die Puddingform oder Schüssel gut fetten, die Quarkmasse hineinfüllen, die restlichen Erdbeeren gleichmäßig darauf verteilen.
Dann mit der Oberseite des Biskuitbodens abdecken, gut andrücken und nach dem Erstarren stürzen. (Wenn Sie die Schüssel vorsichtig hin und her bewegen, spüren oder sehen Sie, ob die Masse erstarrt ist.) Nach dem Stürzen mit steifgeschlagener Sahne aus dem Spritzbeutel und einigen Erdbeeren verzieren.

Preiselbeertorte aus Tirol

6 Eier (getrennt), 250 g Zucker,
250 g Butter/Margarine, 250 g
gemahlene Haselnüsse oder Mandeln,
250 g Buchweizenmehl (im
Reformhaus erhältlich),
1 P Backpulver, Butter für die Form,
Preiselbeerkonfitüre zum Füllen,
Puderzucker

Eigelb mit Zucker und Butter schaumig rühren. Dann die Nüsse oder Mandeln (oder eine Mischung von beidem) zugeben und verrühren. Buchweizenmehl (ein braunes, sehr gesundes Mehl mit viel Vitamin B_1) mit dem Backpulver in ein Sieb geben, und die Mischung durchs Sieb in den Teig rühren, gut vermischen. Eiweiß sehr steif schlagen und vorsichtig unter den Teig heben. Eine Springform sorgfältig buttern, den Teig einfüllen und im Backofen bei 200 Grad 60 Minuten backen. Herausnehmen, auf einem Gitter erkalten lassen und zweimal quer durchschneiden. Mit der Konfitüre füllen. Mit Puderzucker bestreut servieren.

Möhrentorte

Eine köstliche, gesunde Spezialität, die Sie zwei Tage vor dem Anschneiden zubereiten sollten, damit sie gut durchzieht. Dann ist sie ein gut sättigender Hochgenuß und das Prachtstück der Kaffeetafel.

Fett für die Form, 7 Eigelb,
200 g Zucker, je 1 Prise (Jod-)Salz,
Zimt, Nelkenpulver und Piment,
200 g feingeriebene oder pürierte,
rohe Möhren,
120 g gemahlene Haselnüsse,
120 g gemahlene Mandeln,
50 g Semmelbrösel, 50 g gesiebtes Mehl
Type 1050, 1 TL Backpulver,
5 Eiweiß, 100 g Puderzucker,
50 g feiner, weißer Zucker
Zum Verzieren
Marzipanrohmasse, rosa oder orangene Speisefarbe, 2 Eiweiß, 50 g Puderzucker

Eine Springform fetten und den Backofen auf 190 Grad vorheizen. Eigelb mit Zucker und Gewürzen schaumig rühren. In einer anderen Schüssel mischen Sie Möhren, Nüsse, Mandeln, Semmelbrösel, Mehl und Backpulver.

Diese Mischung geben Sie zu der Eigelbmasse und verrühren beides sorgfältig miteinander.
Dann 5 Eiweiß mit dem Puderzucker und weißem Zucker steif schlagen und vorsichtig unter den Teig heben. In die vorbereitete Form füllen und bei 190 Grad 45–55 Minuten backen. Herausnehmen und abkühlen lassen.
2 Tage an einem kühlen Ort, mit einem Tuch abgedeckt, ruhen lassen.
Vor dem Anrichten folgendermaßen verzieren:
Marzipanrohmasse mit rosa oder orangener Speisefarbe verkneten. Dann 12 Möhren formen, mit einem Zahnstocher einige Rillen einkerben. Eiweiß mit Puderzucker zu steifem Schnee schlagen. Diesen in einen Spritzbeutel füllen und mit kleinen Häufchen auf der Torte 12 Stücke andeuten. Vor jedes Eiweißhäufchen legen Sie eine Möhre, die Sie mit etwas Eiweißmasse befestigen.
Zum Geburtstag in die Mitte der Torte eine Kerze hineinbohren. Nach Belieben mit bunter Zuckerschrift verzieren.

Krümeltorte

450 g Mehl Type 1050,
1 P Backpulver,
225 g Zucker,
Mark von ½ Vanilleschote
oder 2 TL flüssiger Vanilleextrakt,
2 Eier, 160 g Butter/Margarine,
Fett für die Form,
Semmelbrösel, frisches oder
eingemachtes Obst zum Belegen
(z. B. Rhabarber, Stachelbeeren,
Heidelbeeren, Äpfel,
dickes Apfelmus, Cranberry-Kompott,
Kirschen)

Mehl und Backpulver in eine Schüssel sieben, mit dem Zucker bestreuen, Vanillemark zufügen. Alles gut verrühren. Dann die Eier darüberschlagen und die Butter in Flöckchen daraufgeben. Alles gut miteinander verkneten und dabei zwischen den Fingern wie Streusel zerbröseln.
Eine Springform fetten und mit Semmelbröseln ausstreuen. Die Hälfte des Bröselteiges in die Form geben, andrücken und am Rand der Form etwas hochdrücken, so daß eine Art Tortenboden entsteht. Diesen bestreuen Sie mit Semmelbröseln und belegen ihn sehr dick mit beliebigem Obst. Die andere Hälfte des Teiges krümeln Sie nun wie Streusel als Decke über das Obst. Im Backofen bei 220 Grad etwa 50 Minuten backen. Mit Schlagsahne servieren.

Tricks und Tips

▷ Die hier angegebenen Backzeiten können über- oder unterschritten werden, das richtet sich nach der Art des Backofens. Um festzustellen, ob der Kuchen gar ist, machen Sie die Nadelprobe! Dafür mit einem Schaschlikspieß oder einer Stricknadel in den Teig stechen und wieder herausziehen. Klebt Teig daran, ist der Kuchen noch nicht fertig und muß noch weiter gebakken werden.

▷ Heißluftöfen haben abweichende Backzeiten, entsprechende Backanleitungen liegen dem Gerät bei. Diese Backöfen brauchen Sie nicht vorzuheizen.

Frische Luft, Sonnenlicht und Bewegung

Zum gesunden Gedeihen braucht ein Kind Licht, Luft und Bewegung. Glücklicherweise wächst die Mehrzahl der Kinder heutzutage in hellen, sonnig-warmen Zimmern auf. Häufig ist auch Balkon, Terrasse oder Garten vorhanden.
Wichtig ist der Aufenthalt an der frischen Luft. Hier erreichen die ultravioletten Strahlen des Sonnenlichts die kindliche Haut und bilden in ihr das Vitamin D. Durch den Aufenthalt an der Luft wird das Kind körperlich abgehärtet und ist weniger anfällig für Erkältungen und Infektionen.
Sein erstes Luftbad kann der kleine Mensch ab der 2.–3. Lebenswoche nehmen. Zumeist wird er schon nach einigen Atemzügen friedlich entschlummern, entweder bei der Ausfahrt im Kinderwagen oder im Bettchen auf dem Balkon. Das Baby und auch später das Kleinkind muß der Jahreszeit gemäß gekleidet sein, also im Winter warm und im Sommer entsprechend leicht. Der Kopf und das Gesicht sind gegen direkte Sonneneinstrahlung zu schützen. Es ist nicht notwendig, das Baby an warmen Sommertagen in dicken Stricksachen auszufahren oder an die Luft zu stellen. So wird es sich eher erkälten. Um sicherzugehen, fühlt man hin und wieder die Haut an Händen und Gesicht. Wenn die Haut sich feucht anfühlt, ist das Baby zu warm angezogen. Es friert, wenn seine Haut sich kühl anfühlt. Ein untrügliches Zeichen für Wohlbefinden und richtige Kleidung ist eine warme und trockene Haut.
Der Aufenthalt im Freien wird nach und nach von zehn Minuten bis zu einer oder mehreren Stunden ausgedehnt, je nach Wetterlage und Alter des Kindes. Mancher Säugling verschläft den ganzen Vormittag oder Nachmittag im Garten oder auf dem ruhig gelegenen Balkon. Wenn das Kind ausgefahren wird, sollte man stark befahrene, laute Autostraßen meiden und lieber den Weg zum nächsten Park oder Spielplatz suchen.
Der Aufenthalt im Freien, gleich welches Wetter herrscht, ist eine tägliche Notwendigkeit. Kinder lieben es, draußen zu sein, sie kennen kein schlechtes Wetter und jede Jahreszeit hat ihren eigenen Reiz.
Das Kind bis zu einem Jahr, sofern es krabbeln und laufen lernt, kann man in einem Laufstall an die frische Luft stellen. Meist empfiehlt es sich, eine große Decke unterzulegen, damit Grashalme und Steine unerreichbar bleiben, denn sie verschwinden unweigerlich im Mund. Von Zeit zu Zeit läßt man es auch einmal die Rasenlandschaft erkunden. Am Ende des zweiten Lebensjahres ist die Körperbeherrschung schon groß. Das Kind möchte vielleicht Rädchen oder Auto fahren, rollern oder mit Sand und Wasser spielen, in den Regenpfützen herumrühren, Steine sammeln oder Blümchen pflücken. Als Mutter oder Vater sollte man nun jeden Nachmittag ein bis zwei Stunden mit dem Kind auf Umweltentdeckung gehen und diese Quelle körperlicher und geistig-seelischer Gesundheit ausschöpfen.
Sicherlich leben nur wenige Familien noch auf dem Lande, doch auch in der Großstadt gibt es ungeahnte Möglichkeiten, z. B. Tierparks oder botanische Gärten, Parkanlagen und unbebaute Grünflächen. Man muß nur ein wenig die Augen offen halten. Wer einen Garten hat, ist gut dran und doch ist es interessant für das Kind, hin und wieder einen Spielplatz aufzusuchen, wo es auf Spielkameraden treffen kann, auch wenn der Sand dort nicht so sauber ist, wie daheim.

Das Schulkind vom 7.–10. Lebensjahr

Obgleich sich bei der Zubereitung von Mahlzeiten und im Tagesrhythmus nichts wesentliches ändert, soll diese Spanne im Leben des Kindes hier nicht unerwähnt bleiben.
Es bestehen nun keine Verdauungs- oder Kauprobleme mehr – es sei denn, es ist gerade wieder ein Milchzahn ausgefallen. Besonders in der Zeit des Zahnwechsels hat das Kind einen hohen Bedarf an natürlicher, gesunder Kost. Weiche, ballaststoffarme Speisen und Süßigkeiten oder häufige Mahlzeiten aus Schnellgaststätten sind der Gesundheit wenig förderlich. Sie entsprechen weder den Bedürfnissen des Organismus noch den erhöhten qualitativen Anforderungen an die Nahrung. Sie ergeben sich in diesem Alter besonders dadurch, daß das Kind den schulischen Erwartungen gerecht werden muß. Es hat nun in immer stärkerem Maße geistige Arbeit, ja geistige Schwerstarbeit zu leisten. Und das geht nicht gut ohne bedarfsgerechte, vollwertige Kost. Eltern muß es, gerade in diesen Jahren, deshalb ebenso wichtig sein, dem Kind die richtige Nahrung anzubieten, wie es ihnen in den ersten Monaten und Jahren wichtig war. Es ist verkehrt anzunehmen, daß ein 6–8jähriges Schulkind auf geregelte Mahlzeiten keinen Wert legt oder für bestimmte Speisen schon zu alt ist (z. B. Grießbrei, Reisbrei usw.).
Eltern erleichtern sich auch jetzt die Organisation des Haushalts, wenn sie einen ein- bis zweiwöchigen Kostplan aufstellen. In diesem werden sowohl die Zeiten berücksichtigt, zu denen das Kind aus der Schule kommt, als auch die, die der evtl. berufstätigen Mutter, neben ihrer Arbeit zur Zubereitung der Mahlzeiten zur Verfügung stehen. Der Kostplan orientiert sich an den individuellen Gegebenheiten der Familie. Wichtig ist, daß über den Tag die notwendigen Nährstoffe dem Körper zugeführt werden (vergleiche hierzu das Kapitel »Vom täglichen Nährstoffbedarf«).
Eltern können mit dem Kind nun schon eingehender über das Wohin und das Woher und die Inhaltstoffe von Nahrungsmitteln sprechen. Es ist nun an der Zeit, das Kind mit dem natürlichen Kreislauf der Nahrung bekannt zu machen. Dabei wird man die Probleme der belasteten Umwelt nicht umgehen und die Aufmerksamkeit des Kindes auf einen rücksichtsvollen und sensiblen Umgang mit der Natur und ihren Produkten richten können, ebenso wie auf den Sinn und Nutzen einer gesunden und natürlichen Ernährung, die uns die Kraft zum Leben schenkt.
Neben den Mahlzeiten zu Hause erhält das Schulkind ein zweites Frühstück in der Schule. Dieses Pausenbrot wird dem Kind üblicherweise von zu Hause mitgegeben. Es gilt hier das Gleiche, was schon für das Frühstücksbrot des Kindergartenkindes galt (s. S. 143/144). Statt Brot kann man dem Kind auch eine Schale mit Müsli, Quarkspeise oder kaltem Salat mitgeben. Das Pausenbrot sollte sich an den Wünschen des Kindes, im Rahmen der Grundsätze einer gesunden Ernährung orientieren, damit eine gewisse Gewähr dafür besteht, daß das Kind sein Schulbrot auch aufißt. Es ist keine Seltenheit, daß Schulbrote im Papierkorb, im Gebüsch oder im Magen der Mitschüler landen. Überlegen Sie am besten am Tag vorher, gemeinsam mit Ihrem Kind, was es zum Frühstück in die Schule mitnehmen möchte.

Sachregister

Rezeptregister

Die kleinen Ratgeber für fantasievolle Spiele und Feste

BLV Idee & Praxis –
Freizeit gestalten 602

Helga Lederer/
Hannerl Fehenberger

Kinderspiele – Kinderspielzeug selbst gemacht

Dieses Buch enthält eine Fülle von Anregungen und Anleitungen für fantasievolle Spiele und Spielsachen, die Kinder selbst entwerfen oder zusammen mit Erwachsenen anfertigen können. Ob Puppenküche, Hampelmann, Steckenpferd, Windmühle, Floß, Segelboot, Stelzen oder Lampions – für jedes Talent und jedes Alter ist etwas dabei. Darüber hinaus informiert ein eigenes Kapitel über Werkzeuge und Material für die vielen Arbeitsbeispiele.

95 Seiten, 27 Farbfotos,
1 s/w-Foto,
52 farbige Zeichnungen

BLV Idee & Praxis –
Essen und genießen 520

Veronika Müller

Kinderfeste

Immer wieder neue und aufregende Kinderfeste zu veranstalten, ist für viele Eltern ein Problem. Veronika Müller hat in ihrem kleinen Ratgeber eine Vielzahl von interessanten Beispielen und Anregungen für fantasievolle Kinderfeste zusammengestellt. Dabei beschreibt sie nicht nur den Ablauf und die geeigneten Spiele des Festes, sondern verrät auch passende Rezepte für Kuchen, Torten, Getränke, Puddings, Pikantes u. v. m. Für alle Gelegenheiten ist gesorgt – vom Kindergeburtstag über Grillparty, Teenager-Party, Drachenfest und Kartoffelfeuer bis zu Schnitzeljagd, Laternenumzug, Weihnachts-Backstube und das Faschingsfest.

95 Seiten, 50 Farbfotos,
7 Zeichnungen